I0255034

UNIVERSITÉ D'AIX-MARSEILLE — FACULTÉ DE DROIT D'AIX

THÈSE POUR LE DOCTORAT

DE L'AMÉLIORATION

DE

L'HABITATION A BON MARCHÉ

PAR

Auguste BARET

AVOCAT AU BARREAU DE MARSEILLE

MARSEILLE

TYPOGRAPHIE ET LITHOGRAPHIE BARLATIER

Rue Venture, 19

1899

8°F
12304

DE L'AMÉLIORATION
DE
L'HABITATION A BON MARCHÉ

UNIVERSITÉ D'AIX-MARSEILLE — FACULTÉ DE DROIT D'AIX

THÈSE POUR LE DOCTORAT

DE L'AMÉLIORATION

DE

L'HABITATION A BON MARCHÉ

PAR

Auguste BARET

AVOCAT AU BARREAU DE MARSEILLE

MARSEILLE
TYPOGRAPHIE ET LITHOGRAPHIE BARLATIER
Rue Venture, 19

1899

INTRODUCTION

La Bruyère a mis en tête de son ouvrage une réflexion bien décevante pour quiconque veut entreprendre d'écrire. Mais si le moraliste du XVIIme siècle a pu songer que depuis sept mille ans qu'il y a des hommes et qu'ils pensent tout était dit et écrit, quelles sont dans cet ordre d'idées les réflexions qui doivent assaillir en l'an de grâce 1899 la cervelle d'un étudiant en droit en quête d'un sujet de thèse ? Le domaine proprement dit du droit, c'est-à-dire l'étude des lois qui ont régi ou qui régissent les hommes, est défriché depuis trop de siècles, pour que l'on puisse y rencontre encore une parcelle de sol vierge. Tout y a été exploré et celui qui aurait la prétention de découvrir un accident géographique dans notre vieille Europe se ferait peut-être moins d'illusions que celui qui essayerait de trouver une question de droit absolument neuve. Il est certain que les nouveaux programmes récemment mis en vigueur, en élargissant le cercle dans lequel il pouvait se mouvoir, ont essayé de faciliter sa tâche au malheureux étudiant qui cherchait à ne pas être accusé de plagiat. Il n'est plus dans

VIII

l'obligation de cantonner ses recherches dans le droit civil et dans le droit romain ; il peut librement puiser son sujet d'études dans toutes les matières qui, à l'heure actuelle, sont enseignées dans les amphithéâtres des facultés de droit. Peut-il cependant avoir l'ambition d'aborder des questions tout à fait nouvelles et aspirer à l'honneur de de traiter un sujet à la fois inédit et digne d'intérêt ? Quant à nous, nous l'avouons avec une entière franchise, nous aurions été fort embarrassés, en présence d'une question qui n'eut encore attiré l'attention de personne et dans l'étude de laquelle nous n'aurions pu être guidés par les travaux d'aucun devancier. Notre intention, beaucoup plus modeste, a été de mettre à profit la latitude qui nous était ainsi accordée par la réforme libérale des nouveaux programmes, non pas pour essayer de traiter un sujet sur lequel personne n'eut écrit, que d'ailleurs nous n'aurions très probablement pas trouvé et qui, en tout cas, eut dépassé nos forces, mais simplement pour rechercher une question qui offrît un caractère d'actualité et d'autant plus d'intérêt qu'elle serait plus importante et plus essentiellement pratique.

Pour atteindre le but que nous nous proposions, nous avons pensé qu'il fallait porter nos regards vers l'économie politique et que non seulement nous pourrions y trouver un choix varié de sujets d'études offrant les avantages et les qualités que nous recherchions, mais que l'heure était judicieusement choisie pour rendre à cette science un hommage, si modeste et si humble qu'il fût.

En voyant le nombre de ses ennemis, leurs attaques acharnées, d'ailleurs aussi violentes qu'injustes, les calomnies à l'aide desquelles on essaye de discréditer la valeur de ses théories, l'idée nous a paru bonne et encore plus utile de démontrer que l'Economie politique ne se contente pas d'observer les phénomènes sociaux et de les décrire avec soin, en avouant son impuissance à rien modifier, mais que, tout au contraire, par la connaissance qu'elle s'efforce d'acquérir des lois qui les régissent, elle a la prétention d'éclairer les hommes et de pouvoir leur indiquer la voie qu'ils ont à suivre pour progresser vers le mieux être général.

A cette heure où les doctrines socialistes qui commencent déjà à ne plus avoir l'attrait des choses tout à fait nouvelles, trouvent cependant pour les prôner à travers le monde, à la fois des apôtres et des charlatans qui manifestent les uns et les autres une activité infatigable trop souvent couronnée par le succès, grâce à la naïveté de ceux à qui ils s'adressent où à leurs mauvaises passions, il ne faut pas assister impassible à ces prédications de théories insensées et dangereuses et avoir, par trop d'optimisme confiance dans le sens commun de l'humanité civilisée, pour croire qu'elle repoussera judicieusement et sans effort les utopies qu'on fait miroiter à ses yeux.

Si fausses, si contraires à toutes notions de science et d'expérience, si opposées aux données de l'observation complétées par celles du vulgaire bon sens que soient les doctrines socialistes, sachons voir avec quelle rapidité elles font des adeptes dans certains milieux et craignons, pour l'avenir, que leur propagande prenne encore une extension plus large et plus facile.

Il faut donc se préoccuper, c'est un véritable devoir social à remplir, de ce mal redoutable qui nous menace et du remède capable de l'enrayer ; il faut se demander d'où provient le pouvoir de fascination qu'exercent sur les cervelles humaines, troublées par les souffrances, par le malheur, par la misère, les théories du collectivisme, qu'un entendement sain et éclairé par la méthode scientifique, par l'observation et l'expérience, a pourtant bien peu de peine à réfuter et à repousser. Pour combattre ces doctrines hérétiques et les empêcher d'entraîner l'humanité dans la pire et la plus néfaste des expériences, dans les plus graves et les plus odieux excès, c'est dans l'étude de l'économie politique, sainement entendue, qu'il faut songer à trouver les armes nécessaires ; et c'est là la raison qui rend aujourd'hui l'étude de cette science si puissamment intéressante et pratique.

Où réside, en effet, le secret de la puissance des socialistes ? N'est-ce pas dans l'analyse des maux et des misères qui accablent l'humanité, qu'ils se complaisent et qu'ils puisent habilement le pouvoir de convaincre et de séduire en évoquant la pitié attendrie des uns ou l'envie et la haine des autres ?

Aussi ne craignons pas de leur dire courageusement : Vous avez trop souvent hélas ! raison dans la description que vous faites des imperfections des institutions humaines ; avec vous nous les reconnaissons, avec vous nous constatons douloureusement tous les maux qui assiègent notre pauvre humanité ; mais nous affirmons et nous prouvons, malgré vos dénégations intéressées, que des progrès lents mais continus s'accomplissent, et qu'il est aisé de constater au sein de notre civilisation une tendance à une répartition plus étendue du bien-être et de la culture intellectuelle, à une solidarité plus étroite entre les hommes. Cette marche en avant sûre, malgré les obstacles de toutes sortes, malgré vous, est le fruit de l'initiative privée et de son effort libre, auquel vous refusez de croire et que vous voulez anéantir, de l'initiative privée guidée par les enseignements de l'expérience et de l'observation : c'est sur ce terrain que la discussion doit nettement s'engager.

Mais qu'elle ne demeure pas purement théorique. Du domaine de l'abstraction passons rapidement au domaine des faits ; étudions l'économie politique non point dans un sentiment plus ou moins élevé de curiosité scientifique mais dans le but de mettre à profit sans tarder notre savoir pour agir, mieux dirigés par plus de méthode et un discernement plus sûr, dans l'intérêt de l'humanité qui veut connaître ses maux et surtout en être soulagée.

Les socialistes s'adressent à tous les misérables déshérités ; ils ne distinguent pas parmi eux ceux qui supportent les conséquences de fautes commises ; ils exaltent leurs souffrances, profitent de leur crédulité naïve et les poussent à la révolte et à la haine. Eh bien ! il faut combattre leur influence là où elle s'exerce, dans le milieu même où leur voix est écoutée avec attention ; et pour cela sans nous laisser rebuter par les difficultés et les obstacles, il faut que, nous aussi, nous nous adressions à ces malheureux que les socialistes enrégimentent dans leurs rangs. Il y a urgence à remplir une tâche bonne et courageuse qui doit être fertile en heureux résultats. La parole n'est point suffisante, il faut y joindre la preuve et l'action.

Non, il n'est pas nécessaire de refondre tout entière notre société, d'en déraciner les bases pour remédier aux maux qu'on y peut constater ; il n'est pas indispensable de briser les ressorts de l'activité humaine pour faire régner dans les rapports des hommes entre eux plus de justice et plus de solidarité ; mais il ne faut pas nier non plus que des progrès demeurent à accomplir et que tout n'est pas pour le mieux dans le meilleur des mondes. L'initiative privée, l'action individuelle suscitées, soutenues par des dispositions législatives prudentes et sages, doivent donner des preuves nouvelles et de plus en plus nombreuses de leur activité et de leur pouvoir.

Par des constatations matérielles à l'évidence desquelles ils soient obligés de se rendre, que les malheureux courageux et honnêtes acquièrent la preuve qu'ils ne sont point uniquement entourés d'égoïsme et d'indifférence. M. Eugène Rostand, à la fin de la préface de son bel ouvrage, couronné par l'Académie Française : « *L'action sociale par l'initiative privée* », s'est écrié :

« O robuste paysan qui pousses ta charrue, ô fier ouvrier de bon courage et de droite volonté qui mènes gaîment ta besogne pour rendre heureux son jeune ménage, nous avons beaucoup à faire ensemble. » Emerson a écrit :

« Dans une République libre et juste, la propriété quitte l'indolent et l'imbécile pour s'élancer vers le laborieux et le persévérant ». Tâchons de faire de plus en plus cette République là. Dans la distribution des fruits de la production, oui la part du travail est encore trop étroite il faut l'élargir. Dans la vie de l'ouvrier manuel il y a des horizons, le chômage, la maladie, la vieillesse, où il faut mettre au lieu d'angoisses des sécurités. Quant au bonheur, c'est autre chose, il ne reviendra que par la paix morale et nous la referons. » Sages conseils ; nobles pensées.

Mais pour traquer l'erreur socialiste qui retarde le progrès par les réactions momentanées qu'elle fait naître, pour hâter l'avènement d'une ère de paix, pour guérir les souffrances des hommes ou pour les soulager, l'effort et le concours de toutes les bonnes volontés sont nécessaires, l'heure a sonné d'y faire appel.

Monsieur Frédéric Passy a écrit :

« Si tous les hommes qui ont la science, l'influence, l'autorité personnelle allaient à ceux qui en sont encore dépourvus, la bienveillance dans les yeux, la vérité sur les lèvres, combien de malentendus disparaîtraient ? Combien de bonnes volontés seraient mises en œuvre ! Avec quelle joie nous pourrions assister à l'éclosion de ce monde nouveau ; monde de travail, de justice, de respect mutuel, de liberté. »

Que tous les honnêtes gens convaincus de la nécessité d'une réforme progressive, prudente mais continue de nos institutions tendant à nous conduire à cet idéal de paix et de solidarité générale qu'ils entrevoient au fond d'eux-mêmes, méditent ces paroles et qu'ils se mettent résolument à l'œuvre. Il faut émouvoir les indifférents et les nonchalants par la perspective des dangers que leur ferait avoir une révolution violente, funeste à tout le monde ; à ceux qui ne croient pas à l'efficacité des moyens préconisés, il faut prouver par des faits évidents l'importance des bienfaits que l'on en peut obtenir ; à ceux qui souffrent, il faut donner l'assurance qu'on s'occupe de leur sort d'une façon vraiment effective ; par les résultats acquis, par ceux déjà entrevus qui se réaliseront demain, il faut gagner leur confiance et leur donner le courage et l'espoir. En un mot, il faut agir....

Quant à nous, nous avons voulu apporter notre pierre bien modeste à l'édifice qu'il s'agit de construire. La question de l'habitation à bon marché et de son amélioration a pris un caractère particulier d'actualité à la suite des faits sociaux que nous ferons connaître. Nous l'avons choisie pour notre sujet de thèse, non pas avec la pensée d'y apporter des lumières nouvelles et personnelles, ç'eût été à la fois impossible et inutile en l'état des travaux de nos glorieux devanciers ; mais nous avons cru opportun de contribuer à faire connaître, à l'aide des faits précis que l'étude de cette question nous fournirait, quels résultats étonnants peuvent être obtenus dans la recherche du mieux être général à l'aide seulement du concours éclairé de quelques uns se manifestant librement, dirigeant la la bonne volonté des autres et leur inspirant confiance et tout cela sans le moindre bouleversement, sans la plus modeste révolution.

Nous avons surtout voulu faire œuvre de propagande et faire connaître quelques exemples encourageants destinés à réveiller l'indifférence et à susciter une bienveillante émulation. Sur un point précis, laissant là les théories pures, nous avons essayé de faire pour ainsi dire toucher du doigt la possibilité du progrès par l'action individuelle fortifiée par l'association, et encouragée par l'Etat.

Des philanthropes éclairés, des économistes au grand cœur et au profond savoir ont été les promoteurs du mouvement fécond d'où sont sorties toutes les belles et bonnes institutions que nous nous proposons d'étudier. Nous sommes heureux de pouvoir leur rendre hommage, et honoré, même comme simple soldat, de nous enrôler sous leurs bannières.

DE L'AMÉLIORATION
DE
L'HABITATION A BON MARCHÉ

CHAPITRE PREMIER

ACTUALITÉ DE LA QUESTION — SON INTÉRÊT

§ 1. — Influences néfastes de l'habitation insalubre au point de vue général.

Depuis de nombreuses années déjà, la question de l'amélioration des habitations à bon marché, qui abritent les classes les plus pauvres de la population, a été soulevée par de nobles et généreuses intelligences devant l'opinion publique. Avant d'entreprendre leurs travaux, leur œuvre de propagande, tous ceux à qui revient l'honneur d'avoir créé le mouvement fécond auquel nous allons assister ont voulu constater par eux-mêmes, par des observations personnelles et précises, l'étendue du mal à la guérison duquel ils devaient apporter tous leurs efforts éclairés. Faisons comme eux. Choisissons une grande ville de notre cher pays, Paris, Marseille, peu importe, et allons la visiter.

Ne nous attardons pas dans les larges artères où nous pourrions promener nos regards distraits sur les vastes vitrines de riches magasins ; laissons aussi de côté les quartiers recherchés des familles fortunées où nous ne rencontrerions que maisons aux façades élégantes, aux vastes portes d'entrée, aux larges fenêtres, où de véritables glaces remplacent les vitres vulgaires plus ternes et démodées et derrière lesquelles s'entrevoient des rideaux de soie suspendus avec élégance. Portons nos pas ailleurs ; choisissons dans le voisinage de sombres usines dont les âcres fumées empoisonnent l'atmosphère, un quartier exclusivement ouvrier. Pénétrons-y résolument, avec l'intention de bien voir et de bien retenir tout ce qui va frapper nos sens ; une rue étroite bordée de maisons sombres et crasseuses s'offre à nous, prenons-la ; sur la chaussée boueuse, nous apercevons une masse d'enfants d'âges divers qui jouent, se bousculent, se battent. Ce qui nous frappe d'abord, c'est leur saleté repoussante ; ils se vautrent sur le sol, barbotent comme de véritables canards, dans les ruisseaux qui bordent la rue où croupit une eau sale. Si nous contraignons un instinctif mouvement de répulsion pour considérer ces enfants avec plus d'attention, nous sommes saisis par la pâleur dont leur visage est empreint. Point de marmot rose et joufflu parmi eux ; tous sont amaigris, leurs yeux sont enfoncés dans un cercle noir, leurs membres grêles, leur mine souffreteuse sous l'épaisse couche de crasse dont ils sont recouverts.

Voici une maison, à la porte d'entrée basse, qui donne sur un long couloir obscur, pénétrons-y ; seulement serrons nos coudes, pour ne point frôler les murs d'où suinte une humidité gluante, qui tâcherait nos vêtements, et d'où se dégage une odeur répugnante de moisi ; au rez-de-chaussée quelques logements : ils sont composés d'une seule pièce mal éclairée en plein midi, sans dallage, et l'on y marche alternativement suivant la saison dans de la poussière ou dans de la boue. Atteignons l'escalier vermoulu qui permet d'accéder aux étages et complétons nos investigations.

Pas de lieux d'aisance dans toute la maison, le système hygiénique pratiqué est celui du tout à la cour ou du tout au ruisseau, ce qui explique les exhalaisons morbides que l'on respire. Les logements sont fermés par des portes chancelantes à la plupart desquelles manquent les serrures et même les simples verrous ; les murs et les plafonds sont noirs de crasse et de fumée ; Les cheminées, dans les quelques rares pièces qui sont gratifiées de ce véritable luxe, sont assez ouvertes pour laisser tomber la pluie, mais assez défectueuses pour que le tirage ne puisse s'y établir, que d'une façon imparfaite. Et dans ces pièces quel mobilier ! Un bois de lit boîteux avec une vieille paillasse moisie, recouverte de lambeaux d'étoffe dont il est devenu impossible de distinguer la couleur. Au milieu de la pièce une table branlante, quelques chaises dépaillées ; sur la table quelques vases en faïence ébréchés, quelques bouteilles et quelques verres qui n'ont jamais été lavés. C'est dans ces tanières qui se ressemblent toutes que le soir viennent s'entasser, pêle-mêle, dans une horrible promiscuité le mari, la femme, les enfants !

Ce tableau est-il exagéré ? Est-il l'œuvre d'une imagination surexcitée ? Que ceux qui par un optimisme bien proche de l'égoïsme seraient tentés de le croire, s'ils ne veulent pas se renseigner par eux-mêmes, jettent un coup d'œil sur les enquêtes officielles qui ont eu lieu en France et à l'Etranger ces dernières années ; ils y puiseront des renseignements, des faits précis, ils y liront des constatations du plus haut intérêt: En 1890, à Paris, la population ouvrière atteignait le chiffre de 1.350.000 âmes et cette population comprenait notamment à cette époque 30.000 familles composées en moyenne de cinq personnes et s'abritant dans 30.000 logements composés d'une chambre unique. Dans le faubourg du Temple on a découvert, en 1891, une famille comprenant quatorze membres appartenant à trois générations, qui vivait toute entière dans une seule pièce ; qu'ils y lisent la description de la cité Jeanne d'Arc dans le XIIIe arrondissement comptant 1200 logements et 2486 habitants, de la cité Gand, de la cité Philippe, de la cité Doré, de la cité des Biffins, de l'Hôtel Macon, de l'Hôtel du Cheval Blanc, de leurs petites pièces sordides, de leurs immenses corridors sombres, de leurs escaliers rares et étroits, de leurs courettes intérieures véritables foyers d'infection. Il en est parmi ces cités qui constituent un dédale de ruelles, d'impasses, de masures en ruines, de baraques en bois, en terre, en torchis.

En 1891 avait déjà disparu dans des travaux d'assainissement la cité des Kroumirs et le clos Macquart. Ce n'est pas à Paris uniquement que de pareilles lèpres sociales peuvent être constatées, Londres nous offre les mêmes spectacles : Des souffrances et des misères inouïes se cachent dans ses ruelles, dans ses culs-de-sac où la population saine ne pénètre pas, où la police elle-même se hasarde avec hésitation. Berlin comptait naguère 70.000 logements, ne comprenant qu'une pièce unique, la grande majorité sans cheminée ; dans l'Allemagne les demi-lits figurent encore dans les statistiques officielles.

Quelle influence néfaste doivent exercer sur leurs habitants des demeures semblables ? Il n'est pas nécessaire d'être profond psychologue pour s'en rendre compte et l'imagination la moins féconde peut se représenter ce que doit être l'existence dans des intérieurs semblables : Et d'abord l'exiguïté du logement, l'absence de tout confortable, de toute commodité, de manque d'eau, doivent rendre impossibles tous soins de propreté. Le désordre et la saleté doivent forcément régner dans des logements sans air, ni lumière, dans ces pièces uniques qui doivent servir à la fois de cuisine, de dortoir et quelquefois même d'atelier.

L'éducation des enfants devient impossible ; comment la mère pourrait-elle les garder auprès d'elle, les soigner, les surveiller ? Ils passent leur temps à vagabonder dans la rue ; elle aussi du reste, même avec du courage, use rapidement toute son énergie en efforts superflus ; elle ne peut pas maintenir l'ordre dans son petit ménage, elle sent son impuissance à lutter contre un état de choses qu'elle ne peut modifier, elle se dégoûte à son tour de son triste intérieur ; le désespoir et l'écœurement s'emparent d'elle. De son côté que devient le père ? Peut-il se plaire chez lui et rentrer au logis avec joie, le soir après ses fatigues journalières ? Sa femme aigrie par la souffrance est devenue une véritable mégère ; ses enfants mal vêtus, repoussants de saleté, pleurent, se battent avec des cris perçants ; ses impressions vont-elles être heureuses et reposantes ? C'est le spectable d'une misère incurable, d'un sort malheureux, sans espoir, sans horizon pour lui et pour les siens qui l'attend, comme un véritable cauchemar qu'il voudrait pouvoir chasser ; c'est un air plus vicié encore que celui de son usine qu'il va lui falloir respirer pendant son sommeil, alors qu'il aurait tant besoin de dilater largement ses poumons oppressés. Aussi que fait-il ? son repas rapidement absorbé avec dégoût, il court à une buvette quelconque retrouver ses camarades, et avec eux oublier ses souffrances et son répugnant taudis. Jules Simon, qui a eu l'honneur de pousser un des premiers le cri d'alarme, a dit : « Le logement hideux est le pourvoyeur du cabaret. »

Quand les conditions de la vie sont sensiblement uniformes pour toutes les classes de la population, le malaise physique est plus facilement supportable, tels les Fenni dont nous parle Tacite, tous pauvres et sordides, vivant dans le dénûment, mais supportant vaillamment leurs souffrances communes, tels encore ces Tartares, dépeints par le père Huc, qui nobles ou esclaves, vivent sous la même tente et d'une existence absolument uniforme. Mais par le contraste qui frappe chaque jour les yeux, par les comparaisons irritantes qui s'imposent aux plus distraits dans les grandes villes actuelles, les sentiments de convoitise et de révolte sont fatalement éveillés chez ceux qui souffrent. Aussi le docteur Du Mesnil qui a procédé lui-même à de minutieuses enquêtes destinées dans son esprit à faire connaître la gravité du mal, s'est-il écrié : « Ce n'est pas de la vertu, c'est de l'héroïsme qu'il faut
« à l'homme qui habite de pareils bouges, pour ne pas
« contracter la haine de la Société. »

Les habitations insuffisantes et malsaines ne sont pas seulement les repaires de la misère, du vice et parfois même du crime, elles sont aussi le foyer infectieux de toutes les maladies, le point de départ de toutes les épidémies meurtrières.

La mort frappe sans relâche la population hâve et souffreteuse qui s'y réfugie (1). La tuberculose, la fièvre typhoïde, la

---

(1) M. J. Siegfried constate que les décès qui sont annuellement de 18 pour 1000 dans certaines rues salubres du Havre, montent à 60 pour 1000 dans les rues étroites bordées de vieilles maisons ouvrières à nombreux locataires.

diphtérie s'y développent avec une rapidité effrayante et se répandent de là dans les quartiers avoisinants.

Jules Simon s'adressant un jour à un auditoire composé essentiellement de gens fortunés, parsemé d'élégantes toilettes féminines, l'adjurait en ces termes de porter son attention sur la question de l'amélioration des logements pauvres : « Dirons-nous que l'œuvre est généreuse ? Non tel n'est pas le langage qui convient. Il ne faut pas se donner des airs de bienfaiteurs de l'humanité, parce qu'on s'occupe d'améliorer les logements des ouvriers. C'est là de l'intérêt personnel, mais de l'intérêt bien entendu : c'est la défense de vos familles, de votre santé qui vous impose ce souci. Des masures infectes, la maladie se répand comme une peste dans les quartiers les plus aérés, dans les habitations les plus luxueuses. En améliorant les logements pauvres, en poursuivant l'insalubrité, vous sauvez la vie de vos enfants ! »

Le logement insalubre et insuffisant est encore une cause des plus agissantes de dépopulation. L'ouvrier, dans la prison étroite et sordide où il abrite sa famille, limitera le nombre de ses enfants, et peut-on l'en blâmer, surtout lorsqu'on songe aux procédés habituels de ceux qui se livrent à l'industrie lucrative de logeur ? Pour ce dernier ou pour son estimable mandataire, le concierge, le locataire idéal c'est le célibataire ou le ménage sans enfants.

Aussi combien de familles nombreuses ont erré dans les grandes villes industrielles de maisons en maisons, ne pouvant se fixer nulle part, impitoyablement chassées de partout, à cause de leur cinq ou six enfants et pour ces dernières, qui plus que d'autres auraient besoin d'espace et de salubrité, s'ouvrent seulement les bouges les plus affreux.

L'habitation malsaine porte atteinte à la moralité de l'ouvrier, à sa santé physique ; elle désagrège la famille, l'intelligence de l'enfant s'y étiole ainsi que sa force ; le père la fuit et court au cabaret, la mère se désespère ; la déchéance s'accélère pour tous ; la famille n'existe plus ; et si, c'est encore Jules Simon qui l'a dit, sans logement il n'y a pas de famille, sans famille il n'y a pas de morale, sans morale il n'y a pas d'hommes, sans hommes il n'y a pas de patrie.

§ 2. — Des causes générales d'où proviennent les habitations insalubres et insuffisantes

Nous venons de décrire le mal, il nous faut maintenant en rechercher l'origine. L'habitation insuffisante et insalubre provient de deux causes : la création de la grande industrie, l'incessant accroissement des agglomérations urbaines, deux phénomènes économiques relativement récents.

Lorsque dans des régions jusqu'alors uniquement rurales occupées par une population clairsemée de paysans s'élève tout à coup une vaste usine qui a besoin pour son fonctionnement d'un grand nombre d'ouvriers, que va-t-il se passer si l'industriel, entrepreneur ou société ne s'est pas préoccupé du logement de tous ceux à qui il est dans l'obligation de faire appel ?

Les ouvriers, attirés du dehors dans un centre étroit, dans un village formé de petites maisonnettes abritant pour la plupart chacune une famille de paysans, seront forcés de louer des chambres dans ces mêmes maisonnettes qui n'étaient nullement destinées à une sous-location, et que les indigènes remplissaient déjà suffisamment. Ces derniers seront tout d'abord bien aises de voir naître pour eux une source inespérée de profits et de revenus ; ils seront bien vite même portés à exploiter le nouveau venu et à lui faire surpayer un logement trop étroit et malsain, mais, malheureusement pour eux-mêmes aussi et sans qu'ils s'en aperçoivent, leur habitation deviendra insalubre, car la maisonnette qui pouvait être suffisante pour abriter cinq ou six personnes, ne le sera plus quand les nouveaux locataires y auront été installés ; de sorte que rapidement naîtra pour tous un malaise profond. Les ouvriers exploités et mal logés, les paysans, à l'étroit eux-mêmes au détriment de leur commodité et de leur santé, souffriront les uns et les autres et s'irriteront les uns contre les autres.

Pourquoi l'ouvrier ne peut-il pas, à l'aide de ses propres ressources, modifier un état de choses dont les conséquences doivent être funestes pour lui et pour toute sa famille ? Tout d'abord, il ne se rendra pas un compte exact de la gravité de sa situation qui le laissera plus ou moins indifférent par suite de son ignorance ; mais alors même qu'il sera convaincu qu'il est très mal logé et qu'il paie très cher, que pourra-t-il faire pour améliorer sa situation ? Tous les logements qui sont à sa portée, sont dans les mêmes conditions, et, si pour se passer de son logeur, il voulait se construire lui-même une habitation indépendante, il serait dans l'impossibilité de réaliser son désir, car il ne peut pas disposer du petit capital qui lui serait indispensable ; le pourrait-il, que peut-être la prudence ne le lui conseillerait pas car, demain, l'usine qui l'a attiré peut fermer ses portes et alors il sera dans la nécessité d'aller ailleurs chercher du travail. Aussi il demeure avec sa famille dans le taudis où il a pu trouver abri et se contente de traîner, au jour le jour, sa misérable existence ; tel est le résultat de l'implantation de la grande industrie dans le voisinage d'un village.

Quant à l'immigration dans les villes d'où résulte actuellement leur développement souvent prodigieux, elle a sur les conditions de l'habitation à bon marché des conséquences encore plus graves. Dès qu'une ville s'étend, on voit se produire un phénomène inévitable. Chacun pour des raisons diverses tient à s'établir dans le centre et l'on peut affirmer que la force d'attraction qui agit dans ce sens sur les habitants est en raison directe de l'étendue et de la population de la ville. L'ouvrier veut être près de son travail, le commis près de son magasin, l'employé près de son bureau ; tout le monde cherche à économiser son temps et sa peine au risque de subir les conditions d'air, d'espace et de jour les moins salubres. Mais cette force attractive a une limite, la hausse continue des prix qui en résulte va agir à son tour pour repousser les ouvriers vers les faubourgs ; les plus pauvres seront forcés de s'éloigner les premiers, mais le logeur va les suivre et continuer à exploiter leurs besoins, leur ignorance, et leurs habitations vont former tout autour de la ville une ceinture d'agglomérations insalubres. L'encombrement du centre va gagner la périphérie et le mal deviendra général. Il existe peu de phénomènes sociaux plus intéressants que cet accroissement actuel de grandes villes : L'agglomération parisienne, qui était en 1801 le 43me de la France, en devient le 13mo et menace d'en être avant longtemps le 10me. Londres a dépassé avec ses 5.000.000 d'habitants, la population de l'Ecosse et elle continue à s'accroître avec une rapidité effrayante. La population urbaine de France, en 1846, consistait dans le 24 pour cent de la population totale, en 1889 elle en atteignait le 35 p. 0/0 (1). Si l'on voulait rechercher les causes de ces faits précis et constants qui se manifestent avec plus ou moins de soudaineté, suivant les événements politiques et les courants commerciaux, mais universellement chez tous les peuples pour toutes leurs capitales et même pour toutes leurs villes secondaires, comme tous les phénomènes qui proviennent d'une loi générale, il faudrait se livrer à une étude qui dépasserait les limites de notre sujet.

Il est certain que deux faits sociaux et économiques récents contribuent pour une large part à la création de cet état de choses nouveau : La disparition de la petite industrie divisée, des ateliers de famille remplacés par la grande industrie, les vastes usines, les immenses manufactures, puis la révolution opérée dans l'agriculture par l'introduction des machines qui diminuent la quantité de la main-d'œuvre rurale. Quoi qu'il en soit, retenons simplement le fait et les conséquences qui en dérivent.

Mais une question n'est pas encore résolue, et il importe de l'aborder avant de poursuivre.

---

(1) Quelques chiffres pour prouver l'encombrement des grandes villes :
Paris compte 125,2 habitants par âcre de terrain ; Berlin 113,6 ; New-York 143,2. C'est là la densité moyenne : mais, dans ces grandes villes, la densité de certains quartiers atteint des chiffres autrement considérables. Le district A de la 11me circonscription de New-York comptait en 1894 986,4 habitants pour chacun des 32 âcres qu'il comprend ; la 10me circonscription 626,26 habitants ; le quartier de Prague connu sous le nom de Josephstad compte 485, 4 habitants par âcre. Certains quartiers de Bombay où sévit maintenant la peste comptent 759,60 habitants toujours pour la même étendue de terrain.

Nous avons vu quelles influences néfastes se répercutant sur la société toute entière ont sur leurs habitants les logements insalubres et insuffisants ; nous avons, statistiques en mains, constaté leur existence dans les centres industriels, dans les grandes villes qui s'accroissent avec une rapidité effrayante et où se manifeste un encombrement des plus dangereux. Il nous reste, maintenant, à indiquer pourquoi l'action naturelle des forces économiques n'est pas suffisante pour fournir le remède au mal dont nous venons de décrire la nature et l'origine, pourquoi la concurrence n'a pas pour effet d'abaisser le prix des logements ouvriers, tout en améliorant leurs conditions générales.

Il est certain que de l'observation générale des faits économiques, il est facile de découvrir les effets directs et universels de la concurrence qui oblige fatalement, tôt ou tard, les exploitants d'une entreprise quelconque à réduire leurs profits pour la plus grande commodité de ceux qui ont recours à leurs services ou veulent se procurer leurs produits, et il paraîtrait, à priori, que la loi de l'offre et de la demande devrait être capable de procurer à l'ouvrier des logements suffisamment commodes et salubres.

En fait, il n'en est rien, il s'agit d'en trouver le motif. Si l'on étudie sur place, à l'aide d'observations sincères, les conditions du logement à Bon marché, une constatation s'impose dont on reconnaîtra bien vite l'importance.

Les propriétaires des maisons destinées à des locations ouvrières n'exploitent pas eux-mêmes leur propriété ; ils croiraient, pour la plupart, déroger à leur rang et se donner d'inutiles ennuis, en consentant à louer directement à l'ouvrier et à percevoir eux-mêmes les loyers ; ils louent à un principal locataire et trouvent cela bien plus commode ; mais ce principal locataire ne vas pas consentir à une certaine responsabilité, à un certain travail matériel sans prétendre à un bénéfice important ; être principal locataire deviendra pour lui une véritable profession, son unique profession, il deviendra « le logeur » et ce titre lui sera donné avec une expression de haine et de mépris par tous ceux qui vont être dans l'obligation de traiter avec lui et dont il exploitera, par métier, et avec art, les besoins, l'ignorance et la misère même. Tous ces logeurs s'entendront merveilleusement entre eux pour lutter contre l'avilissement des prix. Un syndicat tacite aura d'autant moins de peine à se constituer que le nombre des maisons est limité et que les constructeurs hésitent à engager leurs capitaux dans des constructions destinées aux ouvriers. Dans un marché où sont accumulées des denrées destinées à la vente, les cours oscillent avec une aisance parfaite, et la hausse et la baisse d'une marchandise correspondent exactement à sa rareté ou à son abondance. Mais les loyers reposent sur des centaines de maisons diversement situées, ils ne sont discutés, ni dans une bourse, ni dans un marché. L'ouvrier inexpérimenté, dans l'obligation impérieuse de trouver sans retard un abri pour lui et pour sa famille, en présence du logeur habile qui mettra à profit son impatience, subira toutes les conditions onéreuses qui lui seront imposées. Il faut une crise ouvrière importante diminuant, dans de sérieuses proportions, la demande, pour amener une baisse des cours. Pour toutes ces raisons la concurrence ne s'établira pas et les ouvrier n'en ressentiront pas les heureux effets.

Les maisons seront mal tenues, tomberont en ruines et les logeurs ne s'en inquièteront nullement, les loyers seront identiques et leur intérêt même leur conseille de s'abstenir de toute amélioration, de toutes réparations, car les pièces dont ils disposent continuent à être toutes occupées. M. G. Picot cite des chiffres : il a vu des logements ouvriers loués moyennant 15 francs le mètre carré, quelques-uns atteignaient même 17 et 18 francs, et l'on arrivait ainsi à faire produire à l'immeuble un revenu annuel consistant dans le 18 et même le 20 0/0 du capital qu'il représentait. Il est encore une autre cause à de pareils abus. Les victimes, loin de se débattre, deviennent trop souvent de véritables complices de leurs persécuteurs. L'emprunteur déplore que la justice poursuive l'usurier qui le ruine, l'indigent, dans son ignorance, dans son appréhension de ne pas trouver ailleurs un autre abri, s'indigne si l'autorité publique manifeste l'intention de faire évacuer le logement insalubre et sordide où il dépérit faute d'air et d'espace.

Ce n'est pas seulement parce qu'on tâche de faire produire aux immeubles destinés aux locations ouvrières un intérêt que l'on peut véritablement qualifier d'usuraire, ou parce qu'ils ne sont pas directement exploités par leur propriétaire qui charge un intermédiaire, principal locataire, le plus souvent, de les faire valoir en lui consentant un bénéfice que les petits logements à la portée des classes les plus pauvres sont la plupart du temps dans les grandes villes insuffisants, insalubres et maintenus tout de même à un prix exagéré. Quelquefois, ils rapportent fort peu à ceux qui les ont construits ou à ceux qui les ont achetés, sans qu'il en résulte une diminution du taux des locations ou une amélioration du confortable ; c'est un fait que nous ne nierons pas ; mais c'est alors le résultat de calculs erronés, de fautes commises au point de vue technique dans leur construction même. Quelquefois, ce sont les architectes dont les honoraires sont d'autant plus élevés que la somme dépensée est plus considérable, qui auront entraîné le propriétaire dans des dépenses exagérées et mal comprises ; le plus souvent ce seront des économies trop grandes qu'on aura voulu réaliser au détriment de la solidité de la construction et à la suite desquelles des réparations constantes et importantes seront rendues nécessaires qui augmenteront dans des proportions énormes les frais généraux d'entretien ; parfois aussi le prix de revient de pareils immeubles sera majoré parce qu'ils auront été à grands frais construits par des entrepreneurs qui auront recouru au crédit et tâché de faire une spéculation heureuse dans une revente immédiate qui doit leur donner un bénéfice : le propriétaire, dans ces conditions là, surpayera presque toujours l'immeuble qu'il acquerra, mais il voudra se rattaper sur ses locataires qu'il sera tenté de pressurer.

Pour rendre plus complète cette recherche des causes d'insalubrité des logements ouvriers dans les centres industriels et dans les grandes villes, il serait utile d'aborder un autre ordre de considérations et de rechercher les fâcheuses influences que notre régime fiscal foncier a pu avoir sur la propriété bâtie en général et plus spécialement sur les constructions destinées aux humbles locations ; mais nous ne voudrions pas non plus être entraînés trop loin et sortir ainsi du cadre que nous nous sommes proposé. Certes, d'une façon générale, dans notre monde civilisé le montant des impôts est élevé ; il s'accroît même chaque année, et en France cette progression est encore plus sensible que partout ailleurs ; et ces impôts grèvent d'autant plus lourdement la propriété foncière que, toujours un peu en conséquence de cette vieille formule surannée *Res mobilis, res vilis*, elle est plus imposée proportionnellement que les richesses mobilières. C'est là une situation sur la gravité de laquelle nous n'insisterons pas, mais qui, somme toute, n'a pas de rapports directs et immédiats avec l'état déplorable des petits logements que nous avons décrits. Bien plus, nous prétendons que ces logements peuvent être améliorés pour le plus grand bien physique et moral de leurs habitants sans qu'il soit besoin à leur profit de mesures de faveur et d'immunités fiscales importantes.

Par principe nous sommes opposés à tout ce qui ressemble à une loi d'exception, le remède d'apparence facile et souverain qu'on est quelquefois porté à y puiser est souvent plus largement néfaste que le mal qu'on se proposait de soulager. Mais quoi qu'il en soit de ces considérations d'ordre général, et sans développer ce lien commun que l'impôt est presque toujours onéreux pour celui qui le paie, il n'en est pas moins vrai que notre système fiscal mérite, au point de vue exclusif qui nous préoccupe, une critique légitime. En formulant cette proposition nous pensons surtout à la contribution des portes et fenêtres. Loin de nous la pensée d'en faire une étude spéciale et approfondie, indiquons-en cependant en aperçu l'assiette et le mécanisme pour expliquer comment elle a pu contribuer elle aussi à la construction de maisons insalubres, aux appartements exigus, manquant d'air et de lumière.

Instituée par la loi du 4 frimaire an VII, aux termes même de l'article 4 elle est établie sur les portes et fenêtres donnant sur les rues, cours ou jardins des bâtiments. L'article 27 de la loi du 21 avril 1832 a légèrement étendu le champ d'application de cette taxe en déclarant imposables les fenêtres dites mansardes et autres ouvertures pratiquées dans la toiture des maisons, lesquelles éclairent des appartements habitables.

L'impôt des portes et fenêtres offre ce caractère particulier qu'il est à la fois perçu au moyen d'un tarif et réparti. Les contingents départementaux, d'arrondissement et communaux sont déterminés par les autorités qui répartissent l'impôt foncier et l'impôt personnel mobilier. Quant à la répartition entre contribuables, on commence par appliquer le tarif et si les sommes produites par cette application ne donnent pas un produit égal au contigent communal, la différence est obtenue par une augmentation proportionnelle. Inversement, en cas d'excédent, on diminue le produit proportionnel de manière à n'avoir exactement que le contingent imposé à la commune ; c'est ce que dit en toutes lettres l'article 24 de la loi de 1832 :

« La contribution des portes et fenêtres sera établie par voie de répartition entre les départements, les arrondissements, les communes et les contribuables, conformément au tarif ci-après, sauf les modifications proportionnelles qu'il sera nécessaire de leur faire subir pour remplir les contingents. »

Nous reproduisons ci-dessous ce tarif :

POPULATION DES VILLES ET DES COMMUNES	POUR LES MAISONS					POUR LES MAISONS A SIX OUVERTURES ET AU-DESSUS		
	A une ouverture	A deux ouvertures	A trois ouvertures	A quatre ouvertures	A cinq ouvertures	Portes cochères, charretières et des magasins	Portes ordinaires et fenêtres du rez-de-chaussée, de l'entresol, des 1er et 2e étages	Fenêtres du 3e étage et des étages supérieurs
Au-dessous de 5.000 âmes............	0f30	0f45	0f90	1 60	2f50	1f60	0f60	0f60
De 5.000 à 10.000 »	0 40	0 60	1 35	2 20	3 25	3 50	0 75	0 75
De 10.000 à 25.000 »	0 50	0 80	1 80	2 80	4 »	7 40	0 90	0 75
De 25.000 à 50.000 »	0 60	1 »	2 70	4 »	5 50	11 20	1 20	0 75
De 50.000 à 100.000 »	0 80	1 20	3 60	5 20	7 »	15 »	1 50	0 75
Au-dessus de 100.000 âmes..........	1 »	1 50	4 50	6 40	8 50	18 80	1 80	0 75

On peut constater que dans son établissement le législateur a tenu compte de trois éléments : la population, le nombre des ouvertures et leur quantité. Les maisons sont par lui réparties en un certain nombre de classes dont le tarif augmente avec le nombre des ouvertures ; le législateur est parti de cette idée que les maisons où il y a beaucoup d'ouvertures ont des appartements plus grands et d'un prix plus élevé que celles qui en ont peu ; et c'est à ce sujet qu'il mérite les plus légitimes et les plus graves reproches.

Le critérium dont il s'est servi est faux et la progression établie devient surtout injuste, si l'on songe que d'autre part le tarif ne tient aucun compte de la valeur locative et de la différence des quartiers. Dans une ville de 100.000 âmes par exemple, les fenêtres d'un riche hôtel particulier paieront la même taxe que les ouvertures d'une pauvre maison habitée par des ouvriers, et si même la maison ouvrière divisée en tous petits logements a cinq fenêtres de façade et cinq étages, alors que l'hôtel particulier, de dimensions analogues, n'a que quatre fenêtres de façade, mais plus larges et plus hautes et trois étages, peu importe la différence de la valeur locative, peu importe le prix du terrain variant suivant les quartiers, la maison ouvrière payera un impôt des portes et fenêtres beaucoup plus élevé que l'hôtel particulier. Ce simple résultat matériel, sans autre commentaire ni discussion, suffit à démontrer l'injustice de cet impôt et les effets nuisibles qu'il a dû avoir sur les constructions de logements à bon marché. Le principe de son assiette ne peut pas se défendre ; c'est l'impôt sur l'air et la lumière et son application, telle qu'elle est réglementée, entraîne en outre les injustices les plus criantes.

La ville de Paris s'est émue la première des lacunes du tarif de la loi de 1832, et, par un décret en date du 17 mars 1852, elle a été autorisée à établir pour la répartition de son contingent un tarif spécial combiné de manière à tenir compte à la fois de la valeur locative et du nombre des ouvertures. Le tarif qu'elle a pu ainsi mettre en vigueur se compose de deux éléments : 1° Un droit fixe applicable à chaque ouverture et multiplié par le nombre des ouvertures ; 2° Un droit proportionnel plus ou moins élevé, suivant l'importance du revenu cadastral.

La loi de finances de 1855 a autorisé également la ville de Lyon à promulguer un tarif tenant compte à la fois de la valeur locative et du nombre des ouvertures. Mais ce tarif qui, pour être exécutoire, doit être approuvé par un décret en Conseil d'Etat n'a jamais été mis en application.

Nous ne croyons pas qu'aucune autre commune ait été soumise au régime inauguré à Paris par le décret du 17 mars 1852.

L'impôt des portes et fenêtres, à l'heure actuelle, est d'ailleurs, en principe, supprimé ; on pense le remplacer par l'impôt sur le revenu ; nous souhaitons sincèrement ne pas avoir à le regretter, quelque critiquable qu'il ait pu être.

§ 3. — La question de l'amélioration des Logements à bon marché ne se pose pas pour les Paysans.

En décrivant la plaie sociale dont nous avons analysé les effets et les causes, nous n'avons parlé uniquement que des villes, que des centres industriels importants, que des ouvriers qui y vivent ; nous avons laissé de côté une classe de population laborieuse, patiente et courageuse, cependant trop souvent pauvre et misérable, à qui on doit porter le plus vif intérêt, en raison même de ses qualités, aussi précieuses que solides.

Nous n'avons rien dit des travailleurs des champs, des bons et braves paysans. Serait-ce un oubli ? Non. Nous voulons restreindre notre étude à la France et en France l'habitation du paysan est dans des conditions tout à fait différentes de celle de l'ouvrier, elle s'améliore rapidement, normalement, et l'on a pas besoin d'avoir pour elle les mêmes préoccupations et la même sollicitude que pour la dernière. Certes, sans remonter au moyen-âge, la cabane du paysan n'a pas toujours été un modèle de confort et de salubrité ; mais, grâce au développement de l'épargne et au progrès de l'aisance, on peut affirmer, à la suite de constatations matérielles, qu'elle a subi d'heureuses transformations analogues à celles du vêtement. Dans la campagne, les maisons, à l'heure actuelle, sont mieux aérées qu'autrefois ; grâce aux fenêtres plus nombreuses, l'air et la lumière y pénètrent plus largement, le carrelage des briques remplace la terre simplement battue, la tuile ou l'ardoise, le chaume ; les règles de l'hygiène commencent à être connues ; l'on se préoccupe de l'écoulement des eaux, on relègue les animaux dans des constructions séparées. Il est possible que les paysagistes préfèrent le bon vieux temps où ils pouvaient rencontrer plus de couleur locale et plus de pittoresque, pour nous nous ne le regrettons pas.

En 1894, une enquête générale fut ordonnée par les soins du gouvernement sur les conditions de l'habitation en France, principalement dans la France rurale et dans la remarquable introduction au compte-rendu de cette enquête, publiée sous la signature de M. Alfred de Foville (directeur de l'Administration des monnaies et médailles, membre du Conseil des Travaux historiques et scientifiques), nous pouvons puiser de très intéressants renseignements sur les habitations des paysans.

M. de Foville, après s'être livré à des considérations d'un ordre élevé sur les causes générales qui influent d'une façon permanente sur les modes de groupements ou de dispersements des habitations des populations agricoles, sur les conditions de leur établissement, de leur structure qui dépendent de mille éléments divers; après nous avoir indiqué comment la maison, qui dans chaque région prend un caractère type, sous des influences sociales, géologiques, climatériques, influe à son tour d'une manière sensible sur la vie et les mœurs de ceux qui l'habitent, arrive à la fin de ses constatations à d'heureuses conclusions sur la situation en France de l'habitation rurale et sur ses progrès peut-être un peu lents, mais continus, depuis un grand nombre d'années.

La direction générale des contributions directes a dressé en

1887-1889 un relevé de toutes les unités imposables qu'elle a comparé avec un travail semblable qu'elle avait fait en 1851-1853; elle tient compte dans cette comparaison des portions de territoire que la France a acquises en 1860 et de celles qu'elle a perdues en 1871, et les chiffres officiels qu'elle nous fournit sont les suivants : En 1851-53, le nombre des unités imposables était de 7.325.204 et en 1881-89 de 8.828.570, soit en 36 ans un accroissement net de 1.503.366 propriétés qui correspond à un accroissement moyen de 41.760 par an.

D'autre part, voici un tableau fourni par les statistiques officielles :

	1831-32	1860	1871	1893
1 ouverture	346.401	293.757	278.482	190.521
2 ouvertures	1.817.328	1.860.594	1.886.355	1.724.215
3 —	1.320.937	1.520.704	1.598.672	1.629.919
4 —	884.061	1.063.484	1.118.892	1.207.235
5 —	583.026	748.963	700.241	898.792
Plus de 5 ouvertures	1.846.398	2.505.052	2.776.264	3.583.043
Totaux	6.798.151	7.992.554	8.448.906	9.233.725

Il nous permet de constater depuis 1832 une réduction de près de moitié du nombre des maisons qui n'ont qu'une seule ouverture. Une réduction de 7 % depuis 1860 du nombre de celles qui n'ont qu'une porte et qu'une fenêtre, et une augmentation de plus en plus grande pour les maisons qui ont 3, 4 ou 5 ouvertures; enfin en 60 années un doublement du nombre de celles qui en ont plus de cinq.

De nouveaux chiffres officiels nous font, en outre, savoir qu'en France 5.460.355 maisons sont habitées par leur propriétaire, sur un total général de 8.914.523 habitations; la majorité des familles françaises sont donc logées chez elles; mais pour bien se rendre compte de l'état réel des choses, il importe de séparer les villes des villages, car la proportion des propriétaires habitant leur propre maison, varie en sens inverse de l'importance des communes. Voici la progression :

POPULATIONS NORMALES	PROPORTION DES MAISONS HABITEES	
	Par le propriétaire seul	Par le propriétaire seul ou non
Ville de Paris	15,5 %	29,7 %
Autres villes de plus de 100.000 âmes . . .	19,7 —	33,5 —
Villes de 50.001 à 100.000 âmes	23,0 —	34,0 —
Villes de 30.001 à 50.000 âmes	26,7 —	46,8 —
Villes de 20.001 à 30.000 âmes	29,4 —	44,6 —
Villes de 10.001 à 20.000 âmes	32,3 —	46,4 —
Villes de 5.001 à 10.000 âmes	41,3 —	51,1 —
Communes de 2.001 à 5.000 âmes	52,0 —	57,7 —
Communes de 2.000 âmes et au dessous . . .	63,8 —	66,6 —
France entière	56,3 %	61,3 %

Le paysan français et c'est là un des traits les plus originaux de son caractère, aime la propriété foncière ; c'est avec un mélange de joie et d'orgueil qu'appuyant sur le premier mot, il dit : ma maison, mon champ. Sa maison n'est pas seulement pour lui un abri, c'est quelque chose de bien plus précieux, c'est son œuvre, sa chose, son bien, Georges Sand disait même son Dieu. Donc, l'habitation rurale est en voie d'amélioration et l'évolution qu'elle parcourt, grâce aux tendances d'esprit des populations de la campagne, au morcellement continu de la propriété foncière, au développement de l'Epargne, aux moyens de communication de plus en plus nombreux qui permettent à la civilisation et à ses raffinements de pénétrer dans les mœurs des populations, jusqu'alors isolées, la pousse continuellement vers de nouveaux progrès. Il est à présumer que les tristes exceptions que M. de Foville constate encore, les logements insalubres et insuffisants que l'on trouve, même aujourd'hui, en majorité dans certains départements plus pauvres, montagneux pour la plupart, où les habitants ont à lutter contre l'aridité du sol et les rigueurs du climat, disparaîtront dans un avenir plus ou moins rapproché, pour faire place à de nouvelles constructions, conformes aux règles de l'hygiène.

Cette distinction à faire entre les habitations pauvres des villes et celles des campagnes devait être indiquée au début même de cette étude, dont le sujet apparaîtra ainsi plus clairement, plus exactement délimité.

§ 4. — **Importance et actualité de cette question pour les populations urbaines.** — **Vue d'ensemble.**

Il est une plaie sociale, le logement malsain, que nous venons de décrire, dont nous avons recherché les effets et les causes, et dont nous connaissons le siège ; le but que nous allons poursuivre c'est d'en faire connaître maintenant les remèdes efficaces. Depuis bien des années déjà, le problème de la saine habitation à bon marché en France et dans le monde civilisé tout entier est posé devant l'opinion publique et discuté par des philanthropes et des économistes dont les travaux ont révélé non seulement le grand talent, la science théorique profonde, mais encore l'expérience essentiellement pratique qui s'acquiert dans le commerce des hommes par la connaissance de leur nature et de leurs besoins. Aussi nous bornerons-nous le plus souvent à un rôle d'historien ; nous ne nous contenterons pas, néanmoins, de rechercher comment cette question de l'amélioration du petit logement pauvre a été soulevée et par qui, de faire connaître les efforts tentés et les résultats obtenus, les lois votées en France ; mais, pour rendre l'étude de notre sujet plus complète, nous essayerons de puiser dans les renseignements que nous fourniront le droit comparé, et la connaissance des institutions créées à l'étranger d'utiles notions qui nous aideront à discuter ce qui a été fait chez nous. Partout, en effet, où les conditions économiques et sociales ont fait surgir des agglomérations humaines, le logement à bon marché est devenu une question aiguë ; il n'est pas de nations civilisées actuellement qui puissent s'en désintéresser complètement : elles ont recherché des systèmes différents, adopté des réformes diverses suivant leurs mœurs et les conditions spéciales au milieu desquelles elles se trouvaient. Par leur étude, même sommaire, il nous sera possible de nous rendre mieux compte des progrès qui ont pu être obtenus en France et surtout de ceux qui restent encore à réaliser.

Ne craignons pas de le répéter, cette étude est digne d'appeler l'attention par l'intérêt puissant et actuel qui s'y attache à toutes sortes de point de vue. Aussi M. Siegfried a-t-il pu justement dire à la Chambre des Députés :

« Les diverses institutions sociales, que les pouvoirs publics s'efforcent aujourd'hui de propager par le vote des dispositions législatives nouvelles méritent sûrement d'être encouragées. Toutefois, si ces institutions sont utiles et méritent de fixer l'attention du parlement, que dire de celle qui tend à procurer à la famille ouvrière la base, le support matériel dont elle a besoin : Une maison.

« La maison ne répond pas à un besoin purement physique, elle n'a pas pour but unique de protéger le corps contre les intempéries du dehors, de lutter contre le refroidissement ; en servant d'enveloppe à la famille, elle devient un des éléments essentiels de la vie en société ; d'autre part, la famille n'est pas une entité éclose dans le cerveau des penseurs ; c'est une réalité vivante à qui il faut une base solide. Au père, à la mère, aux enfants, la maison crée, pour ainsi dire, un centre où les traditions sont conservées comme un dépôt, où les membres se trouvent chaque jour comme en un point de ralliement. C'est là qu'est conservé le souvenir des joies et des douleurs, que se forme le lien permanent qui relie les générations. On peut dire, sans être taxé d'exagération, que la question du logement est la première des questions sociales et que, si elle n'est pas résolue, tous les autres efforts tentés pour améliorer le sort des ouvriers, quelque énergiques qu'ils soient, resteront forcément impuissants. Sans la vie de famille qui n'est rendue possible que par la possession d'un foyer décent, il ne peut y avoir ni économie, ni prévoyance et par suite aucun progrès durable, aucune amélioration sérieuse. »

CHAPITRE II

LÉGISLATION FRANÇAISE CONCERNANT LES LOGEMENTS INSALUBRES

§ 1. — **Loi du 13 Avril 1850. — Travaux préparatoires, Analyse et Critique.**

La première intervention du législateur importante que nous rencontrons en France sur la question qui nous occupe de l'amélioration du logement à bon marché dans les villes, c'est la loi du 13 avril 1850. Elle doit arrêter notre attention. Si les espérances qu'elle a fait naître dans l'esprit de ses auteurs, ont été bien loin de toutes se réaliser, il n'en reste pas moins qu'elle a été inspirée par de belles et généreuses idées, auxquelles il convient de rendre hommage. D'ailleurs à un autre point de vue, d'une importance plus pratique, une étude critique de cette loi est nécessaire; elle fournira des enseignements précieux, et lorsqu'on aura reconnu pour quelle raison cette tentative a été insuffisante, et n'a pas eu pour conséquences les résultats qu'on en attendait, on aura acquis par là même une expérience utile, qui permettra dans l'avenir d'éviter de semblables erreurs.

Frappé par l'état lamentable de la plupart des logements de la classe ouvrière dans les grandes villes, dans les centres industriels importants, par les effets désastreux causés par un pareil état de choses, sur la santé et sur la moralité de tous les pauvres gens, un homme de cœur, M. de Mélun (du Nord), présenta à l'Assemblée nationale une proposition de loi, destinée à porter remède à une plaie sociale aussi dangereuse. Elle fut prise en considération, et renvoyée à la commission d'assistance et de prévoyance. Après une discussion approfondie de la part de cette dernière, M. de Riancey fut chargé en son nom d'en faire le rapport à l'Assemblée, qui l'adopta, en troisième et dernière lecture, après quelques légères modifications, le 13 avril 1850.

Éclairé par les travaux de publicistes éloquents, et surtout, par les rapports faits à l'académie des sciences morales et politiques, en 1848, par M. Blanqui « sur la situation des classes ouvrières », et par M. Villermé « sur l'état physique et moral des ouvriers », le législateur s'est laissé convaincre par cette idée, qu'il ne s'agissait plus seulement d'une misère qui dût exciter la pitié individuelle, et à laquelle la bienfaisance publique pût à elle seule apporter quelque adoucissement ; il a compris qu'un grand intérêt public, venait là se joindre et se mêler à l'intérêt privé, que l'insalubrité générale et néfaste des petits logements ouvriers portait atteinte à la santé de tous, que les terribles maladies morales et physiques, qui en étaient la conséquence immédiate, devaient se propager même au sein des générations futures, dégénérées et abâtardies par les influences héréditaires ; et qu'en présence d'un pareil danger, il avait le devoir d'intervenir. Les travaux préparatoires nous fournissent la preuve que, pour essayer de trouver le remède exactement approprié au mal, le législateur a recherché les causes d'insalubrité des logements d'ouvriers. Il en a trouvé de deux sortes, qu'il a rangées dans deux catégories distinctes : des causes extérieures, indépendantes de l'habitation elle-même, des causes intérieures dépendant de la disposition des lieux, et qui sont le fait ou du propriétaire ou du locataire lui-même.

Les causes extérieures d'insalubrité avaient attiré depuis longtemps l'attention du pouvoir législatif qui, par maintes dispositions préexistences, s'était efforcé de les faire disparaître ; et, à dire vrai, une exécution plus stricte des lois de police et de sûreté, pour l'hygiène publique et l'assainissement des villes, des règlements relatifs à la création des établissements incommodes ou dangereux, aurait été peut-être suffisante pour les faire disparaître pour la plupart.

Les administrations municipales avaient déjà des pouvoirs étendus pour tout ce qui concerne la salubrité extérieure, la sûreté des rues et des places la commodité et la propreté des voies de circulation.

L'Assemblée constituante avait même imposé, le 14 septembre 1789, aux officiers municipaux la charge de faire jouir les habitants de la salubrité et de la santé dans les lieux publics, et énumérant dans son décret du 16 et 24 août 1790 les objets confiés à la vigilance et à l'autorité des corps municipaux, elle spécifiait : « Tout ce qui intéresse la sûreté et la commodité du passage, ce qui comprend : le nettoiement, l'illumination, la démolition ou la réparation des bâtiments menaçant ruines, l'interdiction de rien jeter qui puisse blesser ou endommager les passants ou causer des exhalaisons nuisibles. »

Enfin, toutes les lois sur la voirie, l'alignement, notamment la loi du 16 septembre 1807 sur laquelle nous reviendrons, donnaient aux Conseils municipaux, la faculté de percer des rues, d'élargir des places, de creuser des égouts. D'ailleurs, dans cet ordre d'idées, dès 1850, on pouvait constater que de sérieux progrès avaient été tentés et réalisés.

Dans le but de les faciliter, d'en rendre l'exécution plus prompte, la loi de 1850 a augmenté encore le pouvoir des municipalités. Elle permet aux communes de faire des acquisitions pour cause d'assainissement, en suivant les formes prescrites par la loi d'expropriation qui n'accordait la même faculté qu'à l'autorité préfectorale. Son article 13 est ainsi conçu : « Lorsque l'insalubrité est le résultat de causes intérieures et permanentes, ou lorsque ces causes ne peuvent être détruites que par des travaux d'ensemble, la commune pourra acquérir, suivant les formes et après l'accomplissement des formalités prescrites par la loi du 3 mars 1841, la totalité des propriétés comprises dans le périmètre des travaux.

« Les portions de ces propriétés qui, après l'assainissement opéré, resteraient en dehors des alignements arrêtés pour les nouvelles constructions, pourront être revendues aux enchères publiques sans que dans ce cas les anciens propriétaires ou leurs ayants droit puissent demander l'application des articles 60 et 61 de la loi du 3 mai 1841. » (1).

Le rapporteur indiquait qu'avec cette extension la loi suffirait dans l'ordre d'idées qui nous occupe à toutes les exigences et à tous les besoins. Il s'est trompé. L'article 13 est resté très souvent lettre morte. L'expropriation paraissait devoir être une arme très utile mise entre les mains des municipalités ; elles s'en sont peu servi.

La faute en est à la loi du 3 mai 1841, ou du moins à la fausse application que le jury en a faite pendant trop longtemps. Les indemnités allouées par lui ont été souvent si exagérées, dépassant tellement les prévisions les mieux établies que les villes même les plus riches ont dû hésiter à opérer des expropriations dont l'utilité pour la salubrité générale était pourtant manifeste. Actuellement, une heureuse réaction tend à s'opérer et les sommes allouées aux expropriés par le jury se rapprochent un peu plus de ce qu'avait voulu le législateur de 1841, qui avait écrit que l'indemnité devait être « juste ».

Quant à la seconde catégorie des causes d'insalubrité, celles qui tiennent à la nature de l'habitation et à ses conditions intérieures, le législateur de 1850 a dû s'en préoccuper davantage, car pour y remédier il s'est trouvé en présence d'un problème délicat à résoudre. L'intérêt général, bien entendu, lui commandait d'agir, mais il se trouvait en face de questions de droit privé, de propriété, de domicile qu'il ne pouvait aborder qu'avec une extrême réserve.

L'indépendance du foyer domestique, le libre usage de la chose qui appartient à un citoyen, demandent à être respectés : ce sont, en effet, les assises de l'ordre social et les garanties de la liberté humaine.

---

(1) Exception intéressante à la règle générale qui ne permet pas d'exproprier pour revendre.

Parmi les habitations occupées par les classes ouvrières, il en est de deux sortes : Les maisons garnies, les logements ordinaires occupés par leurs propriétaires ou donnés à bail à des locataires.

La loi de 1850 a pu atteindre sans scrupule les premières.

Elles étaient déjà par la loi du 22 juillet 1791, par l'article 475 du Code pénal, par l'ordonnance du 15 juin 1832, placées sous la surveillance immédiate de la Police qui y avait obligatoirement ses entrées. Son action se bornait à la surveillance de la sûreté des personnes qui y logeaient, on pouvait légitimement l'étendre à la surveillance de la salubrité intérieure. On exigeait la tenue des registres, la tranquillité des chambrées ; on pouvait dans l'intérêt de la moralité, de la santé, de la vie des malheureux qui s'y entassaient, prescrire la propreté des cours et une aération suffisante. D'ailleurs pour Paris spécialement des ordonnances de police parues en 1832 et en 1848, en pleine épidémie de choléra avaient édicté déjà des dispositions dans ce sens, en fixant le nombre des lits, la ventilation des chambrées et en prononçant l'interdiction à titre de chambre à coucher, des locaux humides ou privés d'air. — Quant aux logements ordinaires, ils ne pouvaient plus être qualifiés de lieux publics ou d'hôtelleries. On se trouvait bien en présence du domicile et de la propriété ; est-ce à dire que l'on devait demeurer vis-à-vis d'eux désarmé et ne pouvoir édicter contre eux aucune mesure ? Le législateur de 1850 ne l'a pas pensé ainsi, et il a eu raison. La jouissance de sa chose par le propriétaire a été de tout temps soumise à certaines restrictions imposées par l'intérêt de la sûreté générale et le devoir de ne pas nuire à autrui. Domat s'est exprimé ainsi. « L'ordre qui lie les hommes en Société ne les oblige pas seulement à ne nuire en rien par eux-mêmes à qui que ce soit ; mais il oblige chacun à tenir tout ce qu'il possède en un tel état, que personne n'en reçoive ni mal, ni dommage. »

Ce principe a été appliqué dans les lois qui déterminent les servitudes légales dont la propriété est grevée. Certaines ordonnances de police règlementant les fosses d'aisances (1), l'éclairage par le gaz (2), prohibant l'élevage des animaux dans les maisons (3), règlementant la propreté intérieure des maisons, l'écoulement des eaux ménagères, le nettoiement des cours et écuries, la ventilation des loges de portiers (4), avaient ouvert la voie et la cour de cassation, gardienne des principes et des lois, n'avait fait aucune difficulté pour les déclarer obligatoires : « attendu, disait-elle, dans un de ses arrêts (30 mai 1827), que ces arrêtés se rattachent directement, à ce qui intéresse la sûreté, la commodité, la propreté, la santé publique. » Il est certain que des intérêts particuliers peuvent se trouver lésés par de pareilles prescriptions dont la légitimité doit être néanmoins incontestable, quand elles sont ordonnées dans l'intérêt général le mieux entendu. Néanmoins le législateur de 1850 a cru devoir faire une distinction entre les habitations occupées par leur propriétaire seul, et celles données à bail, en tout ou en partie.

Quand un propriétaire habite lui-même et lui seul l'intérieur de sa maison, le législateur reconnaît qu'il peut être contraint de se conformer aux règlements qui portent sur les parties extérieures, et de même qu'il ne peut placer sur ses fenêtres aucun objet qui puisse menacer la sûreté des passants, de même il peut être obligé de nettoyer sa cour et de faire écouler ses eaux ménagères. Mais pour ce qui regarde l'intérieur même de son domicile, ses appartements, la loi s'arrête et le laisse libre. Elle ne l'empêche pas de se nuire à lui-même, elle ne se reconnaît pas ce droit. Ceci me paraît être une conception fausse. Si le propriétaire se nuisant à lui-même et à sa famille par ignorance ou par incurie, peu importe, par des conséquences directes et immédiates de son acte porte préjudice à la société toute entière, celle-ci ne peut-elle édicter aucune mesure pour sa défense par l'organe

---

(1) 23 Octobre 1819, 5 juin 1834.
(2) 5 Novembre 1846.
(3) 3 Décembre 1829.
(4) 20 Novembre 1838.

du législateur qui agit en son nom ? Si dans une habitation malsaine, occupée par un ouvrier et sa famille se déclare, à cause de l'insalubrité même du local, une maladie contagieuse qui va s'étendre comme une tache d'huile, dans tout le quartier avoisinant et causer de grands ravages, peut-on soutenir que la société doit se désintéresser de ce fait sous le prétexte qu'elle n'a pas le droit d'empêcher personne de se suicider ? Mais ce n'est pas le propriétaire seul qui occupera le logement malsain qui nous préoccupe ; il y vivra d'ordinaire avec sa femme et ses enfants, et si ceux-ci y périssent lentement, minés par l'anémie ou la phtisie, ou si rachitiques et scrofuleux ils vont avoir à leur tour des enfants encore plus languissants, plus énervés, incapables de travail et d'efforts, doit-on encore soutenir que la société doit se résoudre à l'inaction, qu'elle ne peut pas intervenir auprès du père de famille qui se prépare pour lui, pour ses enfants, pour leurs descendants même, un si triste avenir ?

Toutefois, si le propriétaire tire un parti quelconque de ses constructions, s'il les loue, la loi de 1850 intervient ; elle se reconnaît alors le droit d'interdire dans le contrat de louage les conditions qui lui paraissent immorales illicites et dangereuses. La maxime « volenti non fit injuria » ne l'arrête pas, et c'est avec raison : si elle tâche d'imposer au propriétaire l'obligation de mettre les logements qu'il concède à bail dans un état tel qu'ils ne puissent compromettre ni la santé, ni la vie de leurs habitants, elle ne fait qu'appliquer les mêmes principes en vertu desquels des lois préexistantes et toujours en vigueur depuis avaient interdit la vente d'aliments nuisibles ou avariés, ordonné la démolition des bâtiments qui menaçaient ruine, empêché de lancer à la mer un navire dont le mauvais état pouvait aventurer l'existence de ceux qui le montaient. Nous connaissons l'esprit général de la loi de 1850, le but qu'elle voulait atteindre, étudions-en les dispositions.

Le législateur n'a pas voulu formuler une loi générale pour toute l'étendue du territoire qui, dans bien des régions eût été inutile et n'aurait répondu à aucun besoin ; il n'a pas voulu non plus définir à priori les cités où elle devait trouver une application justifiée; le choix qu'il eût pu faire même judicieusement aurait sûrement été incomplet ; il a préféré s'en remettre aux conseils municipaux et leur donner le pouvoir de décider s'il y aurait lieu ou non, dans leur circonscription administrative, d'appliquer la loi, ou du moins de créer la commission d'enquête et d'expertise qui est, nous allons le voir, comme la cheville ouvrière de la loi toute entière.

L'article 1er est ainsi conçu : « Dans toute commune où le conseil municipal l'aura déclaré nécessaire par une délibération spéciale, il nommera une commission chargée de rechercher et d'indiquer les mesures indispensables d'assainissement des logements et dépendances insalubres, mis en location ou occupés par d'autres que le propriétaire, l'usufruitier ou l'usager. »

« Sont réputés insalubres les logements qui se trouvent dans des conditions de nature à porter atteinte à la vie de leurs habitants. »

L'article 2 indique la composition et le fonctionnement de cette commission (1).

Elle a pour mandat de visiter les lieux que la rumeur publique, que les plaintes individuelle, que la police, lui signaleront comme insalubres, puis de faire des rapports qui seront déposés au secrétariat de la Mairie, dans lesquels seront consignés ses observations sur l'état d'insalubrité des locaux qu'elle aura visités, sur les causes de cette insalubrité, sur les moyens d'y remédier qui peuvent exister ; elle devra désigner, en outre, tous les logements qui ne sont pas susceptibles d'assainissement. Les parties intéressées seront mises en demeure de prendre communication de ces rapports ; elles auront un mois pour produire leurs observations en réponse. (art. 3 et 4).Ce délai, expiré le conseil municipal devra prendre connaissance des rapports de la commission et des observations des parties et déterminer les travaux d'assainissement

---

(1) Son dernier paragraphe a été modifié par une loi du 25 Mai 1864.

qui devront être effectués par les propriétaires lorsque les causes d'insalubrité sont dépendantes de leur fait et les habitations pour lesquels tous travaux sont inutiles. (art. 3).

Les intéressés ont, pendant un mois, le droit de se pourvoir devant le Conseil de Préfecture contre les décisions du Conseil Municipal.

Les décisions du Conseil Municipal ou du Conseil de Préfecture érigé en cours d'appel, peuvent être en vertu de ce qui précède de deux sortes ; elles ordonnent des travaux à effectuer ou déclarent certaines habitations insalubres et non susceptibles d'assainissement. Mais il est à remarquer que ces décisions ne doivent intervenir que lorsqu'il s'agit de maisons qui sont louées et que lorsqu'il est reconnu que leur insalubrité provient de causes dépendantes de l'habitation elle-même ou du fait du propriétaire.

Lorsque l'insalubrité est le résultat de causes extérieures permanentes indépendantes de l'habitation, et qui ne peuvent disparaître qu'à la suite de travaux d'ensemble, la loi s'en préoccupe dans son article 13, que nous connaissons et qui permet à la commune d'exproprier.

En cas de travaux prescrits par le Conseil municipal, ou après lui, par le Conseil de préfecture, des délais seront déterminés ; si le propriétaire ne veut pas les exécuter, un moyen bien simple s'offre à lui ; c'est de ne plus louer sa maison, de résilier ses baux avec ses locataires ; ces derniers n'auront droit à aucun dommage-intérêt (art. 11). Mais, s'il continue à tirer profit de sa maison et s'il ne se conforme pas aux prescriptions qui lui ont été ordonnées, il sera frappé de diverses peines énumérées dans l'article 9. En cas de récidive, il sera passible d'une amende égale à la valeur des travaux et pouvant être élevée au double.

S'il s'agit d'une maison déclarée insalubre et non susceptible d'assainissement, le Conseil municipal peut en interdire provisoirement la location à titre d'habitation.

Le Conseil de préfecture est seul compétent pour en prononcer l'interdiction absolue, et sa décision dans ce cas est susceptible d'être déférée au Conseil d'Etat. Le propriétaire qui contreviendrait à l'interdiction qui lui est ainsi faite est passible des peines édictées par l'article 10, *in fine*.

Telle est la loi du 13 avril 1850. Pour plusieurs raisons, elle n'a pas rendu les services que l'on en attendait ; la procédure qu'elle prescrit est trop longue et trop compliquée pour être pleinement efficace. Sans doute, il faut entourer une réglementation, dont les effets peuvent être graves et léser profondément des intérêts privés, de précautions et de garanties sévères, mais le législateur de 1850 a cependant exagéré. Il a voulu faire une loi qui ait essentiellement le cachet municipal, mais il apparaît trop qu'il n'a voulu accorder aux Conseils municipaux des pouvoirs qui lui paraissaient peut-être exorbitants, qu'avec des restrictions importantes qui devaient en paralyser l'exercice. Dans l'esprit de ses auteurs mêmes, l'exécution de la loi devait être longuement comminatoire avant de devenir rigoureuse : la sanction pénale longtemps retardée ne devait intervenir que pour frapper l'opiniâtreté et le mauvais vouloir persistant.

Les Commissions des logements insalubres, les Conseils municipaux, ont été malheureusement paralysés le plus souvent dans l'exercice des fonctions qui leur étaient dévolues par la crainte de s'attirer l'animosité des habitants qui se trouvaient être leurs électeurs ; les propriétaires ne sont pas les seuls à protester en cas d'intervention de l'autorité pour faire fermer des logements malsains ; ceux-là même qui y habitent et dans l'intérêt desquels ces mesures sont prises, nous l'avons déjà dit, par ignorance ou par crainte, se lamentent et se fâchent aussi. Aussi, en l'absence de toute sanction, dans un esprit de paresse coupable, ou pour s'éviter des ennuis, les Conseils municipaux et les Commissions instituées se sont-elles abstenues de tout travail sérieux. Le rapporteur de la loi comptait sur les électeurs municipaux pour stimuler, s'il s'endormait sur ce point, le zèle de leurs mandataires. Il s'est trouvé que pour complaire à ces électeurs eux-mêmes, très souvent la loi n'a pas été appliquée.

L'insuccès de la loi de 1850, tient encore à une autre cause. Pour améliorer les logements ouvriers il ne peut suffire d'édicter des mesures contre les habitations insalubres ou de les faire disparaître dans de vastes expropriations. Ce qu'il faut aussi et surtout, c'est faciliter, encourager la construction de logements sains destinés aux classes pauvres. Si tous les logements à la portée des faibles ressources de l'ouvrier sont dans le même état, à quoi servira d'interdire la location de quelques-uns d'entre eux ? et si tout un quartier ouvrier, insalubre est exproprié ; si la commune trace au lieu et place d'anciennes rues étroites et sordides, de vastes artères où le soleil et la lumière pénètreront à flots, le logement à bon marché en sera-t-il amélioré d'une façon générale ? Dans des travaux de cette nature qui vont embellir une cité, tous les petits logements malsains qui disparaîtront seront remplacés par de vastes habitations luxueuses mais qui, malheusement, ne seront nullement destinées à la population qui aura été chassée de ce quartier. Où va-t-elle pouvoir se loger ? Elle sera dans la nécessité d'aller plus loin augmenter l'encombrement de quartiers excentriques, mais d'autant plus malsains qu'ils vont recevoir du jour au lendemain un surcroît de population important. Le prix des logements pauvres de la périphérie de la ville en sera accru et leur insalubrité aussi : Tel sera le plus souvent le résultat atteint. Les Anglais ont prévu ce grave inconvénient et nous verrons plus tard comment dans leurs lois ils ont essayé d'y remédier.

§ 2. — Décret du 26 Mars 1852. — Pouvoirs des Maires en matière d'Hygiène et de Salubrité Publique.

Loi du 5 avril 1884, Loi du 16 septembre 1807, Loi du 22 décembre 1888, sur les Associations Syndicales.

Pour compléter notre étude sur les mesures que le législateur a prises en France, dans le but de faire disparaître les logements insalubres, il nous faut encore mentionner le décret du 26 mars 1852. Il a été édicté spécialement pour Paris, mais l'article 9, en autorise l'application par décret en Conseil d'Etat, rendu dans la forme des règlements d'administration publique à toutes les villes qui en font la demande. En 1890, 162 villes avaient profité de la faculté qui leur avait été offerte.

Aux termes de l'art. 4 de ce décret tout propriétaire doit adresser à l'administration municipale, un plan et des coupes côtés des constructions qu'il projette et se soumettre aux prescriptions qui lui seront faites dans l'intérêt de la sécurité publique et de la salubrité. Malheureusement pour ne pas s'aliéner les habitants, pour éviter des difficultés et des protestations, les municipalités, même celles qui ont demandé à user des pouvoirs que leur conférait le décret sus-mentionné, ont une tendance à ne pas user rigoureusement de leurs droits.

Du reste, en vertu de leurs pouvoirs de police municipale, les maires peuvent prendre des arrêtés pour régler d'une façon générale, la hauteur, le mode de construction et la salubrité intérieure des bâtiments qui doivent être construits dans leur ville. La Cour de Cassation n'a jamais fait aucune difficulté pour déclarer obligatoires de semblables arrêtés, conformes aux dispositions de la loi organique du 5 avril 1834, sur le régime des municipalités et leurs attributions. La police municipale est spécialement réglementée par les art. 97 et 98, dont les dispositions sont empruntées à la loi du 16-24 août 1790, t. XI, art. 3. Nous ne dirons rien de ce qui concerne la tranquillité et la sécurité des rues et des places publiques dont la surveillance appartient au maire, sans qu'il soit possible de distinguer entre la grande et petite voirie (Cass. 8 janv. 1885), et qui comprennent le nettoiement, l'éclairage, l'enlèvement des encombrements, les permissions de voirie, la réglementation de la circulation (art. 471, n° 4, du C. pénal).

Le maire peut ordonner, en cas d'urgence, la démolition et la réparation des édifices qui menacent ruine le long de toutes les voies urbaines; en cas ordinaire, il partage ce pouvoir avec le préfet et ne le conserve que pour la petite voirie (Loi du 19 juillet 1791. Art. 471 n° 5 du C. pénal). Il procède par voie d'autorité et d'après une procédure encore réglée par des ordonnances en date de 1729 à 1730.

Il a le droit de défendre d'exposer ou de jeter des substances de nature à nuire (L'article 97 § 1 n°s 5 et 6 fait double emploi avec l'art. 471 n°s 6 et 12 du C. pénal). Quant à ce qui touche la salubrité proprement dite, ses pouvoirs sont définis par l'art. 97 n° 6.

Sans entreprendre un cours de droit administratif, qu'il nous suffise d'indiquer que, d'une façon générale, ils sont assez étroitement limités par le respect du droit de propriété. C'est ainsi qu'il a été jugé (Cass. 27 juin 1879) que « s'il peut, par simple arrêté de police, dans un intérêt de salubrité publique, enjoindre aux propriétaires de faire exécuter des travaux d'assainissement, il ne peut pas prescrire un moyen exclusivement obligatoire de faire disparaître les causes d'insalubrité. »

Un arrêté ordonnant qu'une certaine quantité d'eau soit prise par une maison a été de même reconnu illégal; il en a été de même d'un arrêté ordonnant de combler des puisards qui étaient une cause d'infection (Aff. des puisards de Caen. Cass. 25 juillet 1885).

Pour Paris spécialement, qui est sous le régime de la grande voirie, un décret du 27 juillet 1859, complété le 18 juin 1872, a limité la hauteur des bâtiments d'après la largeur de l'espace libre au droit des constructions; il a fixé également la hauteur minima des étages et les dimensions des cours et des courettes non seulement pour les bâtiments situés en bordure des voies publiques, mais aussi pour les bâtiments situés dans l'intérieur même des propriétés, des passages, cités, etc.

Mais il est peu de municipalités capables d'élaborer de pareils règlements et surtout ayant suffisamment de courage pour les appliquer sévèrement.

Nous avons mentionné la loi du 16 septembre 1807. Nous devons y revenir. Plus spécialement relative au dessèchement des marais, elle n'en embrasse pas moins une foule de matières et notamment son titre VII est ainsi rubriqué : « Des travaux de navigation, des routes, des ponts, des rues, places et quais dans les villes, des digues, des *travaux de salubrité dans les communes* », et les art. 35, 36 et 37 nous apprennent que le Gouvernement a le droit de contraindre les villes à faire à leurs frais des travaux d'assainissement. (Ces dispositions sont d'autant plus importantes que nous avons regretté leur absence dans la loi de 1850 dont l'application a été confiée aux bons soins des pouvoirs communaux sans contrôle et surtout sans moyen de coercition). Les dépenses nécessaires à ces travaux deviennent obligatoires pour la Commune; en cas de mauvais vouloir ou d'inaction de sa part, il peut y être pourvu par une imposition d'office. Leur accomplissement doit être précédé d'une déclaration d'utilité publique et les expropriations nécessaires devront être faites d'après la procédure de la loi du 3 mai 1841. Mais, en vertu du principe général posé par cette loi d'après lequel les propriétés privées qui reçoivent une plus-value à l'occasion d'un travail public doivent contribuer aux dépenses de ce travail à raison de cette plus-value, les propriétés privées qui profiteront directement des travaux accomplis devront y contribuer au moyen d'une taxe spéciale.

Ces articles 35, 36 et 37 de la loi du de septembre 1807 ont été appliqués à Tourcoing et à Roubaix en vue de l'épuration des eaux d'une rivière (Décret du 22 février 1887). Ils pourraient être appliqués pour forcer les villes à créer une distribution d'eau et à construire des égouts ; leur portée est absolument générale. Bien mieux, les villes auraient avantage à se faire appliquer cette loi afin de bénéficier de la taxe de plus-value levée sur les propriétés privées. Marseille vient tout récemment d'en donner l'exemple.

Pour terminer cet aperçu de la législation relative à l'assainissement des villes disons que la loi du 22 décembre 1888, qui a modifié la loi du 21 juin 1865 sur les associations syndicales, a élargi leur champ d'action et dans l'énumération des travaux qui peuvent leur être concédés mentionne : 6° l'exécution et l'entretien des travaux d'assainissement dans les villes et faubourgs, villages et hameaux.

Mais, nous nous éloignons de plus en plus de notre sujet :

la recherche des moyens pratiques d'amélioration des logements à bon marché dans les grandes villes. Ce n'est pas dans des lois plus ou moins compliquées qui se préoccupent d'une façon générale ou incidente de l'assainissement des villes, que l'on pourra trouver un remède efficace au mal que nous avons décrit. Ce n'est même pas dans des mesures de rigueur édictées contre les logements insalubres et plus ou moins sévèrement appliquées.

Alors même que l'hygiène et la salubrité publiques ne seraient plus mises sous la protection des pouvoirs communaux trop enclins à ménager tous les intérêts ; que le pouvoir central déjà si absorbant prendrait à sa charge le soin de veiller et de pourvoir à la sécurité de tous, en appliquant lui-même par l'entremise d'envoyés spéciaux qui se renseigneraient par des enquêtes et des constatations personnelles, toutes les dispositions légales existantes ou qu'il pourrait faire voter, il n'en résulterait pas une amélioration sérieuse de l'habitation à bon marché.

La cause en est dans ce fait que le mal est général, que partout dans les villes et les centres industriels les conditions du logement pauvre sont les mêmes, qu'il faut de toute nécessité que les ouvriers s'abritent quelque part et qu'en faisant fermer certaines maisons, en interdisant leur location, le pouvoir, qu'il soit communal, départemental ou central, n'améliorera pas d'une façon générale la salubrité des demeures ouvrières. Tous ceux qu'il aura chassés de bouges infects, où iront-ils, s'ils ne trouvent rien de mieux à leur disposition, à la portée de leurs modestes ressources ? Ils changeront leur prison malsaine pour une autre équivalente, et l'encombrement général pourra en être aggravé. Pour atteindre le but poursuivi, l'amélioration du logement à bon marché, il faut non seulement faire directement la guerre par des mesures répressives aux habitations malsaines et insuffisantes, à l'industrie néfaste du logeur, il faut aussi la leur faire indirectement en essayant de rétablir contre elles, le cours normal des faits économiques, les effets bienfaisants de la concurrence ; et le problème à résoudre est celui-ci : La construction de logements destinés aux ouvriers dans lesquels les règles imposées par l'hygiène seront respectées, à un prix en rapport avec les ressources de ceux à qui ils sont destinés et qui permette néanmoins de retirer du capital un intérêt suffisant. La solution trouvée, la voie de l'amélioration du logement à bon marché sera largement ouverte et, par la construction d'habitations saines, non seulement on arrivera à faire le bonheur de ceux qu'on y logera et qu'on aura soustraits aux taudis où ils étaient menacés de contracter les plus graves maladies et de perdre toute vigueur morale dans la misère et dans le vice, mais indirectement les habitations existantes dans leur ensemble subiront fatalement d'heureuses modifications sous la bienfaisante influence de la concurrence qui leur sera ainsi faite. Malgré sa complexité qui provient des éléments multiples qui entrent dans sa donnée, à cause de son importance sociale, ce problème de la construction de logements à la fois à bon marché, suffisants et salubres a été résolument abordé depuis de nombreuses années dans tous les pays civilisés.

Nous nous proposons, ce sera le cœur même de notre sujet, de faire connaître comment on a essayé de le résoudre en France, les solutions qui ont été proposées, les résultats qui ont été obtenus, ce qu'on aurait pu faire ou plutôt ce qui reste encore à faire.

CHAPITRE III

EXPOSÉ ET CRITIQUE DE LA THÉORIE SOCIALISTE
DE L'INTERVENTION DIRECTE DE L'ÉTAT
DANS LA QUESTION DU LOGEMENT
A BON MARCHÉ

§ I. **Exposé de la doctrine de l'intervention directe de l'Etat.**

Pour améliorer les logements à bon marché les rendre plus sains, agréables à habiter en sorte que les pauvres gens qui y cherchent un abri s'y plaisent, y vivent bien portants, gais et courageux au lieu d'y dépérir dans la maladie, le désespoir et le vice, le moyen le plus sûr, le plus efficace, nous venons de l'indiquer, c'est d'en construire qui répondent à toutes les exigences de l'hygiène, de la salubrité et de la commodité. L'énonciation de ce moyen offre le mérite de la simplicité extrême ; mais sa mise en œuvre est plus difficile. Cette construction d'habitations saines et à bon marché constitue elle-même un problème des plus compliqués dont on ne peut trouver la solution ou les solutions à priori, sans une recherche patiente et préalable des voies et moyens, des besoins qu'il faut satisfaire et des ressources dont on peut disposer.

En présence des difficultés certaines et considérables qui séparent du but à atteindre, certains esprits se sont vite persuadés que les efforts tentés seraient inutiles. Découragés avant l'action, refusant même tout crédit aux bonnes volontés qui espèrent et qui travaillent, fermant systématiquement les yeux sur les résultats probables et même déjà obtenus, les uns par paresse, d'autres par habileté et dans l'espoir de favoriser leur cause, se croisent les bras et proclament qu'en face d'une plaie sociale aussi profonde, l'action individuelle est un médecin dépourvu de tout moyen d'action.

Elle peut bien d'après eux soulager une misère isolée, remédier à un fâcheux état de choses local, assainir une maison, un coin de quartier, dans une villle. Mais elle n'obtiendra pas un résultat appréciable en présence d'un mal que nous avons nous-mêmes reconnu être général, dont souffre le monde civilisé tout entier.

Mais alors que faire ? A qui avoir recours ? De quel côté espérer le remède, attendre le salut ?

Il est des socialistes intransigeants qui ne veulent à aucun prix des concessions ou des mesures transitoires. Pour ceux-ci le mauvais état des logements pauvres, des demeures ouvrières, est une question insignifiante qui se perd dans une autre question d'une importance bien autrement considérable comme le fleuve dans la mer. Qu'est-ce cette situation déplorable de l'habitation à bon marché en présence de toutes les injustices, des inégalités, des misères, des souffrances qu'endure la pauvre et triste humanité ? Et seule une refonte complète et générale de la société guérira tous ces maux, fera disparaître à la fois d'un seul coup d'une baguette magique dont elle aura le secret toutes les imperfections sociales et toutes les douleurs. La terre est destinée à être transformée en un véritable Eden où règnera paisiblement un bonheur universel fait de la concorde et de l'union de tous, dans la vertu et l'abnégation; car la nature de l'homme subira elle aussi par un enchantement merveilleux de miraculeuses modifications.

C'est l'état actuel de la société qui engendre la Haine, l'Egoïsme, la Paresse ; du jour de son bouleversement, tous ces mauvais sentiments feront place à d'admirables vertus : seules la maladie et la mort ne pourront peut-être pas aussi facilement être supprimées. Mais cette refonte tant souhaitée de l'ordre social, comment l'obtenir, si ce n'est d'une gigantesque révolution que seul pourra occasionner l'excès des misères et des souffrances ? Aussi pour le bien des générations futures il faut se garder d'adoucir, de soulager les maux de l'heure présente ; il faut bien plutôt s'appliquer à en aggraver, à en exaspérer les effets : « Convaincue, écrit Bakounine dans son catéchisme révolutionnaire, que l'on ne saurait attendre l'émancipation et le bonheur du peuple que d'une révolution populaire et d'une destruction universelle, la ligue doit, par tous les moyens, augmenter la souffrance et le malheur pour lasser la patience du peuple et hâter l'émancipation des masses. »

Nous n'entrerons en discussion ni avec Bakounine, ni avec ses disciples ; nous les laisserons divaguer impassibles et féroces, et imaginer à leur aise leurs rêves d'illuminés : qu'ils essayent de soulever les plus basses passions des hommes, de déchaîner la Haine et la Révolte par la souffrance et l'envie pour pouvoir faire plus sûrement régner la Paix et la Justice ; ils s'épuiseront en efforts superflus tant que le Bon Sens et la Raison, la Pitié et l'Amour n'auront pas disparu à tout jamais de notre monde.

Mais, à côté de ces théoriciens implacables, nous en trouvons d'autres plus habiles, plus humains et d'autant plus redoutables. Ceux-ci acceptent ce qu'ils considèrent comme des demi-mesures transitoires, mais à la condition expresse que leur doctrine générale n'en soit pas atteinte. Pour eux, toute amélioration des conditions sociales actuelles ne peut provenir que d'une intervention de plus en plus grande de l'Etat dans la vie économique d'un peuple. L'idéal sera atteint quand l'Etat aura réuni dans ses attributions tout ce qui constitue l'activité industrielle et commerciale de la nation ; lorsqu'il sera devenu le chef souverain d'une colossale entreprise et qu'il dispensera à tous le travail, le repos, le plaisir et le salaire sous forme de nourriture, de vêtement, de logement. Les enfants seront à sa charge, les vieillards et les infirmes aussi. La propriété individuelle n'existera plus, mais dans l'irresponsabilité absolue et dans l'absence de toute préoccupation chacun trouvera une heureuse tranquillité béate et un bonheur sans nuage. Mais ce rêve si chèrement caressé ne se réalisera que dans un avenir un peu long, il sera le couronnement d'efforts successifs, de victoires partielles, d'un accroissement continu des attributions de l'Etat.

Pour ces socialistes, la question qui nous occupe est digne d'intérêt ; ils nous concèdent qu'il faut améliorer les logements ouvriers et construire de saines habitations à bon marché ; mais ils proclament en même temps notre impuissance et la stérilité certaine de tous nos efforts. C'est l'Etat qui seul d'après eux est qualifié pour mener à bien une telle entreprise. Les pouvoirs publics assurent aux citoyens les conditions générales de l'existence, ils ont à leur charge la voirie, le service des eaux, de l'éclairage ; ils édictent des mesures dans l'intérêt de tous, au nom de la salubrité et de l'hygiène ; ils assurent aux enfants l'instruction et à cet effet construisent des écoles. Pourquoi ne pourraient-ils pas bâtir, toujours au nom d'un intérêt supérieur et général, des habitations destinées à abriter les classes pauvres de la population ? Les communes seraient toutes désignées pour accomplir une œuvre aussi utile dans d'excellentes conditions ; elles élèveraient des maisons ouvrières salubres et commodes comme elles font des promenades, des squares, des parcs pour le bien et la santé de tous ; elles loueraient ces habitations sans bénéfice mais aussi sans perte, au prix de revient, elles se garderaient toutefois de les vendre pour ne pas augmenter le nombre des propriétaires, c'est-à-dire des conservateurs.

Maintenant, si l'action individuelle de philanthropes, de sociétés veut se manifester et prouver ce dont elle est capable, elle ne pourra recevoir de cette intervention des communes qu'un vigoureux élan. On acceptera son concours qui sera d'autant plus précieux qu'il sera moins incertain, mieux dirigé par l'exemple donné par les pouvoirs publics : les maisons construites par les communes seront de véritables modèles proposés à tous ceux qui voudront soulager les misères du peuple et contribuer à l'amélioration de son logement.

D'ailleurs, peut-on soutenir que là où l'action individuelle fait complètement défaut, en présence d'un mal aussi grave, d'une situation si grosse de périls de toute espèce, les pouvoirs publics doivent se désintéresser de la question et se croiser les bras dans une criminelle inertie ? Ainsi, dans tous les cas, leur intervention est légitime et sera utile soit pour susciter, décupler l'effort de l'action individuelle soit pour la remplacer là où elle s'abstient.

§ 2. — Sa Réfutation.

Si ces socialistes avaient raison, si pour construire de salubres logements à bon marché il fallait de toute nécessité avoir recours à l'Etat ou à la Commune, nous ne voudrions à aucun prix du remède proposé qui serait pire que le mal. Laissons pour le moment de côté les conséquences funestes qu'entrainerait forcément cette voie dangereuse ainsi ouverte, les effets déplorables qu'une pareille intrusion de l'Etat, bientôt suivie par d'autres, dans la vie privée des citoyens, aurait sur l'énergie intellectuelle, la vigueur morale de tous ceux qui deviendraient les premières victimes de secours aussi maladroitement distribués. C'est là le côté élevé de la question et nous le réservons car cette intervention de l'Etat ou de la Commune, qu'on réclame, demande à être discutée, d'abord d'une façon plus technique, plus terre à terre.

A) *L'intervention directe de l'État doit fatalement paralyser l'initiative privée*

Sincèrement ou habilement, peu importe, on tient ce langage aux bonnes volontés qui veulent agir : Le mal que vous désirez guérir est immense ; vous vous êtes proposé une tâche bien au-dessus de vos forces, vous n'aboutirez à rien, si les pouvoirs publics avec leur puissance d'action illimitée ne vous aident pas, ne vous frayent pas le chemin encombré de toutes sortes d'obstacles, où vous êtes imprudemment engagés et où vous trébucherez à chaque pas. Peut-on sérieusement avoir la prétention de stimuler ainsi leur zèle ? Un ouvrier de bon courage s'acharne après une besogne délicate et difficile ; il travaille avec toute sa vigueur physique, toute son intelligence, car il a bon espoir d'atteindre un heureux résultat, et pour l'encourager dans ses efforts, pour en augmenté l'intensité, on vient lui déclarer qu'il poursuit une chimère, que l'œuvre qu'il a entreprise est irréalisable !

On veut améliorer le logement pauvre ; on s'ingénie à trouver mille combinaisons savantes, habiles pour résoudre toutes les difficultés, pour entraîner l'opinion publique, susciter des concours, pour trouver les capitaux en leur assurant un rendement normal, pour construire des maisons de types différents, répondant à tous les besoins pourtant bien divers de ceux dont on veut le mieux être, et l'on entend ces bonnes paroles réconfortantes : Jamais vous n'atteindrez votre but livrés à vos seules forces ; il faudrait que l'Etat s'intéressât à vous, qu'il vous accordât des subventions en argent ou en nature ; la Commune devrait vous donner gratuitement l'emplacement nécessaire aux constructions que vous avez projetées, elle devra les exonérer de toutes les taxes qui frappent les autres maisons, ou ce qui vaudrait encore mieux, elle devra construire elle-même. Comme de pareilles théories doivent réveiller le courage et l'espoir !

L'intervention de l'État est appelée nécessairement, fatalement non pas à réveiller l'initiative individuelle, mais à la paralyser d'une façon complète. Jamais des sociétés privées constituées avec des capitaux particuliers, ne voudront s'engager dans une opération où elles auront à courir les risques d'une concurrence à elles directement faite par les pouvoirs publics ; elles penseront avec sagesse que ce serait pour elles et à leur détriment recommencer la lutte du pot de terre contre le pot de fer ; elles s'abstiendront en face d'une éventualité grosse de périls.

Nous étudierons par la suite les œuvres qui ont été créées, et dont la réussite a été parfaite. Qu'on interroge leurs auteurs, qu'on les consulte sur la possibilité d'une intervention de l'Etat ; unanimement ils répondront que s'ils s'étaient trouvés en sa présence, s'il leur avait fallu s'accommoder d'un auxiliaire aussi fâcheux, ils se seraient bien gardés d'accomplir quoique ce soit persuadés, d'un échec certain.

Nous aurons l'occasion de constater combien les faits nous donnent pleinement raison. Partout où l'État (nous disons Etat par terme générique et nous comprenons sous cette dénomination le pouvoir public, qu'il soit central, départemental ou communal), a voulu agir directement, entreprendre lui-même la construction d'habitations à bon marché, il a atteint un but diamétralement opposé à celui qu'il poursuivait, il a littéralement tué l'initiative privée qu'il se proposait de stimuler.

Londres est une des villes qui a vu se développer, ces dernières années, le plus de belles et bonnes institutions destinées à améliorer le logement pauvre ; c'est à l'initiative privée qu'en revenait l'honneur et la paternité. Se conformant aux dispositions d'une loi récente que nous étudierons en son temps, son "County Council" à exproprié des quartiers entiers et a construit lui-même des habitations ouvrières, quel a été le résultat atteint sur l'heure ? Particuliers et sociétés se sont brusquement arrêtés dans la voie où ils s'étaient engagés : « Leur raisonnement, dit M. Picot, a été précis et décisif : Du moment où celui qui perçoit les taxes municipales se mêle d'élever des maisons comme nous-mêmes, nous ne sommes plus en présence d'une concurrence loyale. Toutes les conditions de la lutte sont troublées. Entre ce puissant maître qui se nomme l'Etat ou la ville et nous, il n'y a pas d'égalité. Taxes, eau, gaz, viabilité, tout sera à son profit, nous ne pouvons lutter, laissons passer l'orage, mais gardons-nous d'élever en ce moment de nouvelles constructions. »

B) *Il est impossible à l'Etat de mener à bien l'œuvre qu'on lui demande d'entreprendre. Il n'a ni la compétence,*
ni les ressources nécessaires.

Mais l'initiative privée n'inspire pas confiance à nos adversaires, ils en font bon marché, ils hésitent peu et sans scrupule à se débarrasser de son outil pour eux impuissant et imparfait.

Voyons donc comment l'Etat à lui seul résoudra le problème de la saine habitation à bon marché. Les Sociétés privées trouvent les plus grandes difficultés à construire des demeures à la fois confortables et hygiéniques, dont le prix de location ou de vente soit en rapport avec les ressources de ceux à qui elles sont destinées et qui permette, néanmoins, de retirer du capital un intérêt suffisamment rémunérateur : ce sont même là, à vrai dire, les seules difficultés qu'elles aient à vaincre ; mais il leur faut, pour les surmonter, des études préliminaires sérieuses, approfondies en même temps que des préoccupations constantes d'économies bien entendues.

L'Etat a-t-il les moyens, la possibilité de faire mieux ou tout au moins aussi bien ?

Pouvons-nous en avoir l'assurance en examinant comment il s'acquitte de toutes les charges qui lui sont déjà confiées depuis longtemps ? L'Etat, qu'il s'agisse de la construction de vaisseaux de guerre, d'industries dont il s'est octroyé le monopole, de l'édification de bâtiments publics, de travaux d'utilité publique fait d'une façon constante beaucoup moins bien que l'industrie privée et, surtout cela est hors de contestation sérieuse, il fait beaucoup plus cher qu'elle ; à priori, il lui sera donc impossible de résoudre des problèmes dont l'industrie privée elle-même a de la peine à trouver les solutions : et jamais il ne pourra retirer des immeubles qu'il construira un intérêt suffisant pour rémunérer le capital représenté par le prix de revient. Les immeubles sont construits ; il s'agit d'entreprendre une opération industrielle qui consiste à les louer et à encaisser le montant des locations ; quels sont les organes de l'Etat que l'on chargera de ce soin ? Les corps municipaux, sans doute, puisque c'est la commune qui aura édifié les logements en question ; en cas de non paiement de loyers, c'est encore les corps municipaux à qui l'on donnera la mission de poursuivre leurs électeurs, de les expulser sans pitié : ils offrent, en effet, toutes garanties et l'on peut être sûr qu'ils s'acquitteront de ce nouveau mandat avec une stricte impartialité. Engagé dans cette voie, il faut faire un pas de plus, poussé par une inéluctable nécessité. Il n'est pas suffisant de décider que le soin de loger les classes pauvres de la population incombe à l'Etat, il faut ajouter qu'il lui incombe de les loger gratuitement. Mais avec quelles ressources, par quels impôts écrasants pourra-t-on pourvoir à des dépenses aussi considérables ? Dans un but de philanthropie mal comprise ne risque-t-on pas de tarir à jamais la prospérité de la nation en l'accablant de nouvelles charges trop lourdes ? Pour soulager une misère, si l'on rend la misère générale, pourra-t-on s'applaudir du résultat ? Mais ce n'est pas seulement la prospérité matérielle de la nation qui va se trouver menacée dans ses sources vives, c'est aussi sa vigueur morale plus précieuse encore. Vous allez donner un logement confortable et gratuit à des malheureux qui dépérissaient dans des bouges qu'ils payaient fort chers ; vous espérez en faire des gens heureux et acquérir leur gratitude : Vous ne connaissez pas les hommes, vous n'avez fait ni observations, ni expériences. Jamais une faveur administrative, quelle qu'elle puisse être, a pour longtemps satisfait un citoyen. Aujourd'hui l'Etat concède le logement, demain c'est le vêtement, c'est la nourriture qu'on lui demandera de distribuer gratuitement, et alors ce sera bien la fin de toute énergie, de toute activité, et le peuple qui se sera aveuglement engagé dans cette voie néfaste ira s'abîmer dans une déchéance de plus en plus profonde et générale que plus rien ne pourra enrayer.

c) *L'Etat doit s'efforcer de susciter et d'encourager l'initiative privée.*

N'avions-nous pas raison de préférer le mal au remède ? La loi bienfaisante qui rend les nations fortes et prospères, c'est la loi du travail, le sentiment qui les rend libres et dignes de l'être, c'est le sentiment de la responsabilité : Gardons-nous sous quelque prétexte que ce soit de rien faire qui puisse enrayer l'une ou diminuer l'autre.

Avec courage et sincérité bien plutôt, adressons-nous aux malheureux qui souffrent, ne les trompons pas par des désillusions décevantes, par des utopies irréalisables et dangereuses ; prouvons-leur notre bonne volonté et jusqu'à quel point nous leur portons intérêt par des actes sagement dirigés et réellement efficaces ; mais surtout, et avant tout, disons-leur bien haut qu'ils doivent être eux-mêmes, eux seuls, le principal agent de leur relèvement matériel ; si nos efforts, nos encouragements sont couronnés par le succès, si nous arrivons à démontrer aux ouvriers honnêtes et laborieux tout ce qu'ils peuvent faire pour l'amélioration de leur condition, si, aidés par nos conseils prudents, par notre expérience, nous leur donnons la possibilité de modifier leur vie, d'atteindre à une aisance relative, et si nous leur donnons ensuite la conviction que c'est à eux, à eux seuls, qu'ils doivent tout cela, à quel relèvement moral n'aurons-nous pas contribué en même temps qu'à l'amélioration d'une situation physique ?

Ce sera une œuvre peut-être difficile, mais essentiellement bonne. A la place de citoyens abêtis, tristes et paresseux, sans dignité et sans vigueur physique ni morale, qu'on aurait parqués dans des logements communaux, on aura fait des hommes robustes et courageux, aimant le travail parce qu'ils auront bénéficié de ses récompenses, sentant le poids de leur responsabilité et fiers de porter une si noble charge.

C'est là le but que se sont efforcés d'atteindre d'honnêtes gens à la fois sincères philanthropes et hommes d'action infatigables, et les résultats qui déjà, grâce à eux, sont acquis, nous démontrerons qu'ils n'ont pas été trompés par un décevant mirage. Mais si, défenseurs convaincus et intransigeants de l'initiative privée, ils prétendent qu'elle seule doit et peut résoudre le difficile problème de l'amélioration du logement à Bon Marché, est-ce à dire qu'ils demandent aux pouvoirs publics de se désintéresser de leur œuvre et de leurs efforts ? L'Etat, à leurs yeux, ne cesse pas d'avoir un rôle important, une mission supérieure : A tout ce qui est bien, à tout ce qui est utile, il doit son puissant appui et son précieux encouragement ; ils sont donc en droit de compter sur eux. Il ne faut à aucun prix que l'Etat paralyse l'initiative privée ; il devra, au contraire, zélateur fervent de l'œuvre entreprise, par toutes sortes de moyens, stimuler les bonnes volontés là où elles se manifestent, s'efforcer de les faire surgir là où elles font défaut. Qu'on se garde de croire que c'est là une concession que les partisans de l'initiative privée font à l'Etat, c'est bien plutôt un appel et une prière qu'ils lui adressent. L'intervention de l'Etat dans les limites aussi définies est non seulement utile, mais indispensable.

Nous ne pouvons, au seuil de cette étude, l'examiner avec détail telle que nous la comprenons et telle que nous la demandons, toute précision nous paraîtrait prématurée tant que la question dont nous nous sommes proposé l'examen ne sera pas plus complètement discutée. Connaissons d'abord l'œuvre entreprise et qu'il s'agit de mener à bonne fin, nous dirons ensuite le rôle efficace qui peut être réservé à l'Etat, nous dirons même comment et dans quelle mesure il a pu déjà s'en acquitter. Anticipons cependant, pour indiquer qu'éclairé par l'initiative privée sous la forme agissante de la Société française des Habitations à bon marché, le législateur français s'est efforcé de comprendre cette mission supérieure réservée à l'Etat et de le définir dans la loi du 30 novembre 1894 ; nous l'étudierons plus tard.

A côté de la question de l'intervention de l'Etat, il en est une autre, celle de l'intervention des Etablissements publics, que l'on a souvent essayé d'unir ensemble dans le simple but de jeter dans le débat une confusion regrettable. Autant il faut repousser avec énergie l'intervention directe de l'Etat, autant il faut admettre dans certaines mesures prudentes l'intervention de certains établissements publics. C'est ainsi que les Caisses d'épargne peuvent être appelées à jouer un rôle important dans la construction de saines habitations destinées à leur clientèle, mais c'est là un important sujet d'études que nous réservons pour plus tard.

Nous nous sommes attachés à démontrer le danger des

théories socialistes. Nous avons à grands traits esquissé l'œuvre de l'amélioration du logement à bon marché, telle que l'avaient comprise ceux qui ont eu l'honneur d'en être les promoteurs, nous allons maintenant la faire connaître dans ses détails et ce sera encore la meilleure des réponses à donner aux arguments de ses adversaires.

CHAPITRE IV

ÉTUDE HISTORIQUE DES DIVERS MODES D'ACTION
(SOCIÉTÉS ET ŒUVRES DE PROPAGANDE)
EMPLOYÉS EN VUE DE LA CONSTRUCTION
DE SAINS LOGEMENTS A BON MARCHÉ
ET DES RÉSULTATS OBTENUS

Dans le but de donner plus de clarté à l'étude que nous nous proposons de faire des différents systèmes qui ont été successivement ou simultanément préconisés et appliqués, tendant tous au même but, la construction de salubres habitations à bon marché, destinées aux classes pauvres de la population, nous ferons une première division qui correspondra exactement à deux types distincts de logements. Une constatation purement matérielle nous permet, en effet, de nous rendre compte que les habitations humaines actuelles peuvent être rangées dans deux catégories essentielles : Les petites maisons occupées par une seule famille, que nous appellerons individuelles, celles de dimensions beaucoup plus vastes, à plusieurs étages, où peuvent loger un très grand nombre d'habitants dans des appartements distincts, que nous appellerons collectives.

PREMIÈRE PARTIE

Maisons individuelles.

§ I. — Influence bienfaisante de la maisonnette sur la famille. Dans quelles conditions elle peut être construite.

La réfléxion, appuyée sur l'histoire même de l'habitation humaine, nous montre que la maison individuelle dans laquelle la famille trouve l'abri qui lui est nécessaire, est le type normal et naturel du logement. La famille, cette base primordiale de notre Société, doit avoir un refuge pour elle sous la protection duquel elle vivra et se développera. Taine a écrit qu'elle était le seul remède à la mort; elle constitue, en effet, une chaîne ininterrompue qui reforme au fur et à mesure ses anneaux brisés et qui trouve ainsi en elle-même la puissance de défier le temps; c'est dans son sein et par elle que la tradition se forme, c'est dans la famille solidement constituée, dans l'esprit d'entente et de suite qu'elle fait naître qu'une nation trouve la source de sa prospérité et de sa force. Comment l'aider à développer ses racines fécondes? N'est-ce pas la maisonnette ensoleillée et riante qui doit être son cadre naturel, n'est-ce pas là qu'elle trouvera pour naître et grandir le terrain le mieux disposé, le plus propice?

Voici un ouvrier qui vit à l'étroit avec sa femme et ses enfants dans une maison encombrée et sale, où il occupe une ou deux petites pièces mal éclairées et mal aérées, où il souffre du voisinage indiscret des ménages qui habitent sur le même pallier; transportez-le dans une gaie maisonnette où il vivra bien chez lui, où sa femme pourra faire régner l'ordre et la propreté, où le soleil et l'air pénètreront à flots, où il pourra avoir autant d'enfants qu'il voudra sans que personne ne lui cherche chicane; joignez à cette habitation un jardinet qu'il pourra cultiver avec amour les jours de repos, arroser avec soin le soir, en arrivant de l'usine ou de la mine, alors qu'il éprouvera du délassement dans cette occupation même qui lui permettra, par une respiration large et au plein air, de rétablir ses poumons : Quel sera le résultat obtenu ? — Alors que dans une répugnance commune de ses membres pour le logement mauvais et insuffisant où ils devaient se réunir, la famille se serait fatalement désagrégée, sous le toit protecteur de la maisonnette, elle se resserera pour le plus grand bien de tous : Le père, la mère et les enfants, unis et joyeux, se plairont à se rapprocher et trouveront dans la force d'une solidarité plus étroite le moyen de lutter plus efficacement contre les tristes éventualités de la vie dont personne n'est à l'abri. Le rôle que jouera la petite maisonnette, « le home », pour employer l'expression anglaise si significative sera donc, au plus haut point, bienfaisant et d'une grande portée morale.

Malheureusement on ne peut pas songer à élever au sein même de nos grandes cités de pareilles constructions ; c'est dans la banlieue seulement, là où le terrain est à bas prix qu'elles peuvent être édifiées. Mais alors se présente tout naturellement à l'esprit une objection, celle de l'éloignement que nous pouvons discuter tout de suite. Il est vrai qu'il est impossible de contraindre certaines catégories d'ouvriers ou d'employés à aller loger loin du centre même de leurs affaires ; tous ceux qui à Paris par exemple, en diverses qualités, travaillent aux Halles, où ils doivent être rendus vers les deux heures du matin, sont dans la nécessité de se loger dans le voisinage : Nous les laisserons, quoiqu'à regret, de côté pour l'instant ; nous nous occuperons d'eux au sujet des maisons collectives. Mais pour beaucoup d'autres travailleurs la difficulté de l'éloignement peut être résolue, et pour ceux-ci, grâce à diverses combinaisons, l'accès des maisons individuelles dans la zone suburbaine leur sera possible. Ces combinaisons consistent simplement à trouver des moyens de transport rapides et économiques.

Nous disions au chapitre précédent que, repoussant l'intervention directe de l'Etat, nous lui reconnaissions néanmoins un rôle important dans l'œuvre de l'amélioration des logements à bon marché : Au début même de cet exposé, nous trouvons une large voie ouverte à son activité et qui peut lui permettre de rendre les plus grands services. Ces moyens de communication indispensables à l'établissement dans la banlieue d'une ville de maisons individuelles destinées aux familles ouvrières, c'est à lui, à la commune, qu'il incombe d'en prendre souci. D'ailleurs, les progrès récents de l'industrie faciliteront sa tâche : Voies ferrées, tramways à chevaux, à vapeur, à électricité, c'est véritablement l'embarras du choix qui se présente. Aussi, dans les villes tant soit peu importantes, de grands progrès ont été déjà réalisés qui rendent les transports peu coûteux et faciles ; plusieurs de nos compagnies de chemins de fer ont organisé des trains d'ouvriers ; à titre d'exemple nous pouvons citer la compagnie P. L. M., dont le tarif spécial n° 5 (G. V.), comporte des cartes d'abonnement délivrées aux « ouvriers et ouvrières se rendant à leur travail journalier et en revenant ». L'abonnement donne le droit de circuler en voiture de 3me classe une fois par jour dans chaque sens ; les outils de la profession sont enregistrés comme bagages ; il en est fait un usage important dans les régions industrielles du Creusot, de Bessèges, de Molière, de Deluz, d'Evry-Petit-Bourg.

L'obstacle de l'éloignement n'est donc pas insurmontable, surtout avec l'aide d'intelligentes municipalités, mettant à profit les découvertes de la science dans la création des moyens de transport commodes et qui tendent de plus en plus à supprimer la distance.

§ 2. — **Initiative des patrons.**

Personne n'a inventé ni découvert le système des petites maisons qui, dans l'ordre naturel des choses, ont même précédé les grandes maisons collectives à étages, dont les plus beaux spécimens, au point de vue de la dimension, ont été récemment construits à Chicago, mais il est intéressant de rappeler ceux-là qui ont les premiers consacré des capitaux sous cette forme au logement des ouvriers.

Dans l'ordre chronologique les premières tentatives ont été faites par des chefs d'industries placées en dehors des grandes villes. C'est son intérêt même bien entendu qui, au début, a poussé le patron à construire pour les ouvriers dont il avait besoin, tout autour de ses établissements industriels, des logements salubres ; il lui était, en effet, avantageux de fixer autour de lui, en se les attachant par un lien matériel, tous ceux dont il était obligé de louer les services et d'éviter ainsi de trop fréquents changements dans son personnel qui eussent pu nuire à son industrie.

En France dès 1834, la Société de Blanzy avait élevé des maisons individuelles pour ses mineurs (1). En Belgique à Hornu, M. de Gorge Legrand en avait construit 500 en 1810 ; la Société Marcinelle et Couillet suivit cet exemple en 1833 ; en 1835 la tentative de M. André Koechlin, maire de Mulhouse, est particulièrement intéressante car elle se produit dans une ville importante ; elle est aussi rapportée par le docteur Villermé dans son « tableau de l'état physique et moral des ouvriers » (2), qui d'ailleurs la signale avec les plus grands éloges : « André Koechlin fit bâtir, pour 36 ménages d'ouvriers de ses ateliers de construction, des logements composés de deux chambres, une petite cuisine, un grenier et une cave pour 12 à 13 francs par mois, moins de la moitié du loyer qu'ils payeraient ailleurs : en outre et sans augmentation de prix, à chaque logement est attaché un jardin pour y cultiver une partie des légumes nécessaires au ménage et surtout pour habituer l'ouvrier à y passer le temps qu'il donnerait au cabaret. »

---

(1) Nous empruntons ces indications et celles qui vont suivre, au rapport si remarquable de M. G. Picot, fait au nom du Jury international sur les habitations ouvrières à la suite de l'exposition universelle internationale de Paris 1889 (Section de l'Economie sociale).

(2) Paris 1840, t. I, p. 58 et 59.

En 1850, M. Villermé déclarait encore que les chefs des autres manufactures de Mulhouse avaient imité M. Kœchlin ; il ajoutait : « J'ai vu dans plusieurs départements de la France, surtout depuis 1841, des familles d'ouvriers attachés aux diverses manufactures, aux mines et aux établissements métallurgiques, être logées à très bon marché. Plusieurs propriétaires de ces usines avaient fait construire à leurs frais, avec une utilité que l'expérience confirme chaque jour, des maisonnettes assez spacieuses, très commodes, convenables à tous égards auxquelles ils joignaient souvent et gratis un terrain ou jardin et même parfois un appentis et une petite étable à porcs. Chacune de ces habitations était pour une seule famille ; malheureusement il n'y en avait encore qu'un petit nombre. »

En 1851, à Mulhouse aussi, naît l'œuvre de M. Jean Dollfus ; nous devons lui réserver une place à part ; d'ailleurs elle ne rentre pas dans le cadre dans lequel nous nous mouvons actuellement et ne peut pas être assimilée aux œuvres produites par l'initiative patronale agissant seulement pour des ouvriers de telles ou telles industries.

Depuis ces dates un grand chemin a été parcouru ; il serait actuellement impossible de fournir une nomenclature complète de tous les chefs d'industries, surtout de celles placées en dehors des grandes villes, qui se sont appliqués d'une façon plus ou moins heureuse à fournir à leurs ouvriers de petites habitations salubres ; nous pouvons néanmoins, mais seulement à titre d'exemple, citer quelques noms et quelques chiffres.

A Noisiel, M. Menier a construit 200 maisons dont le prix de revient est de 5.000 francs ; il les loue 150 francs par an et ne retire par conséquent que le 2 0/0 brut de son capital.

A Varangeville, MM. Solvay ont construit 285 maisons qui représentent 1.340.000 francs ; ils en concèdent gratuitement une partie, en louent l'autre sans en retirer un intérêt brut supérieur à 3 0/0.

Au Creusot, M. Schneider a fait construire 800 maisons, 400 aux environs ; il les accorde aux meilleurs ouvriers et ne les loue qu'entre 60 et 96 francs par an, c'est-à-dire de 5 à 8 francs par mois.

A Anzin, 2.628 maisons ont été construites ou achetées par la Compagnie ; leur loyer normal devrait être de 156 francs ; la société ne perçoit que 72 francs, ce qui lui revient à un sacrifice annuel de 220,752 francs, en ne retirant que le 1 % du capital engagé, etc., etc.

Les combinaisons sont diverses, c'est tantôt la gratuité pure, tantôt le patron prend à sa charge une partie du loyer, en ne retirant pas de ses capitaux un intérêt normal ; mais ce qui est plus rare, c'est de découvrir un chef d'industrie, qui ayant fait construire des habitations saines et suffisantes pour ses ouvriers, retire du capital engagé dans cette opération un intérêt commercial. C'est une lacune vraiment regrettable ; les œuvres que nous venons d'énumérer sont nées d'une pensée généreuse ; elles témoignent le plus souvent de la sollicitude des patrons pour leurs ouvriers qu'ils cherchent à s'attacher par des bienfaits, ce qui ne peut être blâmable, s'efforçant de poursuivre ainsi l'apaisement des haines et des méfiances trop souvent réciproques entre les différentes classes de la population ; mais les œuvres purement philanthropiques sont fatalement bornées ; la charité a ses limites qu'elle ne peut pas dépasser ; elle peut faire de grandes et belles choses, elle ne peut pas révolutionner les conditions générales de l'habitation ouvrière. Si les patrons s'étaient ingéniés à trouver des combinaisons telles qu'elles leur permettent de faire à la fois une œuvre humanitaire, et une bonne opération commerciale, la construction de pareils logements eût pris sûrement une bien plus grande importance : on peut, à l'heure actuelle, évaluer pour la France à 20.000 le nombre des familles ouvrières qui, par l'initiative exclusive des patrons se trouvent logées sainement dans des maisonnettes ; ce nombre eût été décuplé, si les patrons avaient trouvé le moyen de ne pas s'imposer de sacrifices.

Ces sortes de charité faites directement par le patron à ses ouvriers ont encore d'autres inconvénients qu'il nous faut signaler. D'abord généralement l'ouvrier ne se rend compte ni de la bonne volonté de son maître, ni de ce qui peut lui en coûter ; il se fait un raisonnement peu généreux mais naturel : « du moment que sans obligation on prend un tel souci de ma personne, c'est qu'on y a intérêt » ; et non seulement alors il refuse toute gratitude, mais obsédé par une idée fixe il ne voit plus, il ne sent plus que la chaîne avec laquelle, d'après lui, on veut le lier.

On voulait faire naître la paix et le calme dans les esprits, trop souvent on n'aura réussi qu'à augmenter la méfiance.

Les patrons ont encore adopté un autre système d'intervention directe, qui demande à être rappelé ; il a le très grand avantage de ne porter aucune atteinte à la liberté de l'ouvrier, en ce sens que celui-ci réclame de lui même les bons offices de son patron et se rend par conséquent juge de ce que lui conseille son intérêt : le patron prête à l'ouvrier une somme d'argent, qui lui permet de construire lui-même, sur les plans qu'il a projetés, une maison qui sera ainsi parfaitement à son goût et répondant à tous ses besoins ; une hypothèque prise par le patron sur l'immeuble construit le garantit de sa créance dont il accepte le remboursement par fractions, réparties sur un nombre d'années plus ou moins considérable. — Il est certain que l'ouvrier trouvera très souvent de précieux avantages dans un prêt ainsi consenti ; il peut faire appel à des amis ou à des parents maçons ou charpentiers, travailler lui-même, à temps perdu, à l'édification de sa maisonnette, tranporter les matériaux et finalement construire son "Home" avec le secours d'une très modeste avance ; mais il peut aussi courir le risque d'être trompé sur la qualité des matériaux, de dépasser ses prévisions ou de rechercher trop l'économie au détriment de la salubrité. D'ailleurs, cette question de la construction de sa maison par l'ouvrier lui-même, nous la retrouverons en étudiant les Sociétés coopératives anglaises et américaines. — Citons quelques chiffres : à Thaon 74.500 fr. avaient été prêtés le 31 Décembre 1888 et 22.000 étaient remboursés ; à Mariemont un fonds de roulement de 200.000 fr. est consacré à ces avances ; à la vieille Montagne, où les matériaux sont cédés au constructeur au prix de revient, on calcule que les ouvriers remboursent en sept ou huit ans les avances que l'on concède avec libéralité ; à Blanzy 235.492 fr. ont été prêtés à 303 ouvriers, soit une moyenne de 780 fr. par tête ; à Anzin les avances se sont élevées à 1.446.604 fr. sur lesquelles il ne reste dû que 101.140 fr.

Quand nous traiterons des Sociétés de construction, anonymes ou coopératives, nous verrons combien par leur entremise l'action des patrons peut être plus efficace et nous leur indiquerons sous quelle forme, dans quel sens leur intervention généreuse doit se produire pour porter tous les fruits qu'ils sont en droit d'en attendre.

§ 3. — Initiative des classes aisées.

Nous venons de voir les patrons se préoccupant exclusivement du personnel de leurs usines, tantôt lui concédant gratuitement des logements, tantôt les lui faisant payer, mais d'une façon insuffisante pour rémunérer le capital engagé et nous avons émis le regret de voir que généralement il en fût ainsi et que l'initiative patronale n'ait su, somme toute, que faire de véritables cadeaux en nature aux ouvriers : Ceux-ci doivent, au contraire, s'habituer à payer à leur juste prix des choses qui doivent leur offrir des avantages aussi précieux ; seulement il est indispensable que ce juste prix soit en rapport avec leurs ressources. Mais, dussent-ils consentir à quelques sacrifices pour jouir de la maisonnette salubre, ils n'en comprendront et n'en priseront que mieux sa valeur et sa bienfaisante commodité, et le but proposé sera encore plus complètement atteint. On éprouve de véritable attachement que pour ce qui vous a coûté un effort à la fois patient et courageux, et c'est pourquoi l'ouvrier aimera davantage la demeure qu'il aura payée régulièrement à force d'économies et qui sera, pour lui le fruit du labeur, que celle qu'il trouvera d'aventure toute préparée et qu'il occupera sans peine ni privation.

S'il en est ainsi, s'il doit être considéré comme un simple locataire ou un simple acquéreur, il ne s'agit plus que de s'enquérir de ses besoins, des limites dans lesquelles son budget lui permet de se mouvoir et de les concilier ensemble : l'opération, en même temps que bonne et utile, deviendra lucrative ; de véritables sociétés commerciales peuvent donc se former dans le but d'accomplir pour les ouvriers de plusieurs manufactures, de toute une ville, l'œuvre que le chef d'industrie avait entreprise autour de son établissement.

A) *Société Mulhousienne.*

Ce fut la conception de M. Jean Dollfus lorsqu'il fonda « *La Société Mulhousienne des habitations ouvrières* ». Pour une double raison nous devons faire de cette Société et de son fondateur une mention spéciale : parce qu'elle a été proposée comme exemple encourageant à cause de la complète réussite de ses efforts, et comme modèle par la création d'un système nouveau auquel elle a donné son nom, le système mulhousien.

Après des études personnelles très actives, et secondé dans ses efforts par un collaborateur habile, M. Emile Müller, architecte, Jean Dollfus commença à faire élever à Dornach quatre maisons de types différents qui furent louées à des ouvriers ; il recueillit précieusement leurs observations, et mieux renseigné ainsi sur leurs besoins, il adopta le type qui devait être définitif. La Société qui compta 71 actionnaires, fut fondée au capital de 355.000 francs, dans le but unique de construire des maisons individuelles ouvrières et de les vendre à ceux à qui elles étaient destinées.

Avant de poursuivre, nous devrions rationnellement faire ici une halte et aborder l'étude d'une importante question que fait surgir l'énoncé seul du rôle que se proposait la Société Mulhousienne : Convient-il de rendre l'ouvrier propriétaire ? Mais dans l'intérêt de la clarté de notre exposé critique et historique des divers systèmes employés pour l'amélioration du logement à bon marché, nous avons préféré rejeter à la fin l'analyse de divers problèmes, dont ce dernier, qui se rattachent d'une façon directe, mais générale à l'œuvre de cette amélioration ; nous pensons pouvoir les aborder ainsi en bloc et plus franchement ; d'ailleurs, nous aurions éprouvé quelque embarras à les intercaler ici même bien exactement à leur place, car ils ne se posent pas exclusivement au sujet de tel ou tel autre système. Ainsi cette question de l'accès à la propriété individuelle foncière facilité à l'ouvrier, nous la retrouverons à propos des Sociétés coopératives de construction. Ne nous préoccupons donc pas de savoir les raisons pour lesquelles J. Dollfus a cru utile d'entrer dans une voie nouvelle, disons simplement qu'il n'a pas agi sans réflexion et que dans sa sagesse et son expérience des choses humaines, son œuvre lui a paru devoir produire les meilleurs résultats.

La *Société Mulhousienne* s'engagea, de par ses statuts mêmes, à ne pas distribuer à ses actionnaires plus d'un dividende maximum qu'elle fixa au 4 0/0 d'intérêt du capital ; elle voulait ainsi s'ôter la possibilité d'oublier son rôle philanthropique. Nous faisons immédiatement connaître, car ce fait a une importance considérable dont on se rendra compte plus tard, que cet intérêt de 4 0/0 a été distribué avec une régularité parfaite. De 1854 à 1888, avec son unique capital de 355.000 fr., elle a construit 1124 maisons valant 3.485.275 fr. Elle a accompli cette œuvre qui paraît être un véritable tour de force, sans efforts, uniquement par la puissance du système habile qu'elle a innové. Les maisons qu'elle a construites étaient réunies par groupes de quatre, au milieu d'un jardin potager, partagé en quatre parties égales pour que chacune en ait sa part exclusive. Chaque famille possédait un angle de maison avec deux façades, ce qui facilitait l'aération ; la surface de la maison était de 40 mètres carrés, celle du jardin de 120 ; la maison comprenait une cave, un rez-de-chaussée divisé en une chambre et une cuisine, un étage divisé en deux autres chambres ; le prix de revient du groupe était en 1864 de 9.666 fr. soit 2.491,50 par maison.

La Société louait chacune des maisons 187 fr. 50, ce prix

comprenait les frais généraux et l'intérêt du capital ; mais l'ouvrier en payant 6 fr. de plus par mois, c'est-à-dire 72 fr. par an, devenait propriétaire de sa maison en quinze années. Par le simple jeu de l'amortissement et grâce à une augmentation momentanée et relativement légère du loyer, il pouvait ainsi se débarrasser, par la propriété de sa maisonnette, à l'heure de la vieillesse et du déclin de ses forces, de la préoccupation poignante du terme. Le contrat, inventé par elle, qui liait la Société de Mulhouse à ses locataires acquéreurs peut s'analyser en une location ferme et une promesse de vente unilatérale qui engage la Société pour le jour où les sommes versées par le locataire équivaudront au prix de la maison. En pratique voici la combinaison : la Société ouvrait à l'ouvrier un compte courant où il était le jour même du contrat débité du prix de l'immeuble ; toutes les mensualités qu'il versait étaient portées au crédit de son compte, ainsi que les intérêts composés, ce qui constituait l'amortissement proprement dit ; maintenant plus l'amortissement était élevé, moindre devait être la durée de l'opération ; pour l'abréger encore l'ouvrier pouvait verser à la Société, qui les inscrivait au crédit de son compte, ses économies annuelles, les distributions de dividende alloué par les Sociétés coopératives dont il pouvait faire partie, le montant du petit héritage qui pouvait lui échoir ; par ces versements volontaires, qui produisaient eux aussi intérêt il pouvait anticiper l'époque de sa libération ; la Société remplissait ainsi le rôle d'une véritable Caisse d'épargne qui devait le porter à économiser.

Au fur et à mesure que par le jeu de l'amortissement la Société rentrait dans son capital déboursé, elle élevait immédiatement d'autres constructions ; c'est ainsi qu'avec une somme initiale relativement modeste elle a pu obtenir d'aussi étonnants résultats. Des critiques ont voulu insinuer que son succès n'était dû qu'à une somme de 300.000 francs, donnée par l'empereur ; il n'en est rien.

Les fondateurs de la *Société Mulhousienne* ne commirent pas l'imprudence de mêler ce don au fonds social ; ils l'affectèrent en entier à la création de rues, à la construction d'égouts, de lavoirs publics, de fontaines et de plantations d'arbres, toutes dépenses qui incombent à une municipalité. L'achat des terrains et la construction des maisons restèrent absolument en dehors et les chiffres de l'opération de Mulhouse n'en fournissent pas moins leur précieuse et éloquente indication.

b) *Imitations à l'étranger.*

La Belgique et l'Angleterre ont devancé la France dans l'imitation de la Société Mulhousienne. En 1867, la ville de Liège a vu naître une société qui a construit des maisonnettes représentant une valeur de près de trois millions ; en 1889, 2.250.000 étaient rentrés dans ses caisses ; elle n'a distribué à ses actionnaires qu'un dividende de 2 1/2 pour cent.

Le Bureau de bienfaisance de Nivelle, en 1859, celui de Wavre en 1869, avançant hardiment dans la voie ouverte par J. Dollfus, ont accompli, eux aussi, des œuvres très intéressantes ; la place nous manque pour entrer dans tous les détails des constructions élevées et des différents modes d'acquisition imaginés, et nous sommes forcés de nous borner à de simples mentions.

Le Bureau de bienfaisance d'Anvers a construit, lui aussi, des maisons ouvrières, mais les a simplement louées ; il possédait en 1889 pour 3.500.000 francs d'immeubles : il ne choisit pas ses locataires parmi les indigents, mais parmi ceux qui, faute de logements sains, pourraient tomber à sa charge ; son but est ainsi plutôt de prévenir la misère que de la secourir.

Le bureau de bienfaisance de Mons s'est livré à une opération semblable mais dans un sens peu différent et peut-être préférable, étant donné le rôle et le but d'un service d'assistance. Il a construit des maisons et s'est contenté lui aussi de les louer, mais il a choisi ses locataires parmi ceux qui étaient secourus et qui avaient le plus grand nombre d'enfants, et il a accompli le tour de force de retirer du capital engagé, presque un intérêt commercial tout en fournissant pour 130 francs par an, des logements dont le prix courant s'élevait à 250 francs. Le loyer est payable le lendemain du paiement mensuel du salaire. Le succès de cette entreprise a été considérable ; Sur les 37 premiers locataires tous indigents et inscrits sur les listes du bureau de bienfaisance, en 1889, il n'y en avait plus que six de secourus. Il est certain que cette façon de relever une famille par une assistance aussi bien comprise est à tous égards supérieure à l'aumône.

En Angleterre des sociétés puissantes se sont constituées ; elles se sont contentées, elles aussi, de louer les maisons individuelles qu'elles construisaient, mais en même temps qu'elles poursuivaient un but philanthropique, elles se sont efforcées de demeurer fidèles au principe commercial et de faire d'excellentes affaires. Citons la Compagnie générale des Habitations ouvrières (*Artizans' Labourers'and General dwellings Company*) dont le capital primitif de six millions de francs a été porté en 1884, à 43 millions ; elle a, aux environs de Londres, construit 3 parcs et édifié 6.600 maisons ; nous ne nous occupons pas pour l'instant des grandes maisons qu'elle a fait construire au centre de la ville et que nous mentionnerons quand nous en serons à l'étude des maisons collectives ouvrières. Les loyers payables par semaines oscillent entre 360 et 830 francs ; le simple ouvrier peut habiter les plus petites, le mécanicien ou le contre-maître aisé sont seuls en état de louer les plus grandes. Cette société a distribué à ses actionnaires depuis sa fondation 5 0/0 d'intérêt avec une régularité parfaite, ce qui la classe au premier rang des entreprises financières.

c) *Imitations en France.*

En France, il ne s'est produit pendant longtemps que des efforts isolés. M. Emile Cacheux fut le premier, à Paris, à tenter une imitation de la Société Mulhousienne. Après lui, parmi les sociétés qui ont construit des maisonnettes pour les louer ou les vendre, il faut mentionner :

La Société anonyme des Habitations de Passy-Auteuil; en 1889, elle avait fait bâtir 44 maisons, mais elle n'a distribué à ses actionnaires qu'un dividende de 2 0/0; loyers et annuités sont néanmoins exactement payés;

La Société anonyme des Maisons ouvrières d'Amiens, fondée en 1866; elle a d'abord construit 84 maisons de 2.500 à 3.500 fr.; le loyer, y compris l'amortissement, oscillait entre 250 et 350 fr.; les ouvriers sont tous propriétaires aujourd'hui. Avec un capital initial de 300.000 fr., elle a construit pour 1.374.000 fr. d'immeubles; seulement elle n'a pas distribué d'intérêt à ses actionnaires et avec son capital reconstitué elle a élevé, au centre du nouveau quartier, qui était son œuvre, une église et une école;

La Société Immobilière d'Orléans, fondée en 1879; elle a construit 228 maisons de 4.000 à 10.000 fr.; les locataires deviennent propriétaires en payant 7 1/2 0/0 de la valeur de l'immeuble; quand la moitié de l'immeuble est soldée par l'amortissement, la Société favorise un emprunt hypothécaire qui assure son remboursement;

La Société Havraise des Maisons ouvrières, dont les efforts ont été couronnés d'un brillant succès. Avec un capital de 200.000 fr., elle a construit pour 550.000 fr. d'immeubles; depuis 1872, elle a payé avec régularité à ses actionnaires l'intérêt maximum de 4 0/0 fixé par ses fondateurs;

En 1877 s'est fondée une Société semblable à Bolbec, au capital de 100.000 fr.;

En 1867 s'était fondée la Compagnie Immobilière de Lille; en 1896, elle avait vendu 261 maisonnettes représentant une valeur de 930.508 fr.; elle en louait 117 entre 360 et 216 fr.; elle fait produire à son capital 3 1/2 0/0 d'intérêt; mais la ville de Lille a garanti aux actionnaires le 5 0/0;

L'Union Foncière de Reims, datant de 1870; en 1896 elle avait vendu 26 maisons représentant 151.200 fr.; 67 étaient en cours de vente représentant 266.000 fr.; 16 autres étaient simplement louées entre 336 et 372 fr.;

La Société Immobilière Nancéienne (1872); en 1896 elle avait vendu 47 maisons représentant 297.000 fr.; 10 étaient en cours de vente représentant 71.460 fr., sur lesquels près de 34.000 fr. étaient déjà payés; elle louait ensuite 13 maisons entre 120 et 168 fr. par an et elle avait construit trois maisons collectives contenant 81 logements dont les loyers oscillaient entre 124 et 96 fr.; elle distribue un dividende de 3,40 0/0 ;

En 1887, à Rouen, se fondait une Société Rouennaise des Habitations à bon marché; en 1896, neuf maisons avaient été vendues par elle valant 34.415 fr. ; 60 étaient en cours de vente valant 263.980 fr. sur lesquels 57.775 fr. étaient amortis ; le prix de revient de ces maisons varie entre 3.250 et 4.000 fr., leur loyer, amortissement compris, oscille entre 270 et 348 fr.; elle a restreint à 3 pour cent le maximum de l'intérêt qui peut être distribué à ses actionnaires. L'intention qui l'a dirigée a été bonne, mais elle a peut-être eu tort d'oublier que le plus sûr moyen d'attirer les capitaux et d'assurer le développement indéfini des Sociétés de construction, est de faire produire à de pareilles entreprises un rendement commercial ;

La Société Remoise pour l'amélioration des logements à bon marché (1882) a également construit des maisons individuelles ouvrières, mais les loue simplement ; elle a élevé, en outre, 20 maisons collectives comprenant 111 logements ;

La Société Belfortaine des Maisons à bon marché (1890) ; elle avait en 1896 construit dix maisonnettes qu'elle louait entre 216 et 300 fr.

La Société des habitations économiques de St-Denis (1891), qui, en 1896, avait construit 21 maisonnettes louées entre 396 et 324 fr. plus trois maisons collectives contenant 28 logements dont le prix varie entre 192 et 312 fr ;

La Société Rochelaise des maisons à bon marché (1891), qui a construit 16 maisonnettes louées 180 fr.;

Le cottage d'Oullins (1891) dû à l'intelligente initiative de M. Marescot, sous caissier central de la Compagnie P. L. M., secondé par M. Chauraud, directeur, mais surtout par la Société française des Habitations à bon marché. Le premier capital souscrit permit de construire un groupe de 60 maisonnettes qui fut inauguré avec solennité le 9 Octobre 1892. MM.

Noblemaire, directeur du P. L. M., Cheysson, Fleury-Ravarin assistèrent à la cérémonie qui fut touchante. M. Chaplain grava même, à cette occasion, une médaille symbolique, qui est un véritable chef-d'œuvre : Les maisons sont de deux types ; le premier (3 pièces, cave, grenier, jardin de 100 mètres carrés) coûte 3.200 fr., la mensualité que le locataire doit payer est de 24 francs, amortissement compris ; quinze années suffisent pour acquérir la propriété ; le second (4 pièces au lieu de 3) revient à 3500 fr. et comporte pour l'acquéreur une mensualité de 26 fr. pendant seize ans cinq mois. Les organes socialistes de Lyon ont manifesté leur mécontentement par des critiques et des attaques encore plus stupides qu'injustifiées. A titre d'exemple : « La Société le Cottage réclame à ses locataires 26 francs de loyer par mois Or si l'on additionne ces 26 francs que le locataire doit payer pendant quinze ans, on trouve que celui-ci aura versé en définitive 4.680 francs pour une maison ayant coûté 3.800 ; il est facile de se rendre compte par ses chiffres du bénéfice considérable qu'encaisse la Société "Le Cottage" et de l'exploitation de ses locataires à laquelle elle se livre ». — On oublie tout simplement que la somme de 26 francs comprend deux parties distinctes : le loyer proprement dit et l'amortissement !

A Dunkerque, les hospices, en 1891, construisirent, à titre d'essai, 8 maisons valant ensemble 28.000 fr. et les louèrent 208 fr.

La Société Bordelaise des Habitations à bon marché (1894) ; elle avait, en 1896, construit et loué 15 maisonnettes ; 27 étaient en cours de vente représentant 164.100 fr. sur lesquels 18.388 étaient amortis ;

La Société des Habitations à bon marché de Longwy (1894) ; elle avait loué 48 maisonnettes entre 384 et 180 francs et elle en avait mis en cours de vente 28 valant 112.581 fr. ;

La Société des habitations ouvrières d'Epinal, qui avait, en 1896, vendu 5 maisons valant 27.800 fr. ; 29 étaient en cours de vente valant 156.164 fr. sur lesquels 22.152 fr. étaient amortis ; elle avait été constituée au capital de 100.000 fr. et rapporte un intérêt de 3 1/2 0/0.

A quelques omissions près, et sans trop d'importance, le tableau des efforts faits en France pour construire des maisons individuelles ouvrières, grâce à des capitaux groupés par des sociétés anonymes, est ainsi complet. On y peut voir là preuve d'un mouvement général et fécond.

Nous allons aborder l'étude d'un autre système et malheureusement les constatations que nous ferons seront moins rassurantes et les comparaisons avec l'étranger moins favorables ; cependant nous en ferons un examen approfondi, car nous avons foi dans son efficacité et nous sommes assurés de son acclimatation en France, qui doit être l'œuvre d'une éducation patiente et d'une propagande infatigable.

§ 4. — Initiative des ouvriers eux-mêmes.

Les ouvriers eux-mêmes, eux seuls, par la seule puissance d'une association bien conçue et bien dirigée, peuvent obtenir de merveilleux résultats en vue de l'amélioration de leur logement. Nous allons faire connaître les combinaisons les plus couramment employées et citer quelques chiffres tendant à démontrer l'importance de ce nouveau mode d'action ; malheureusement, nous venons de l'indiquer, il nous faudra quitter la France et porter nos investigations chez des peuples étrangers, mais les renseignements que nous pourrons ainsi recueillir n'en offriront pas moins un très vif intérêt à être divulgués.

La force coopérative s'est exercée au moyen de deux grands systèmes que M. Eug. Rostand définit ainsi : 1° Le système d'épargne et de prêt coopératif pour permettre au coopérateur de construire ou d'acheter ; 2° le système de construction coopérative pour vendre ou louer au coopérateur.

A) Système d'épargne et de prêt coopératif.

a) *Angleterre*.

C'est l'Angleterre qui inventa le premier système. Ses premières réalisations remontent au commencement même du siècle, mais c'est seulement de 1850 ou 1851 que date le développement considérable qu'il prit dans ce pays sous la forme des *Building Societies*. Leur dénomination est quelque peu inexacte ; ce ne sont pas des sociétés de construction proprement dites, mais des sociétés en vue de la construction (1). Leur mécanisme un peu compliqué a été décrit par M. Rostand avec une très grande clarté et, ne pouvant faire mieux, nous allons le suivre dans son étude remarquable.

Une *Building Society* est composée de coopérateurs dont les uns sont actionnaires simples, et les autres à la fois actionnaires et emprunteurs pour bâtir. A l'actionnaire simple, elle facilite l'épargne par de petits versements mensuels sur l'action comme dans les coopératives ordinaires et par un dividende servi sur les opérations générales ; à l'actionnaire emprunteur, elle prête une somme qui ne peut excéder le montant des actions souscrites par lui et qui ne sont pas encore libérées, à la condition expresse que cet argent soit affecté à la construction ou à l'acquisition d'une maison destinée à lui et à sa famille ; elle facilite l'amortissement de ce prêt par les versements mensuels sur les actions et par le dividende réparti sur les bénéfices et dont le compte est crédité. Ainsi, celui qui veut se bâtir une maison s'affilie à une société et souscrit un nombre d'actions dont le montant calculé égale le capital et les intérêts de la somme qu'il veut emprunter, et par des versements hebdomadaires ou mensuels fixés d'avance, il libère ses actions dans un nombre d'années limité ; il peut toujours hâter l'époque de cette libération par des versements anticipés. La Société a, pour garantir sa créance : 1° la souscription de ses actions ; 2° une hypothèque sur l'immeuble construit qui tombe lorsque, par la libération complète des actions, le prêt est amorti, car le montant des actions comprend, nous l'avons dit, non seule-

(1) Tous les renseignements et tous les chiffres ci-dessus, relatifs aux Sociétés coopératives, ont été puisés dans une conférence sur la coopération appliquée à la construction faite à Marseille le 17 octobre 1890 par M. Eug. Rostand au Congrès international de la Coopération.

ment le capital mais l'intérêt et l'amortissement. La Société, rentrant chaque mois ou même chaque semaine par une rotation constante dans l'argent qu'elle prête, peut avancer plus qu'un prêteur ordinaire ; elle prête jusqu'aux 3/4 et même jusqu'aux 7/8 de la valeur de l'immeuble qui constitue le gage de sa créance. Ce qui a compliqué le mécanisme des *Building Societies* c'est que quelques-unes d'entre elles dénaturant un peu leur rôle initial se sont érigées en véritables banques de dépôts et de crédit foncier et se sont laissées tenter par des spéculations hasardées ; il en est résulté quelques faillites retentissantes, notamment celle de la *Liberator Building Society* qui comptait 20.000 intéressés et qui a laissé un passif de 75 millions de francs, sur lesquels 2/3 avaient été confiés à un seul entrepreneur. Mais si des faiseurs d'affaires se sont, à plusieurs reprises, emparés de ces institutions pour capter plus facilement la confiance du public, si des détournements de fonds ruineux pour elles ont été opérés parfois par ceux mêmes préposés à leur direction (1), il ne faut pas s'en émouvoir outre mesure et condamner sans rémission cette forme d'association qui a donné des preuves aussi éclatantes de son pouvoir et qui continue aussi heureusement son œuvre. Les accidents qui se sont produits sont la conséquence inévitable de l'imperfection de la nature de l'homme qui se répercute sur tout ce qu'il entreprend, il n'en reste pas moins que le principe des *Building Societies* est bon et doit forcément être fécond. Le législateur anglais toutefois pour prévenir de nouveaux abus a édicté, le 30 juillet 1874, une loi qui oblige les *Building Societies* à se faire enregistrer par le *Registrar* qui leur confère la personnalité morale, mais qui règle dans leurs moindres détails leur formation et certains statuts essentiels notamment l'obligation pour tout employé qui a un maniement de fonds de fournir caution ou une garantie jugée suffisante et pour la Société de transmettre au *Registrar* un bilan annuel.

(1) La difficulté de trouver des hommes compétents et honnêtes pour gérer leurs affaires est le plus sérieux obstacle que les *Building Societies* aient rencontré ; heureusement, il a été et sera toujours surmontable.

Les Sociétés de construction anglaises se divisent en deux catégories ; les unes permanentes, les autres temporaires (*terminating*) ; leur nom explique à lui seul leur différence. Les Sociétés temporaires prennent fin au bout d'un nombre déterminé d'années ou plus souvent lorsque leurs membres ont tous reçu satisfaction, c'est-à-dire ont tous obtenu l'avance qui leur est nécessaire pour construire leur maison individuelle. Ces dernières surtout, en présence de plusieurs demandes d'emprunts, adjugent la somme à avancer par une sorte d'enchère à celui qui en donne l'intérêt le plus fort ou bien par voie de tirage au sort. Les actions sont d'importance variée, depuis 1 livre (25 fr.) jusqu'à 50 livres ; le type préféré des ouvriers est celui qui va de 1 à 10 livres. Au point de vue de la gestion, il faut distinguer entre les Sociétés fondées avant la loi de 1874 et celles qui lui sont postérieures, car cette loi n'a eu aucun effet rétroactif ; aussi, les statistiques fournies par le *Registrar* sont-elles incomplètes, les dernières étant seules tenues de lui adresser leur bilan.

En 1879, on évaluait le nombre des *Building societies* à 1.187 avec 338.435 sociétaires ; au 1er janvier 1889, le *Registrar* comptait 2.021 Sociétés avec 604.144 sociétaires ; les recettes de 1888 s'étaient élevées à 20.415.857 livres ; il y avait dans 1.643 Sociétés, comme bénéfices non encore distribués, 2.019.695 livres ; dans l'ensemble, il avait été fixé, cristallisé, selon le mot de M. Brelay, plus d'un milliard d'épargnes ; en 1891, le nombre des *Building Societies* était de 2.767.

Leur œuvre est énorme : A Leeds, qui compte 350.000 habitants, il en fonctionne deux qui ont près de 40 ans d'existence ; en 1886, l'une comptait 10.760 sociétaires, l'autre 6.390 ; elles ont toutes deux tant de capitaux, qu'elles remboursent tout actionnaire qui a versé plus de 3.750 francs ; un ouvrier place 3 ou 4 shil. par semaine ; quand il a 40 livres, il bâtit ou achète une maison de 160 livres et emprunte la différence à la Société, en s'obligeant par exemple à amortir sa dette en 24 ans à raison de 3 shil. par semaine ; en 1886, l'une des deux Sociétés avait déjà avancé 30 millions de francs et presque la totalité de cette somme lui avait été fournie par l'épargne ouvrière ; en vingt ans, 17 à 18.000 maisons avaient passé par ses mains et plus de 25 millions avaient été ainsi consolidés ; en 1890, sur 9.400 maisons hypothéquées 7.000 appartenaient à des ouvriers.

Aux *Building Societies* il faut ajouter les *Building départments*, qui ont le même but ; elles sont agencées à l'intérieur de Sociétés coopératives de consommation ; celles-ci trouvent dans leur création un emploi avantageux de leurs bénéfices. Dans les *Building Départments*, il n'y a pas de simples actionnaires non emprunteurs, leur capital provenant directement des bonis des Sociétés coopératives de consommation en pleine prospérité, auxquelles elles sont attachées. Dans son discours au Congrès coopératif anglais de 1890, lord Roseberry avait relevé que 60 coopératives de consommation au moins avaient un *Building département* et qu'il avait été dépensé, en ce sens, des sommes considérables ; il avait notamment cité telle Société qui avait par son *Building département*, dépensé 15.000 livres dans une seule année et construit 352 cottages.

b) *Etats-Unis*.

D'Angleterre, le système a passé aux États-Unis, où il s'est répandu avec une puissance encore plus extraordinaire. Les *Building Societies* ont pris un nom plus exact et plus complet : *Cooperative Building and Loan Associations*. En octobre 1888, on évaluait leur nombre à 3.500, leur capital à 300 millions de dollars, soit plus de 1.500 millions de francs, l'épargne fixée par elles sous forme de maisons et terrains en 40 ans de 500 à 750 millions de dollars. Ces associations ont des journaux à elles, le reste de la presse facilite leur tâche ; ainsi le *Star*, de New-York, consacre une colonne par jour à l'explication de leur système ! Il est d'ailleurs à peu de choses près le même qu'en Angleterre. Elles pratiquent, et c'est là un des secrets de leur prospérité, le principe de la stricte économie dans les frais généraux ; reconnues et protégées par la loi, elles ont un président, un vice-président, un secrétaire, un trésorier, des directeurs, un Conseil, quelquefois des vérificateurs, tous élus par les sociétaires, mais le secrétaire et quelquefois le trésorier sont les seuls qui soient rétribués ; les dépenses comprennent encore le loyer d'un local où ont lieu à périodes fixes les réunions : pour le restreindre, ce local indispensable n'est loué que pour une ou deux soirées par semaine. On cite une Association, qui dans un faubourg de New-York a émis durant les deux premières années de sa création 1.879 actions, recueilli 33.061 dollars et qui n'a dépensé que 500 dollars de frais généraux. Dans certaines villes, comme Philadelphie, où ces Associations sont très nombreuses, il est d'usage que la même personne soit employée comme secrétaire par plusieurs d'entre elles ; elle remplit l'office de comptable de profession. M. Linn, cite un secrétaire, qui s'occupait de six Sociétés et par les mains de qui de 1879 à 1886, passèrent 4.939.728 dollars.

Les jours de réunion les simples actionnaires versent un tant convenu sur le montant des actions souscrites par eux ; on les crédite de leur part de bénéfice sur les opérations générales ; les actionnaires emprunteurs paient, en outre, les intérêts de la somme qu'ils ont empruntée, intérêts auxquels ils se sont engagés d'ordinaire en se portant adjudicataires. Séance tenante ou dans la réunion suivante, le Conseil met aux enchères les sommes disponibles qui sont adjugées à ceux qui en offrent le plus fort intérêt. (Les lois sur l'usure ne s'appliquent pas à ces associations). La créance de l'association est garantie, comme en Angleterre, par la souscription des actions et par une hypothèque prise sur l'immeuble. Qu'il s'agisse d'un immeuble déjà construit ou à construire, les vérificateurs sont spécialement chargés de se rendre compte du gage proposé à la Société ; dans le dernier cas les fonds ne sont pas livrés en bloc, on les remet à l'emprunteur au fur et à mesure de l'avancement des travaux et dans l'intérêt même de l'emprunteur, le comité de construction de la Société exerce avec compétence une scrupuleuse surveillance sur les plans, sur les devis, sur les matériaux.

M. Wilis S. Paine, surintendant du service des Banques de l'Etat de New-York, s'exprime ainsi sur l'œuvre des *Cooperative Building and Loan Associations* : « Ces sociétés sont des remparts contre le communisme, en créant des habitudes d'économie, en assurant l'indépendance des habitations. La demeure indépendante affermit la vie domestique, prépare la voie aux influences de l'éducation et de l'exemple. Aidant à soustraire la jeunesse populaire aux tentations terribles et toujours présentes qu'elle rencontre dans les mansardes et les gîtes trop pleins, aux dangers qui naissent du voisinage de l'ivresse ou de cyniques vices, elles travaillent avec profit pour la paix et le bien public. »

B) SYSTÈME DE CONSTRUCTION COOPÉRATIVE POUR VENDRE OU LOUER

Nous avons dit que la force coopérative s'était exercée sous la forme de deux systèmes : nous venons d'étudier le premier, nous avons maintenant à décrire le second, le système de construction coopérative pour vendre ou louer au coopérateur.

Dans ce dernier, l'Association avec les fonds disponibles qu'elle a, provenant comme dans le système précédent de la souscription de ses actions par les sociétaires sur lesquelles des versements mensuels ou hebdomadaires sont effectués, au lieu de consentir des prêts, construit elle-même des maisons qu'elle peut simplement céder à bail ou bien vendre, et dans ce cas, elle accepte que l'acheteur sociétaire éteigne sa dette par des annuités comprenant le loyer proprement dit et l'amortissement du capital.

a) *Angleterre, Danemark, etc.*

En Angleterre, malgré le nombre des coopératives de prêts, on a essayé ces dernières années cet autre système ; c'est ainsi qu'au début de 1888 se sont constitués à Londres *Les tenants cooperators*. Cette société se contente de louer des habitations à ses membres ; les bénéfices ne sont pas pour le moment distribués, ils sont mis en réserve jusqu'au moment où ils seront tels que l'avoir de chacun des membres égalera la valeur de la maison qu'il occupe. A ce moment seulement les dividendes seront distribués en nature et ils équivaudront alors au loyer perçu. Si un sociétaire veut se retirer et vendre ses actions, il le peut ; mais la société a le droit de préemption si elle offre de lui en rembourser la valeur. On rencontre de pareilles sociétés coopératives en Hollande, à Harlem, en Danemark (1), en Suisse (2), en Allemagne à Halle, à Insterburg, à Fleusburg, à Berlin, mais surtout en Italie.

b) *Italie*.

En 1889, il en existait 53 ; parmi les plus importantes, il faut citer :

A Milan la *Societa edificatrice di Abitazioni operaie* qui date de 1877. L'histoire de son origine est des plus intéressantes ; ses débuts furent tout à fait modestes ; ses fondateurs eurent toutes les peines du monde à réunir la première année la somme de 4.000 francs avec laquelle ils construisirent la première maison. Peu à peu, l'idée prit consistance, d'utiles concours se manifestèrent ; la Banque populaire de Milan consentit à la société naissante un prêt à faible intérêt ; la Caisse d'épargne, grâce au régime du libre emploi, intéressée par l'œuvre, souscrivit 1500 actions et, en 1889, la Société avait à son actif près de 800.000 francs d'immeubles.

A Gênes aussi, de nombreux efforts couronnés par le succès se sont produits ; mentionnons : *L'Associazione coope-*

---

(1) La Société ouvrière de Copenhague pour la construction remonte à plus de 30 ans ; en 1890, le nombre de ses membres s'élevait à 16.372 ; le fonds social atteignait 3.046.877 francs, la réserve 415.736 fr. ; elle avait bâti pour 8.165.362 francs d'immeubles.

(2) L'association coopérative immobilière de Genève date de 1867.

rativa per la propista di viveri ed abitazioni qui s'est dissoute après, avoir transformé 229 ouvriers en propriétaires et employé à cet effet 1.350.000 francs ; puis la *Societa Genovese per la costruzione di case per gli operai* qui groupait en 1890, 800 ouvriers et qui avait construit pour 1.960.334 francs d'immeubles ; une troisième, à cette même date, groupait 455 actionnaires et comptait 1.164.840 francs d'immeubles ; une quatrième, toujours à Gênes, qui ne remontait qu'en 1888, en avait groupé 600 ; une cinquième, la *Societa cooperativa per la costruzione di case economiche* s'était fondée en 1888 aussi ; une sixième datant de 1889 comptait en 1890 déjà 2.000 membres ; en 1890 se fondait encore la *Cooperativa immobiliare de gli operai confederati genovesi* ; dans le faubourg industriel de Gênes, Sampierdarena, les ouvriers avaient en outre organisé une coopérative d'habitations qui comprenait en 1890, 400 sociétaires, et Gênes est une ville qui ne compte pas beaucoup plus de 150.000 habitants.

Quelques coopératives italiennes construisent, au lieu et place de maisons individuelles, des maisons plus vastes qui comprennent de multiples logements ; elles font néanmoins acquérir à leurs sociétaires la propriété du logement qu'ils occupent dans ces maisons collectives : c'est là une combinaison qui nous parait peu recommandable. Ce mode de propriété divisée, quoique prévu et réglementé par le Code civil lui-même, offre trop d'inconvénients pour que l'on s'efforce d'entreprendre son extension : « Le mur mitoyen, dit en substance M. Siegfried, est déjà fertile en procès : Que dire d'une habitation appartenant à la fois à plusieurs propriétaires où, par conséquent, tout se touche ? Il faudra plaider pour chaque tuile ou chaque carreau à remettre. »

C) ETAT DU MOUVEMENT EN FRANCE

Quoi qu'il en soit de ce détail, en présence de ce mouvement coopératif qui a produit chez d'autres peuples tant de résultats et de bienfaits, qui est devenu la source d'œuvres aussi nombreuses, aussi prospères, si l'on dresse dans cet ordre d'idées le bilan de la France, on est forcé de constater qu'il se réduit à rien ou presque rien. C'est au plus haut point regrettable.

Les plus pauvres et les plus faibles peuvent puiser dans une association bien conçue et bien dirigée, une force étonnante ; tout ce que nous venons de voir le prouve surabondamment. La France, dans la recherche de l'amélioration de la condition physique des travailleurs dont elle se préoccupe depuis longtemps, par esprit de routine, par paresse de créer et d'innover, s'est abstenue, ou peut s'en faut, de se servir d'un instrument aussi puissant ; et cependant la coopération est le mode d'action le plus normal. Plus et mieux que l'initiative patronale, que l'intervention des classes aisées, par la création de sociétés philanthropiques ou commerciales, elle est capable de remédier avec efficacité au mal du logement malsain et insuffisant ; c'est aux ouvriers eux-mêmes, plus qu'à tous autres, en effet, à se préoccuper de leur propre situation et de tout ce qui peut la rendre meilleure ou plus heureuse. Quand ils seront suffisamment renseignés par les exemples qui leur sont soumis et, persuadés de leur propre pouvoir, qu'ils auront été encouragés par des succès partiels et qu'ils voudront franchement et avec une énergie patiente, s'engager dans la voie de la construction coopérative, ils dépasseront en France comme ailleurs, en heureux résultats, tout ce que pourront faire les autres modes d'action, et ils opèreront ainsi plus sûrement en même temps que leur relèvement physique leur relèvement moral, par l'habitude de mieux en mieux contractée de gérer leurs affaires et de s'affranchir d'une tutelle peut-être commode, mais assurément peu apte à faire éclore le courage et la dignité.

Nous ne voulons pas croire notre pays et notre race moins favorisés que d'autres et incapables de s'assimiler des idées qui, ailleurs, ont pénétré dans les mœurs et enfanté en si grand nombre des réalités. Si les Anglais et les Américains avaient été les seuls à créer des associations coopératives en vue de la construction, peut-être pourrait-on soutenir que leur caractère, leur esprit d'initiative peuvent s'accommoder d'institutions que les Français, moins pratiques, mais habitués à ne compter que sur eux, ne pourraient pas acclimater ; mais la coopération, nous l'avons vu, n'est pas le propre des Saxons ; chez nos voisins, chez nos frères latins, les Italiens, elle a pris aussi une rapide force d'expansion : Peut-on soutenir que les ouvriers français sont dans une condition inférieure à celle des ouvriers italiens ? Leurs salaires sont-ils moindres ?

Qu'on jette un coup d'œil sur les statistiques des Caisses d'Epargne françaises, on verra le chiffre énorme de leur encaisse, le nombre des millions, qui, chaque année, viennent l'augmenter, qui sont épargnés par la classe la plus modeste de la population, principalement par les ouvriers, et qui pourraient par eux-mêmes, être employés autrement et mieux pour l'amélioration de leur propre logement. Il est certain que l'un des obstacles les plus sérieux à la création de coopératives de construction en France, provient justement du fonctionnement des Caisses d'Epargne. Aux Etats-Unis, elles n'existent pas et les *Cooperative Building and Loan Associations*, en font office ; l'ouvrier américain doit se préoccuper lui-même du placement de son épargne, et dans l'acquisition de son "Home", il en a justement un emploi avantageux ; l'ouvrier français trouve plus facile de prendre un livret et laisse au gouvernement le soin de faire fructifier son argent. Quand nous en serons à l'étude du rôle que les caisses d'épargne peuvent jouer, nous puiserons dans cette réflexion un argument en faveur de leur intervention.

Pour en revenir à la création de Sociétés coopératives en France, il nous paraît que les Sociétés qui construisent elles-mêmes pour ensuite vendre ou louer aux sociétaires, seraient, pour le début, mieux en rapport avec nos habitudes et nos mœurs que les *Building Societies* anglaises ou américaines ; elles demandent à l'ouvrier moins d'initiative que ces dernières ; elles engagent moins sa responsabilité. L'ouvrier, qui emprunte pour construire lui-même sa maison, doit avoir des connaissances multiples, de l'habileté dans le maniement de ses affaires et de ses intérêts ; il lui faut choisir l'emplacement, étudier les plans et les devis, surveiller les travaux, se rendre compte de la qualité des matériaux, ne pas rechercher l'économie mal entendue, ne pas se laisser entraîner dans des dépenses exagérées, connaître et respecter les règles imposées par l'hygiène et tout cela demande beaucoup d'expérience. La maison qu'il aura édifiée sera peut-être plus conforme à ses désirs, à ses besoins ; elle sera peut-être exactement à sa taille ; il pourra y avoir entre elle et la maison construite d'après un type commun, la même différence qui existe entre le vêtement sur mesure et celui qu'on achète tout fait, mais cela pourra devenir un nouvel inconvénient. Si jamais l'ouvrier veut s'en défaire, la vendre, il trouvera un acheteur avec beaucoup moins de facilité, justement à cause de ses dispositions particulières qui lui convenaient parfaitement mais qui ne seront pas du goût de tout le monde. La Société coopérative, au contraire, si elle construit directement, sera à même, grâce aux concours précieux qui ne manqueront pas de s'offrir à elle, de procéder avec plus de connaissances techniques et plus d'économie (1).

Ces arguments ont convaincu ceux qui ont employé leurs efforts à acclimater la coopération de construction en France et les Sociétés qui ont été fondées ont pris pour modèle le type italien d'après lequel la Société construit directement. En 1896, il y avait en France six sociétés coopératives de construction. La première en date est celle de Marseille : « La Pierre du Foyer » fondée en 1891. Elle n'a pas encore recueilli des capitaux importants mais son étude offre néanmoins un très vif intérêt : par sa création originale, par le soin avec lequel ses statuts ont été élaborés sous la direction immédiate de la Société française des Habitations à bon marché et qui peuvent être proposés pour modèles, par les études auxquelles M. Cheysson s'est livré expressément à son sujet et les ques-

---

(1) Elle pourra notamment s'adresser à la Société Française des Habitations à Bon Marché, dont nous ferons connaître tantôt l'histoire et le rôle important et qui ne lui marchandera ni les sages conseils, ni les renseignements précieux.

tions très importantes qui ont été agitées autour même de son berceau, elle mérite de retenir l'attention. D'autre part, en fils pieux du sol qui nous a vu naître, nous ne voulons pas englober Marseille dans une nomenclature générale forcément sommaire ; nous voulons faire une étude plus approfondie et plus détaillée de toutes les œuvres qui y ont été créées et dans le chapitre que nous nous proposons de lui consacrer « La Pierre du Foyer » trouvera tout naturellement sa place.

En 1894, s'est fondée le cottage d'Athis. L'honneur de la création de cette société revient à un homme généreux dont les efforts ont été vaillamment et efficacement secondés par la Société française des Habitations à bon marché, M. Bouteloup, simple employé de la Compagnie d'Orléans. Il a eu l'idée et l'initiative de réunir ses camarades, de les grouper et une première somme de 25.000 francs a été recueillie par la réunion de leurs épargnes : ce fut le capital initial de la Société coopérative définitivement constituée, mais il était insuffisant ; M. Bouteloup et ses amis se sont alors adressés à la Compagnie d'Orléans qui leur a prêté 100.000 francs au 3 0/0.

Des groupes de maisons ont été immédiatement construits dont le prix de revient oscillait entre 4 et 5.000 francs, quelques-unes ont atteint 8.000 francs, mais c'est là l'exception. Le succès fut complet ; la Société d'Athis fit alors un nouvel appel à la Compagnie qui fut encore entendu et de nouvelles maisons ont été édifiées. En 1896, le cottage d'Athis avait loué 27 maisonnettes représentant une valeur de 132.579 ; elle en avait vendu sept, alors que 11 étaient en cours de vente. La formule, on le voit, n'est pas unique : la Société vend au comptant, par amortissement, ou bien loue simplement et ainsi l'ouvrier a le choix. Tout récemment un prêt nouveau de 100.000 francs vient de lui être consenti par la « Caisse patronale des retraites en faveur des ouvriers des forges de France » à 3.50 0/0 ; elle a régulièrement distribué à ses actionnaires coopérateurs 4 0/0 de dividende et ses opérations continuent, grâce aux prêts qui lui ont été consentis et au capital qui chaque année lui est remboursé, par suite des achats des maisons soit au comptant, soit par amortissement.

En 1894 aussi s'est fondée « La Société coopérative immobilière de Valentigney, Beaulieu et Terre-Blanche » qui a construit 7 maisons collectives contenant 28 logements qu'elle se contente de louer, plus sept maisonnettes (valeur 48.236 fr.) en cours de vente.

A cette même date s'est fondée à Saint-Denis la Société coopérative « Le Coin du feu ».

En 1896, se sont fondées à Ruelle la « Société coopérative Le Foyer » et au Havre la « Société coopérative des habitations à bon marché de Graville Sainte-Honorine » au capital de 300.000 dont 75.000 fr. ont été versés l'année même......

Mais tout cela est bien peu de chose et ne peut être comparé aux résultats obtenus à l'étranger ; il faut s'en émouvoir et par tous les moyens possibles s'efforcer de susciter un mouvement dans la fécondité duquel il faut avoir foi. La classe patronale, qui s'est préoccupée depuis longtemps de l'amélioration du logement ouvrier, qui semble prête à de nouveaux et louables efforts, doit renseigner les ouvriers et les aider dans la création de sociétés coopératives par des conseils, par des subventions, par des encouragements de toute espèce; il leur en coûtera moins cher que de construire eux-mêmes, et les ouvriers finalement seront bien plus satisfaits et plus heureux, car ils ne seront plus portés, en présence d'une Association librement consentie par eux, qu'ils dirigeront eux-mêmes par l'intermédiaire de mandataires qui auront toute leur confiance, de flairer le piège et de sentir une chaîne plus ou moins imaginaire. Il s'agit de faire l'éducation du peuple et de lui faire comprendre les avantages certains, vrais pour tous les pays, qu'il peut retirer de la coopération, et en vue de ce résultat il faut enseigner, expliquer avec dévoûment et patience comment par l'épargne amassée peu à peu et par le simple jeu des intérêts composés, les ouvriers, en s'associant, peuvent parvenir par quelques efforts successifs, mais dont ils sont capables en les voulant, à des résultats étonnants : Voici deux ouvriers; l'un d'eux n'est affilié à aucune société, il vit au jour le jour sans ambition, sans préoccupation du lendemain, il paye à son propriétaire 225 ou 250 fr. de loyer par an ; au bout de quinze ans il a déboursé 3.750 fr. et cela non pas en pure perte puisqu'il a été logé pendant tout ce temps, mais sans qu'il lui en reste rien. Un autre dans une situation identique de métier et de famille fait partie d'une coopérative de construction ; il peut acheter une maison et un jardin, être chez lui ; il ne payera rien comptant ou presque rien ; mais tout en étant propriétaire il continuera à payer comme il en avait l'habitude un loyer aux mêmes époques, seulement ce loyer sera quelque peu plus élevé : il sera de 350 fr. au lieu de 250 (1), chiffre auquel se monte celui de son camarade ; mais au bout de quinze ans quelle va être la situation de ce dernier ? Alors que celui-là aura purement est simplement déboursé 3.750 fr. celui-ci pour une somme de 1.500 fr. qu'il aura payée en plus sera devenu propriétaire incommutable de sa maison, il n'aura plus jamais pour le restant de ses jours de loyers à payer et il pourra économiser s'il vit encore longtemps en bonne santé les 250 fr. que son camarade va être forcé de continuer à débourser ; en tout cas à sa mort il laissera à ses enfants le petit toit protecteur et ami qui les abritera. C'est là un fait brutal qu'on ne peut ni discuter ni réfuter. Et maintenant est-il bon, utile de faciliter l'accès de la propriété foncière à l'ouvrier ? Nous verrons que tout dépend de sa situation, de son métier, de l'endroit où il se trouve, mais que pour la grande majorité des cas la réponse doit être franchement affirmative. D'ailleurs les sociétés coopératives peuvent simplement avoir pour but la location des immeubles qu'elles construisent ; leur utilité n'en sera pas moins considérable, car elles amélioreront la qualité et le coût du logement comme elles améliorent la qualité et le coût d'une denrée, en substituant au tiers propriétaire l'association-propriétaire et en supprimant ainsi un intermédiaire ; d'autre part, si nous reconnaissons que la coopération peut être le principal agent de l'amélioration du logement à bon marché, nous ne soutenons pas qu'elle doit être le seul.

(1) A propos de la Pierre du Foyer nous donnerons des chiffres plus exacts.

DEUXIÈME PARTIE

Maisons collectives.

Nous avons vu que la petite maison individuelle, avec un jardin attenant, est le type naturel, normal de l'habitation humaine, et nous pensons, que partout où elle peut être construite, elle doit être préférée. Mais, si dans les classes aisées de la population, le nombre est de plus en plus restreint de ceux qui peuvent occuper, à eux tout seuls, une maison entière dans une ville importante, à cause de la cherté excessive que ne manque pas d'acquérir le terrain, il n'en va pas autrement pour les ouvriers. Nous avons reconnu, au début même, que les maisons individuelles ne pouvaient être élevées que dans la banlieue périphérique d'une ville ; on ne peut donc pas songer à y reléguer tous ceux à qui leur métier impose l'obligation de demeurer dans le centre même. L'encombrement nécessaire, matériellement forcé, qui y règnera par suite des conditions mêmes de la vie sociale et économique, obligera les riches comme les pauvres à s'entasser dans de vastes maisons d'autant plus élevées, que l'emplacement sera plus cher, c'est-à-dire plus recherché. Mais, tandis que les classes aisées trouveront à se loger confortablement, même dans des maisons collectives, les ouvriers, les artisans, les petits employés paieront le plus souvent fort cher; de véritables taudis étroits sans lumière et sans air, où ils auront encore à souffrir d'une promiscuité de tous les instants avec leurs voisins. Pour tous ceux qui parmi eux ne pourront abandonner le lieu où ils sont appelés à toute heure par leurs fonctions, n'y a-t-il rien à faire ? Ne peut-on pas songer à améliorer leur logement ?

§ I. — Angleterre.

A) *Sociétés Commerciales de construction.*

C'est encore en Angleterre, que les premiers efforts dans ce sens ont été faits, les premiers essais tentés. Le prince Albert, lord Shaftesbury et leurs amis, vers 1845, préoccupés de l'insalubrité des logements ouvriers dans le centre même de Londres cherchèrent à y remédier. Ils eurent la pensée d'entreprendre la construction de vastes maisons, dans lesquelles un grand nombre de familles pourraient être logées, mais dans des habitations parfaitement distinctes, aussi confortables que possible et surtout saines et aérées ; ils avaient la conviction que la réalisation de ce projet était possible et même facile, en ce sens que ce devait être une bonne entreprise industrielle en même temps qu'une œuvre éminemment philanthropique. Ils se heurtèrent à des obstacles, à des résistances de toutes sortes ; ce fut d'abord le scepticisme de ceux auxquels ils demandaient un concours pécuniaire et qui qualifiaient d'utopies de semblables tentatives ; puis la méfiance des pauvres gens à qui ils voulaient procurer le bien-être et la santé et qui virent dans la maison commune un piège pour leur indépendance, des moyens de surveillance attentatoires à leur liberté. Mais tous ces préjugés devaient être vaincus par l'obstination patiente de ceux qui agissaient sous l'empire d'une foi basée sur la raison même.

Nous ne pouvons pas entrer dans l'étude détaillée de toutes les sociétés anglaises qui ont été créées, pas même dans une nomenclature complète qui nous entraînerait hors des limites de cet ouvrage, mais nous devons citer quelques chiffres instructifs et éloquents :

La première société en date est l'*Association métropolitaine* de Londres, inaugurée en juillet 1848 ; elle a attendu longtemps le succès, mais son courage a été pleinement récompensé ; avec un capital de six millions, elle avait créé en 1889 1257 logements abritant 6.000 âmes, et à cette date, elle touchait un revenu net de 5 1/4 0/0 ;

En 1863 se fonda la Compagnie des Logements perfectionnés d'ouvrierss *The improved industrial dwellings Company* pour mettre en application sur une vaste échelle les progrès réalisés en 1858 par sir Sidney Waterlow qui avait construit des immeubles avec plus d'économie, tout en améliorant la distribution et la salubrité (1). Son capital à la suite d'augmentations successives fut porté à 12.500.000 fr. et avec les emprunts qu'elle a contractés en 1889 elle avait pu dépenser en constructions plus de 27 millions de francs. Le prix moyen annuel d'une chambre est de 130 fr. ; les logements en majeure partie sont composés de trois pièces et correspondent à un loyer de 390 fr. soit 7 fr. 50 par semaine. Il est certain que ce sont là des prix qui ne sont pas à la portée des plus pauvres ; mais, en offrant une demeure salubre aux meilleurs ouvriers, il n'en est pas moins vrai que cette Société rend indirectement, mais d'une façon effective tout de même, service à la classe inférieure. Elle perçoit un revenu net annuel de 6 0/0 environ et distribue avec une régularité parfaite 5 0/0 de dividende ; la différence constitue ses réserves qui sont actuellement très importantes et qui lui garantissent une longue prospérité.

b) *Fondation Peabody.*

Avant de quitter Londres, nous ne pouvons pas ne pas parler d'une fondation à qui l'avenir le plus brillant est réservé, la fondation Peabody. L'exemple du bien est contagieux et déjà monsieur Peabody a eu en France un imitateur ; mais à notre époque où l'esprit de charité anime tant d'âmes, où des œuvres surgissent de toutes parts, inspirées par l'amour du

---

(1) Le caractère dominant des habitations « système Waterlow » est de ménager sous la clef du locataire une satisfaction à tous les besoins que d'autres sociétés de construction ont mis en commun, tels que lavoirs, water-closets, dépendances diverses et d'assurer ainsi sa complète indépendance. Les corridors sont proscrits, les escaliers sont vastes et bien éclairés.

prochain, par la compassion des souffrances et des misères, où beaucoup voulant agir généreusement et améliorer le sort des malheureux hésitent sur la voie à suivre, ne peut-on pas espérer que de bienfaisantes initiatives surgiront encore ? La Charité est un sentiment trop noble qui a engendré trop de bonnes institutions pour que l'on puisse songer à l'étouffer dans le cœur des hommes et à le remplacer par quelque chose de supérieur ; l'esprit de solidarité bien loin de chasser l'esprit de charité ne doit, au contraire, contribuer qu'à le réchauffer et l'élargir ; Aussi plus spécialement dans la question qui nous occupe de l'amélioration du logement pauvre, bien loin de repousser un auxiliaire aussi puissant, en niant aveuglément l'efficacité de son concours, on doit résolument faire appel à l'esprit de charité. Ce n'est pas une contradiction ; il n'est pas inutile d'accepter tous les efforts, toutes les bonnes volontés, de canaliser toutes les forces humaines pour les faire concourir à une entreprise à laquelle l'humanité toute entière est intéressée. Aussi rappelons à ceux qui charitablement se proposent le soulagement de la misère, cette profonde vérité qu'il est plus facile de prévenir le mal que de le guérir, d'en empêcher les causes que d'en enrayer les effets ; ils comprendront alors toute l'importance sociale de l'œuvre que nous préconisons et pourront fournir une aide précieuse pour la mener heureusement à sa fin.

M. Peabody était un bien modeste commis, né à Danvers (1). En 1812 il entrait dans une maison de commerce en qualité de simple employé et faisait vœu, si Dieu lui donnait de la fortune de l'employer toute au soulagement des pauvres. Ses bonnes intentions lui ont porté bonheur, et tenant ses promesses il a pu créer de nombreuses institutions philanthropiques, non seulement aux Etats-Unis, son pays d'origine, mais encore en Angleterre où il est venu finir ses jours.

Le 12 mars 1862, il fit à la ville de Londres une première donation de 3.750.000 fr. en imposant trois conditions : Cette somme devait servir à une fondation : 1° ayant pour but

(1) Aujourd'hui Peabody.

d'améliorer l'état de la classe pauvre ; 2º ne devant avoir aucun caractère de propagande religieuse et ne tenir aucun compte des sentiments politiques ; 3º il devait suffire, pour qu'on en puisse profiter, d'appartenir à la classe indigente de Londres et d'être de bonne conduite.

Le 23 juillet 1862, un comité *Trustees* fut constitué et chargé d'exécuter la volonté de M. Peabody. Il pensa qu'il n'était pas possible de mieux répondre aux intentions du donateur qu'en créant des logements à bon marché, salubres, car c'était ainsi améliorer la situation physique de la classe pauvre de la ville de Londres et faire profiter de la donation les générations futurees. En 1866, M. Peabody ajouta 2.500.000 fr., en 1868, encore 2.500.000 et à sa mort, en 1873, il fit un dernier legs de 3.750.000 ; ce qui faisait au total 12.500.000 fr.

Toutes ces sommes reçurent la même destination et des maisons furent élevées dans divers quartiers de Londres, salubres, bien aérées, avec de nombreux logements, mais absolument indépendants, confortables, où toutes les commodités étaient réunies et alternant à de vastes préaux destinés aux enfants qui y pouvaient jouer sous les yeux mêmes de leur mère et à l'abri du danger des voitures. On s'est bien gardé d'attribuer gratuitement ces logements ; ils ont été loués à un prix raisonnable. M. Peabody et les administrateurs de sa fondation ont pensé que leur bienfaisante influence ne pourrait de la sorte qu'en être augmentée ; la concurrence faite aux propriétaires d'immeubles voisins devenait aussi plus loyale ; puis, dans l'intérêt de l'avenir et pour permettre une extension de plus en plus grande de l'œuvre, il ne fallait pas que ce premier capital fût stérilisé dans un emploi improductif ; en lui faisant produire des intérêts et en les employant au fur et à mesure à de nouvelles constructions, on pouvait indéfiniment augmenter les logements disponibles et le nombre de ceux qui devaient y vivre plus à l'aise et plus heureux (1). M. Peabody, en mourant, a pu ainsi caresser la

---

(1) Le revenu net des immeubles Peabody est d'environ du 3 0/0 ; il est donc inférieur à celui des précédentes Sociétés. Mais la fondation Peabody n'était pas une opération commerciale et ses administrateurs ont voulu lui conserver son caractère philanthropique en ne faisant pas payer à leurs locataires qu'ils choisissent parmi les ouvriers les plus honnêtes et les plus laborieux exactement l'équivalent de ce qu'ils reçoivent.

pensée consolante que grâce à lui, à sa généreuse initiative, dans un siècle, tous les pauvres gens de Londres pourraient être logés confortablement et sainement.

Une chambre des immeubles Peabody est tarifée en moyenne 3 fr. 15 par semaine, deux pièces 5.14, trois pièces 6.30. Tout le monde n'est pas admis ; d'abord les ouvriers qui gagnent plus de 6 fr. 25 par jour et qui ne peuvent pas être considérés comme de pauvres gens, ensuite ceux sur la moralité desquels les administrateurs ont de mauvais renseignements ; aussi les locataires sont-ils tous fiers de leur qualité qui leur sert de certificat de bonne conduite et le nombre des expulsions pour non paiement est-il tout à fait insignifiant. D'après les statistiques publiées avec soin, il est facile de constater qu'il y a dans une sérieuse proportion plus de naissances, et moins de décès dans les maisons de la fondation Peabody que dans le reste de Londres (1).

En 1890, grâce aux intérêts accumulés et à des emprunts contractés, le capital engagé dans les terrains et les constructions atteignait approximativement le chiffre de 31 millions (2) ; les immeubles Peabody contenaient 5.071 logements dont 1.789 de trois pièces et 2.401 de deux pièces, habités par 20.462 personnes. Le bénéfice net s'était élevé durant l'année à 716.402 francs (frais d'entretien montant à 213.524 francs déduits).

En 1891, M. Guiness, imitant M. Peabody, fit, à la même ville de Londres, un don de six millions, mais en stipulant que les immeubles qui devaient être construits avec cette somme seraient divisés en logements à loyers encore plus bas que ceux de la fondation Peabody et destinés à la dernière classe de la population ouvrière.

A cette époque, en ajoutant aux sociétés et aux fondations que nous venons d'énumérer, toutes les autres sociétés créées

(1) En 1890, les naissances avaient atteint 38,49 pour 1000, chiffre dépassant de 9,41 la moyenne de Londres pour la même période ; la moralité infantile s'était élevée à 141,22 pour 1000 naissances soit encore de 21,39, inférieure à la moyenne de Londres.
(2) Exactement 30.346.147,10.

sur leur modèle et poursuivant un but philanthropique tout en demeurant commerciales, on estimait que, dans la seule ville de Londres, plus de 145 millions avaient été employés à loger au moins 25.000 familles composées de 120.000 âmes, et une progression de plus en plus rapide de ces chiffres était à prévoir, puisque la fondation Peabody à elle seule pouvait consacrer par an près d'un million à l'édification de nouveaux logements. Vers 1893 et 1894, le *County Council* de Londres expropria des quartiers reconnus insalubres ; mais, au lieu de revendre sagement le terrain et de s'entendre au besoin avec les sociétés existantes pour l'édification d'immeubles destinés aux habitants des masures expropriées, il voulut, peut-être par simple réclame électorale, construire lui-même directement comme la loi anglaise lui en donnait le droit. Les dépenses dépassèrent toute mesure, mais il ne fallait pas que le locataire en souffrit ; on maintint les loyers très bas et les immeubles rendirent un revenu dérisoire ; en même temps, particuliers et sociétés s'arrêtaient brusquement dans leur entreprise en face d'une concurrence contre laquelle ils se sentaient impuissants. Les vaillants constructeurs qui avaient commencé la transformation de l'habitation ouvrière à Londres, bien loin de se réjouir de cette intervention des pouvoirs publics, s'en désespérèrent et se virent forcés de rentrer dans l'inaction.

Ces faits sont au plus haut point instructifs : que l'expérience faite par nos voisins soit pour nous salutaire ! Quoi qu'il en soit de son arrêt actuel mais sûrement momentané, l'action de l'initiative privée en Angleterre et principalement à Londres, d'après ce que nous venons de voir, a manifesté depuis de longues années sa puissance et sa fécondité par la création d'œuvres importantes. Dans le même temps, que s'est-il passé en France ?

§ 2. — France.

A) *Premières Sociétés.*

En 1853 des tentatives avaient été faites à Paris ; elles n'avaient pas réussi à cause de la résistance des préjugés populaires. Le système de grandes maisons collectives ouvrières était traité d'utopie ; on répétait sans renseignements précis, sur la foi de simples racontars, que les maisons de Londres donnaient de très médiocres résultats. On ignorait les efforts de nos voisins. Mais pendant que l'on n'agissait pas, la question de l'habitation à bon marché devenait de plus en plus irritante. A Paris, spécialement, la population indigente chassée du centre où jadis elle occupait les étages supérieurs des maisons, s'entassait depuis trente ans dans des demeures insalubres ; à Lille, c'était peut-être encore pis : les ouvriers vivaient dans des caves sans air, sans lumière, sans cheminée, sans parquet ; dans toutes les grandes villes on pouvait faire de nombreuses et désolantes constatations sur l'état des logements pauvres. L'opinion publique s'émut : Jules Simon procéda à quelques enquêtes retentissantes ; il visita les caves de Lille et se cassa même une jambe en tombant de l'échelle qui donnait accès dans l'une d'elles ; il fit paraître vers 1860 son livre de « l'ouvrière » où il dévoilait avec éloquence l'étendue du mal auquel il fallait porter remède. La loi de 1850 était reconnue insuffisante et les nouvelles publications du docteur Du Mesnil, du docteur Marjolin, de M. Othenin d'Haussonville, paraissaient, s'efforçant de ramener l'attention de tous sur ce problème de l'amélioration du logement à bon marché. En 1878 fut publié « Les Habitations ouvrières en tous pays » ouvrage de M. Emile Müller, l'architecte de la Société Mulhousienne, en collaboration avec M. E. Cacheux ; c'est un manuel précieux pour les architectes et les constructeurs ; il a été couronné par l'Académie des sciences morales et politiques et lors de l'Exposition universelle de 1889, il a obtenu une médaille d'or. M. Cheysson dont nous aurons encore à parler avait fait paraître « La question des habitations ouvrières en France et à l'Etranger » ; M. Arthur Raffalovich écrivait son livre sur « Le logement de l'ouvrier et du pauvre » où la Presse et les conférenciers pouvaient puiser des documents précis. De toutes ces études, de ces publications, il résultait que les sociétés anglaises étaient mieux connues ; leurs résultats rapportés avec plus d'exactitude.

La Société Nanceienne en 1872 et la Société Rémoise en 1882 avaient déjà construit quelques maisons collectives ; mais le premier effort sérieux, en vue de la construction de logements ouvriers dans le centre même des villes, se produisit à Rouen en 1885 ; il s'y fonda la « Société immobilière des petits logements » au capital de 500.000 francs ; les actionnaires s'étaient interdit de toucher un intérêt supérieur au 4 0/0. On décida de construire un immeuble sur le modèle de ceux de Londres, et M. Lecœur, architecte, chargé de cette construction, se renseigna par des constatations personnelles qu'il fit au cours d'un séjour dans la capitale de l'Angleterre. L'immeuble a été parfaitement aménagé et a coûté 460.000 francs ; il contient une centaine de logements, mais le dividende distribué n'a pas dépassé le 3 0/0 à cause de la non location de 6 boutiques qui formaient une partie du rez-de-chaussée.

b) *Société Lyonnaise.*

Le 1er juin 1886, MM. Aynard, banquier ; Gillet, teinturier ; Mangini Lucien, ingénieur, et Mangini Félix, ingénieur, formaient une Société civile au capital de 200.000 fr., ayant pour objet de créer à Lyon, aussi économiquement que possible, des maisons ne laissant rien à désirer sous le rapport de l'hygiène, et d'un confortable relatif dont les logements seraient principalement destinés à la population ouvrière et mis à sa disposition aux meilleures conditions possibles. Pour réaliser ce but, les associés s'interdisaient de faire produire aux fonds engagés dans l'entreprise un revenu supérieur à 4 0/0. Après une étude approfondie de la question, des causes qui rendaient les logements pauvres, dans les grandes villes, insalubres, insuffisants, tout en les maintenant à un prix relativement très élevé, ils ont pensé pouvoir réussir dans une entreprise essentiellement bonne, mais à la condition de ne commettre aucune faute. Le principal était de réduire autant que possible le prix de revient des immeubles qu'ils projetaient de construire, mais en ne négligeant rien au point de vue de leur solidité et en ne sacrifiant rien aux apparences : il fallait pour cela posséder le capital, jouir d'un crédit indiscuté, enfin et surtout connaître le métier qu'on voulait entreprendre ; que dirait-on d'un homme qui entreprendrait une industrie sans en rien savoir ? L'industrie du bâtiment ressemble à toutes les autres, peut-être même qu'elle est plus complexe et partant plus difficile à bien connaître que beaucoup.

Les associés construisirent d'abord un premier groupe de huit maisons qu'on dénomma de « La Mouche ». Le succès fut énorme : tous les logements furent loués pour ainsi dire sur l'heure ; ils achetèrent alors un vaste terrain de plus de 7.000 mètres carrés ; mais pour accroître leurs opérations, il leur fallait augmenter le capital de la Société ; c'est ainsi que le 13 mars 1888, elle fut transformée en Société anonyme au capital d'un million. Les premiers essais étaient tellement satisfaisants, donnaient une telle garantie de réussite à l'œuvre entreprise, que l'administration de la Caisse d'Epargne et de Prévoyance du Rhône n'hésita pas à souscrire 1.000 actions de 500 francs de cette nouvelle Société. Cette dernière se mit à l'œuvre sans perdre de temps ; elle construisit dans les terrains de la Rize, achetés par la Société civile, 13 nouvelles maisons et créa ainsi un nouveau groupe dit de la « Part-Dieu » ; les nouveaux logements offerts au public étaient tous occupés au printemps de 1890 et trois autres maisons étaient en cours de construction qui devaient compléter le groupe de « La Mouche ». Le 3 mai 1890 l'Assemblée générale autorisa la Société à doubler de nouveau son capital et à le porter à deux millions ; la Caisse d'Epargne de Lyon souscrivit 1.000 actions nouvelles pour conserver sa prépondérance dans une entreprise qui donnait des résultats aussi brillants et elles lui furent attribuées hors part ; il n'en restait donc que 1.000 à souscrire et les anciens actionnaires seuls en demandèrent 1627 ; il fut donc nécessaire de les distribuer au prorata des demandes. Trois groupes nouveaux furent immédiatement projetés à Vaise, au quartier St-Georges, aux Brotteaux, grâce à un bail emphytéotique passé avec l'administration des Hospices civils de Lyon, qui sont propriétaires de presque tout ce dernier quartier.

En 1892, le capital fut porté à 3 millions; en 1894, à 4 millions ; le 22 mai 1897, à 5 millions. La Société possédait à cette dernière date, 100 maisons en location, contenant 1.157 logements ; 8 maisons en construction devant contenir 110 logements, et en projet sur terrain déjà acquis 11 maisons devant contenir 126 logements.

Elle avait en 1896 encaissé brut 265.216 fr. de loyers, et la perte qu'elle avait subie pour insolvabilité ou renvoi de locataires ne s'était élevée qu'à 898,05, ce qui ne constitue que le 0.32 0/0 des recettes; elle avait antérieurement emprunté à 3 0/0, 400.000 fr. à la Compagnie P.-L.-M. pour élever à Oullins un groupe de maisons spécialement affectées aux employés de cette Compagnie ; elle avait, avec une régularité parfaite, servi à ses actionnaires l'intérêt maximum de 4 0/0 et ses réserves provenant de l'excédent des bénéfices sur l'intérêt servi dépassaient le 22 mai 1897, 300.000 fr. En 1891, la Société pour compléter son œuvre, en vue toujours de l'amélioration de la situation matérielle des classes pauvres, et après avoir échoué dans la création de sociétés coopératives d'alimentation, se risqua pour le plus grand bien de tous à faire du commerce (1). Elle ouvrit dans un de ses immeubles le restaurant des Brotteaux. Il sert environ 1.200 repas par jour d'une moyenne de 0,50 ; il a été institué avec un capital de 25.000 fr., qui n'a jamais été versé parce que les clients, affluant dès la première heure, ont suffi pour donner les fonds de roule-

---

(1) C'est la raison pour laquelle elle n'a pas pu jouir des prérogatives accordées par la loi du 30 novembre 1894, dont elle n'avait d'ailleurs pas besoin.

ment. Le 5 janvier 1895, elle ouvrit au public un nouvel établissement, le restaurant de la Guillotière qui sert jusqu'à 3.000 repas par jour. La Société tient à honneur de vendre des marchandises de bon aloi, du vin naturel, des denrées de première qualité ; elle les vend 25 0/0, meilleur marché que les produits frelatés, livrés par ceux à qui elle a fait concurrence, et le bénéfice annuel réalisé par elle atteint presque le 6 0/0 du chiffre des affaires faites, soit une trentaine de mille francs ! Il est certain qu'elle a ainsi porté un rude coup à tous les petits restaurants populaires voisins : Quelques uns ont dû fermer leurs portes ; mais ceux qui sont demeurés se sont vus forcés de réduire leur bénéfice en cherchant à mieux servir la clientèle pour la retenir.

La Société anonyme des logements économiques de Lyon a parfaitement réussi, au-delà même de toute espérance, parce que, grâce à l'habileté de ses administrateurs, à leur science technique, à leur esprit pratique, les immeubles qu'elle a construits lui sont revenus environ un tiers meilleur marché que tous ceux qui les entouraient, tout en étant parfaitement soignés et admirablement compris dans leurs moindres détails ; elle a pu faire ainsi une baisse considérable sur le loyer de 30 à 35 0/0 environ : le loyer minimum pour deux pièces, au moins, dans ces immeubles est de 96 francs par an ; le loyer maximum pour trois et quatre pièces est de 258 francs ; ce sont des chiffres qui correspondent parfaitement aux ressources de l'ouvrier. La Société loge, actuellement, plus de cinq mille personnes ; mais son action ne s'arrête pas là ; elle est périphérique, et tout autour de ses immeubles les logements s'améliorent, les loyers baissent et deviennent normaux et sans être taxé d'exagération on peut bien soutenir que c'est sur 20.000 personnes au moins que s'étend son influence bienfaisante. Les propriétaires de maisons ouvrières ont naturellement été très mécontents lors de la fondation de la Société Lyonnaise, et en présence de la concurrence qu'elle leur faisait, ils ont protesté violemment même ; celle-ci, sans s'émouvoir, s'est contentée généreusement de leur communiquer ses plans, ses devis, tous ses chiffres, de leur faire part de son expérience, de ses connaissances ; et ils ont bien été obligés de se rendre à l'évidence et de s'efforcer de l'imiter. Un des principaux arguments qu'on peut faire valoir pour légitimer l'intérêt excessif qu'on cherche à faire rendre aux immeubles destinés aux locations ouvrières consiste à exagérer les risques que peuvent faire courir au propriétaire les pertes de loyers pour non paiement, insolvabilité, expulsion des locataires : les bilans de la Société Lyonnaise y répondent victorieusement. Depuis le commencement de son entreprise, elle n'a jamais éprouvé pour ces causes, plus de 1 0/0 de perte dans la perception des loyers ; nous avons vu que, durant l'exercice de 1896, le chiffre exact a été 0,32 0/0, ce qui est absolument insignifiant. L'ouvrier honnête, et il forme heureusement la majorité, paie exactement son loyer ; c'est donc sous un faux prétexte que l'on cherche à le pressurer en soutenant que les bons locataires doivent payer pour les mauvais. Il est certain que la Société Lyonnaise, dès le premier jour, dès l'ouverture de ses premiers immeubles, a vu affluer vers elle un nombre considérable de demandes et qu'il lui a été peut-être possible de choisir ses locataires parmi les plus laborieux, ceux sur la moralité desquels elle avait de meilleurs renseignements. Mais cette circonstance particulière enlève bien peu de poids aux constatations matérielles qu'elle a pu faire sur une aussi large échelle et aux arguments qui en découlent. Son histoire, l'importance des résultats obtenus, et surtout la démonstration évidente qu'elle fournit de la possibilité d'unir dans une société le but philanthropique avec l'intérêt même de ses créateurs et de ses actionnaires qui y trouvent un emploi avantageux de leur capital, mettent au premier rang, l'œuvre de MM. Aynard, Gillet et Mangini frères, et lui donnent un puissant intérêt ; aussi, avons-nous cru utile de la faire connaître dans quelques-uns de ses détails.

c) *Fondation Heine.*

Au commencement de l'année 1888, Paris qui ne peut pas revendiquer l'honneur de la première initiative, vit enfin se produire une œuvre. M. Michel Heine, en son nom et en mémoire de son frère Armand, consacra une somme de 750.000 francs, à la création d'habitations économiques dans notre Capitale. Ce fut la Société philanthropique de Paris (1), qui fut chargée de la construction des immeubles. Le donateur voulut créer une fondation analogue à celle de M. Peabody ; il stipula que les immeubles seraient loués et leurs revenus capitalisés pour être employés à de nouvelles constructions. Une première maison fut construite rue Jeanne-d'Arc, contenant 35 logements ; en 1889, une autre contenant 46 logements, fut élevée boulevard de Grenelle ; en 1891 une troisième fut construite avenue de Saint-Mandé, contenant 55 logements. Les loyers oscillent entre 169 et 351 francs ; mais la cherté des constructions parisiennes a élevé le prix de revient moyen du logement à 5.700, aussi l'intérêt perçu n'a-t-il pas dépassé le 3 1/2 0/0. Mais tous les logements ont été occupés sur le champ et par de véritables ouvriers, alors que les détracteurs de l'œuvre entreprise, soutenaient que de petits rentiers ou des contre-maîtres, seuls, pourraient les louer. Le 30 avril 1896, le fonds de capitalisation avait atteint 165.450 fr. et le 17 mars 1897, la Société philanthropique inaugurait 19, rue d'Hautpoul, la quatrième maison de la fondation Heine, comprenant 54 logements, dont le loyer variait entre 200 et 340 francs, qui avait coûté 228.000 francs environ ; ce nouvel immeuble était pour ainsi dire pris d'assaut par les locataires empressés. M. Picot, dans le discours qu'il prononçât à cette inauguration, faisait le compte qu'en 1919, le deuxième million serait atteint : « En huit années, disait-il, nous pourrons élever un cinquième immeuble, puis le mouve-

---

(1) Société fondée en 1780, et reconnue d'utilité publique.

ment de la capitalisation s'accélérant sans cesse, il sera permis à nos successeurs de construire après six années, puis après quatre années jusqu'au jour où nos-petits fils auront la joie d'inaugurer tous les ans, dans Paris, qui contiendra alors plus de six millions d'âmes, une maison de la fondation Heine, en acclamant le nom que les membres de la Société philanthropique entourent déjà de leur profonde reconnaissance. »

En 1889, se fonda aussi à Paris, la Société Anonyme des Habitations Économiques, qui a construit quatre immeubles, contenant 133 logements loués tous 282 francs, représentant une valeur totale de 571.700 (intérêt servi aux actionnaires : 3 0/0) (1).

(1) Pour les motifs que nous avons fait connaître plus haut, nous laissons de côté tout ce qui concerne Marseille, dont nous parlerons plus loin.

TROISIÈME PARTIE

Œuvres de Propagande

Notre étude historique de l'amélioration en France du logement pauvre, des divers systèmes employés, des sociétés créées serait incomplète si, à côté des œuvres réalisées et plus ou moins complètement achevées, nous ne réservions pas une place importante aux œuvres de propagande dont les résultats moins tangibles, n'en sont souvent pas moins considérables : ce sont celles-ci, en effet, qui préparent la voie aux premières et leur permettent d'agir avec succès, en l'état des renseignements suffisamment précis et exacts qu'elles leur fournissent.

§ I. — *Exposition Internationale de 1889.*

Nous avons mentionné les publications les plus importantes qui ont paru avant 1889 ; à cette date le mouvement d'opinions qu'elles avaient créé, reçut comme une sorte de consécration lors de l'exposition universelle. On eut l'idée de réunir dans une section, celle de l'économie sociale, tout ce qui avait trait à l'amélioration de la condition ouvrière, caisses d'épargne, sociétés de secours mutuels, mode de paiements de salaires, caisses de retraite, en un mot tout ce qui pouvait atténuer les crises de la vie, et à l'œuvre déjà entreprise de l'amélioration du logement à bon marché, on réserva dans cette section une place spéciale et importante.

On ne se contenta pas d'exposer des plans, ni même de petits modèles ; on voulut attirer plus sûrement l'attention des visiteurs ; on avait disposé un terrain à l'Esplanade des Invalides, suffisamment vaste, et les constructeurs des meilleurs types de maisonnettes individuelles furent conviés à en construire des modèles grandeur naturelle. C'est ainsi qu'on a pu pénétrer dans la maison modèle de Mulhouse et la visiter dans ses moindres détails, connaître ce que les grands industriels avaient tenté dans le but d'améliorer la situation de leurs ouvriers. La plupart des efforts que nous avons mentionnés et provenant, soit de l'initiative des patrons, soit des classes aisées, la plupart des sociétés lors existantes et construisant, soit des maisons individuelles, soit des maisons collectives, exposèrent leurs plans, leurs statuts, firent connaître leurs résultats et l'on put, en rapprochant toutes ces informations provenant de tous les points de la France et de l'Étranger, de Belgique, d'Angleterre, d'Italie, etc., etc, se rendre compte combien, malgré de récents efforts, la France s'était laissée devancer par tous ses voisins.

M. G. Picot, secrétaire perpétuel de l'Académie des Sciences morales et politiques, fut chargé par le Jury international, qui avait distribué les récompenses, de faire un rapport général du résultat de l'exposition ; il en profita ne bornant pas son étude aux œuvres exposées pour embrasser dans son ensemble la question de l'Habitation à bon marché et de son amélioration, décrire magistralement son importance et rechercher les voies et moyens pour arriver à des solutions de plus en plus satisfaisantes.

Cette exposition dont le succès fut très grand, eut encore un autre résultat important et immédiat. A son occasion et pour rendre encore plus complète son œuvre d'éducation et de propagande se réunit à Paris le premier congrès international où fut discutée la question du logement pauvre.

1° § 2. — Congrès International de 1889

Un comité d'organisation avait été constitué par arrêté du Ministre du Commerce ; parmi ses membres, on peut relever les noms que nous connaissons déjà de M. Aynard, de M. Cheysson, ingénieur en chef des ponts et chaussées, du docteur du Mesnil, de MM. G. Picot, Eug. Rostand, J. Siegfried. L'appel que ce comité adressa eut plein succès et le congrès, auquel la plupart de ceux que la question avait préoccupés et intéressés tinrent à honneur d'assister, fut tenu à Paris les 26, 27, et 28 juin 1889 (1).

Parmi les travaux préparatoires, il est certains rapports que nous devons mentionner : d'abord celui de M. A Raffalovich « des Habitations à bon marché au point de vue économique et financier » dans lequel le rôle de l'Etat et des municipalités est défini avec une très grande clarté ; les résultats néfastes de leur intervention directe parfaitement analysés, les voies et moyens qui peuvent être préconisés, énumérés et examinés à la suite d'une étude comparative des institutions de l'Étranger.

M. Antony Roulliet exposa la législation française concernant les logements insalubres.

MM. Emile Müller et du Mesnil traitèrent la question des Habitations à bon marché au point de vue de la construction et de la salubrité et firent part de leurs connaissances techniques et de leurs enquêtes personnelles.

M. G. Picot examina le point de vue moral et l'importance sociale de cette même question.

Nous laissons de côté les résolutions du congrès, dont nous parlerons avec plus d'à propos dans certains chapitres suivants, où nous examinerons quelques questions spéciales notamment celle de l'intervention des Caisses d'Epargnes ; mais il en est d'autres que nous pouvons faire connaître et dont on peut comprendre la portée après les discussions auxquelles nous nous sommes déjà livrés.

1re *Résolution* : « Le problème des Habitations salubres et à bon marché, vu la complexité des causes en jeu, ne comporte pas de solution universelle et absolue : c'est à l'initiative indi-

---

(1) Le compte rendu a été rédigé par M. Antony Roulliet, secrétaire et publié par MM. Rougier et Cie, éditeurs, 4, rue Antoine Dubois, Paris.

viduelle où à l'association privée qu'il appartient de trouver la solution appropriée à chaque cas particulier. L'intervention directe de l'Etat ou de l'autorité locale sur le marché venant faire concurrence à l'industrie privée ou tarifer les loyers doit être écartée ; elle ne peut être admise que s'il s'agit de moyens de communications, de police sanitaire et de péréquation fiscale. »

3me *Résolution* : « Le développement de la construction des Maisons à bon marché dans les faubourgs et les environs des villes est intimement lié au service de transports fréquents et économiques. (Tarifs réduits sur les chemins de fer, trains d'ouvriers, lignes de pénétration dans les villes, tramways, bateaux à vapeur.) »

7me *Résolution* : « Le législateur doit édicter des règles spéciales de nature à susciter la construction de maisons ouvrières. »

Néanmoins le congrès n'approuve pas la création de comités locaux de patronage dont il était déjà question dans le projet de la loi Belge, qui a fait l'objet d'une disposition importante de la loi française de 1894 et dont on est en droit d'attendre d'heureux résultats. Il examine ensuite le rôle que les bureaux de bienfaisance, les sociétés de secours mutuels peuvent jouer directement ou indirectement et ensuite jusqu'à quel point le législateur, par des exemptions spéciales de charges fiscales temporaires ou perpétuelles, peut encourager la construction d'habitations à bon marché.

Puis une résolution est adoptée qui deviendra le point de départ d'une modification importante de notre régime successoral : « Le principe de l'exonération des frais de justice, de timbre, d'enregistrement, doit être inscrit dans la loi, au profit des habitations à bon marché, dans le cas où la maison de famille constitue l'unique actif immobilier de la succession. »

Sur le rapport de M. Picot, le congrès émet l'avis sur lequel nous reviendrons, quand nous traiterons spécialement la question : « Que partout où les conditions économiques le permettent, les habitations séparées avec petits jardins doi-

vent être préférées dans l'intérêt de l'ouvrier et de sa famille. »
Il ajoute : « Que si la cherté du sol ou quelque autre motif oblige à construire dans le centre des villes, des maisons où se trouvent rapprochées sous le même toit plusieurs familles, toutes les conditions d'indépendance doivent être minutieusement ménagées en vue de réaliser entre elles le moindre contact ; les plans doivent être conçus dans la pensée d'éviter toute occasion de rencontre entre les locataires ; les paliers et les escaliers en pleine lumière doivent être considérés comme une prolongation de la voie publique ; les corridors et les couloirs quels qu'ils soient doivent être proscrits et chaque logement doit contenir intérieurement un cabinet d'aisances, prenant son jour au dehors et pourvu d'eau ; toute agglomération où une atteinte serait portée à l'indépendance absolue du locataire et de sa famille doit être proscrite ; pour les familles ayant des enfants de sexe différents la division en trois pièces est indispensable, afin de permettre la séparation des sexes. »

Avant de clore ses travaux, le congrès vota une dernière résolution, qui a eu la bonne fortune d'être suivie presque immédiatement d'une réalisation dont l'importance a été considérable et à l'étude de laquelle nous allons arriver : sur la proposition initiale de M. J. Siegfried, le congrès : « recommanda comme l'un des meilleurs moyens d'arriver à l'amélioration du logement, la fondation de sociétés nationales ayant pour but d'encourager par des conférences, publications, concours de plans, renseignements, etc., etc, les industriels, les ouvriers, par la coopération ou par des sociétés locales, à construire des maisons saines et à bon marché. »

§ 3 Société française des Habitations à bon marché. — Sa fondation. — Son rôle.

Le bureau du congrès, d'accord avec les membres du comité d'organisation, pour se conformer à ce souhait et à cette recommandation, sitôt après sa dissolution, se mit à l'œuvre pour créer "La Société française des Habitations à bon marché" et élaborer ses statuts. L'acte constitutif fut signé à Paris le 17 Décembre 1889 ; le ministre du Commerce, J. Roche, l'approuva et le 29 Mars 1890 M. Carnot signa un décret déclarant cette association d'utilité publique.

Ses fondateurs ont pris soin d'indiquer clairement le but qu'elle devait poursuivre. L'article premier des statuts est ainsi conçu : « L'Association dite "Société française des Habitations à bon marché", fondée à Paris le 17 Décembre 1889 a pour but d'encourager dans toute la France la construction par les particuliers, les industriels ou les Sociétés locales, de maisons salubres et à bon marché ou l'amélioration des logements existants. Elle cherchera notamment à propager les moyens propres à faciliter aux employés, artisans et ouvriers l'acquisition de leur habitation. — A cet effet, l'association se propose de mettre à la disposition des particuliers ou Sociétés, les plans, modèles de statuts et baux reconnus les meilleurs, ainsi que tous documents et renseignements nécessaires. — Elle s'interdit formellement toute opération de prêts, d'emprunts, d'achat de terrains ou de construction de maisons, de même que toute discussion politique ou religieuse. — Elle a son siège à Paris, actuellement rue de la Ville l'Evêque N° 15 ».

Plus loin l'article 10 s'exprime ainsi : « Les moyens d'action de l'Association sont :

1° La communication aux intéressés de tous les renseinements qui peuvent être demandés, notamment les statuts des Sociétés déjà existantes, leurs compte-rendus, le modèle de leurs baux, les plans et devis de leurs constructions, les combinaisons financières employées etc., etc ;

2° La publication d'un *bulletin* destiné à répandre la connaissance des faits relatifs à la question des habitations à bon marché en France et à l'Etranger ;

3° L'organisation de conférences ayant pour but la vulgarisation des idées de l'association : l'amélioration du logement et la création de Sociétés locales de constructions ouvrières ;

4° L'organisation de concours avec prix et récompenses diverses ayant pour objet soit les plans les meilleurs et les plus économiques, soit les combinaisons de nature à faciliter la construction ;

« 5° L'encouragement de toutes manières et même par des subventions pécuniaires, dans les limites des disponibilités annuelles du budget, et sans pouvoir jamais engager plus d'un exercice, de la construction ou de l'assainissement des habitations à bon marché, ainsi que la création de sociétés ayant cet objet. »

De cette mission importante ainsi définie et précisée que lui avaient confiée ses fondateurs, la Société française des habitations à bon marché s'est acquittée avec un zèle de tous les instants que les obstacles n'ont pas découragé et que le succès n'a pas engourdi. Il nous faudrait un volume tout entier pour raconter par le détail son rôle, les résultats de son intervention, l'incessante activité de certains de ses membres qui toujours sur la brèche n'ont cessé de dépenser leur énergie, leur éloquence persuasive, pour faire naître d'utiles concours dans l'intérêt de la cause dont ils s'étaient faits les champions.

Depuis sa fondation, cette société a régulièrement publié un bulletin trimestriel dans lequel ont été insérés tous renseignements touchant cette question de l'amélioration du logement pauvre ; fidèle à son principe et à ses statuts, elle a ainsi livré au public des études, des compte-rendus de Sociétés existantes pour vulgariser l'exemple ; elle a proposé des modèles de baux et de règlements ; et pas une société locale de construction ne s'est constituée depuis sa fondation sans qu'elle l'ait au préalable dirigée de ses conseils dans les travaux préparatoires de son élaboration : Etudes de droit comparé, correspondances de l'étranger, concours d'architecture, enquêtes générales ou spéciales à un point déterminé et destinées à faire connaître l'étendue du mal ; elle a tout embrassé, pourvu à tout. En un mot rien n'a été négligé par elle de ce qui pouvait contribuer à créer un mouvement d'opinion favorable, à réveiller l'attention publique autour de l'irritant problème à la solution duquel elle avait résolu d'appliquer tous ses efforts.

M. Jules Simon qui, depuis plus de quarante ans, avait poussé un des premiers le cri d'alarme a été son premier Président d'honneur ; M. Siegfried, sénateur, qui avait contribué dans une très large mesure à sa création a été son Président pendant les premières années ; il donna sa démission au moment où il fut nommé Ministre du Commerce ; il fut alors remplacé par M. G. Picot, le président actuel, mais demeura président d'honneur.

Parmi les membres composant le bureau et le Conseil d'administration de la Société française, nous relevons les noms de MM. Emile Cheysson, inspecteur général des Ponts-et-Chaussées, vice-président ; Monod, directeur de l'assistance et de l'hygiène publiques au ministère de l'intérieur, également vice-président ; Fleury-Ravarin, député, secrétaire général ; Robert, ancien conseiller d'Etat, trésorier ; Aynard, député ; Emile Cacheux, ingénieur des arts et manufactures ; Challamel, avocat à la Cour de Paris ; Dr du Mesnil ; A. Raffalovich ; Eugène Rostand, président de la Caisse d'Epargne des Bouches-du-Rhône, etc., etc.

Le très obligeant M. Dubois, ingénieur des arts et manufactures, son agent général, à qui nous devons personnellement une reconnaissance spéciale, répond sans se lasser jamais avec autant de courtoisie que de patience à toutes les demandes qui lui sont adressées.

La Société compte 350 membres environ, et grâce à des dons généreux son actif social s'élève actuellement à plus de 100.000 fr., dont 62.000 forment une réserve indisponible. Ses ressources budgétaires annuelles comprennent non seulement l'intérêt de ce capital, mais encore les cotisations de ses membres.

Nous trouvons une preuve éclatante de son activité dans ce fait, que c'est dans son sein que fut élaboré le projet de loi, présenté à la Chambre des Députés, par M. Siegfried, qui est devenu la loi du 30 novembre 1894 : ce n'est pas là, le moindre service qu'ait rendu la Société française des Habitations à bon marché ; malgré des imperfections et des lacunes qui pour la plupart ne se trouvaient pas dans le projet et dont par conséquent elle n'est pas responsable, la loi du 30 novembre est appelée à donner d'heureux résultats et elle peut avec une fierté légitime en revendiquer la paternité.

§ 4. — **Congrès de Bordeaux** (octobre 1895).

C'est encore cette Société qui, dans une très large mesure et grâce à un patronage très effectif, a contribué au succès du congrès national qui s'est tenu à Bordeaux, les 20, 21 et 22 octobre 1895, lors de la grande exposition qui eut lieu dans cette ville. MM. J. Simon, Siegfried et Cheysson en furent les présidents d'honneur, G. Picot, le président. Le gouvernement de la République, désireux de témoigner l'intérêt qu'il portait à l'œuvre de solidarité et de paix sociales à la réalisation de laquelle ces économistes et ces philanthropes avaient voué leurs efforts et leur intelligence, délégua M. Lebon, alors ministre du Commerce, pour le représenter et assister à la séance d'ouverture. Quoique national, l'Allemagne, l'Autriche-Hongrie, la Belgique, le Danemark, les Etats-Unis, la Hollande, l'Italie, la Russie se firent représenter à ce congrès. Il inaugura tout d'abord un nouveau groupe de maisons dénommé groupe J. Simon, construit par la Société bordelaise des Habitations à bon marché que nous avons déjà fait connaître. Puis, pendant quatre longues séances de travail, il aborda l'étude de questions dignes du plus haut intérêt (1).

M. J. Siegfried fit un rapport sur la loi du 30 mai 1894 : quelques lacunes regrettables y furent constatées, et ce qui prouve bien que de pareilles discussions ne sont point purement théoriques mais peuvent avoir des conséquences pratiques immédiates, la loi de 1895 est venue justement donner satisfaction au vœu émis par le congrès de Bordeaux.

M. G. Picot fit connaître dans quel esprit avait été ordonnée par le gouvernement une enquête générale sur l'habitation en France, sur laquelle nous aurons d'ailleurs postérieurement à revenir, et l'importance des résultats qui pouvaient en être

---

(1) Le compte-rendu in-extenso des travaux du congrès, a été publié dans le *Bulletin* de la Société française des Habitations à bon marché, année 1895, 4me trimestre.

obtenus s'il y était procédé par des gens compétents et surtout consciencieux.

Puis dans une discussion très approfondie, le congrès étudia le rôle que les grandes compagnies, celles de chemins de fer notamment y compris l'Etat-patron pouvaient être appelées à jouer vis-à-vis de leur personnel en ce qui concerne l'habitation, et cette résolution fut adoptée qui dénote de la part des congressistes une sagesse profonde : « Le Congrès est d'avis, sauf dans le cas où le logement fait partie de l'outillage industriel, qu'il ne faut pas conseiller aux Compagnies, y compris l'Etat-patron, de recourir à l'intervention directe pour loger leurs agents. Il est de leur intérêt bien entendu d'interposer entre elles, et leurs locataires acquéreurs, une Société intermédiaire, soit anonyme, soit de préférence coopérative, si les circonstances le permettent. »

M. Cheysson lut une savante communication sur l'intervention de la caisse d'Assurances en cas de décès, dans les ventes par annuités faites conformément à la loi du 30 novembre 1894. M. Cheysson s'est fait une spécialité de l'étude de l'Assurance sur la vie, applicable à la classe ouvrière, et nous aurons fort souvent à le citer quand nous serons nous-mêmes arrivés à cette question.

M. Eug. Rostand s'occupa de l'intervention des Caisses d'Epargne, dans le mouvement de l'amélioration des habitations populaires, et nous ferons plus tard connaître les judicieuses résolutions qu'il proposa à l'approbation du Congrès.

M. J. Challamel fit un rapport remarquable sur le nouveau régime successoral inauguré par la loi du 30 novembre 1894.

Enfin M. G. Picot, en sa qualité de Président, clôtura les travaux du Congrès par un discours magistral dans lequel il les résume avec une lumineuse précision, et nous ne pouvons résister au plaisir de citer tout au long sa chaleureuse péroraison :

« En résumé, dit-il, un effort considérable est poursuivi depuis quelques années en vue de faire tomber les préjugés, de susciter l'initiative privée sous forme d'associations, de construire des habitations améliorées, de rendre propriétaire l'ouvrier dont la profession est stable.

« C'est à ceux qui détiennent la propriété qu'il appartient d'agir. Un parti ardent à l'attaque prétend avoir le monopole du progrès et de l'esprit de justice ; il traite les propriétaires d'égoïstes, incapables de rien faire pour améliorer les conditions sociales. C'est à la propriété à montrer qu'elle seule peut rendre de vrais services ; il faut qu'elle soit dans le développement des sociétés une force bienfaisante et qu'elle comprenne que, suivant un beau mot d'un philosophe, « tout avoir crée un devoir ».

« Si notre congrès laisse dans l'esprit et surtout dans le cœur de ceux qui y ont pris part, un sentiment très élevé de leur devoir, une volonté d'agir, la conviction que l'initiative privée peut réussir sans l'intervention de l'Etat, une ferme résolution de consacrer un peu de notre temps, de notre intelligence et de nos ressources à l'amélioration du logement ouvrier, le Congrès de Bordeaux aura pleinement réussi. »

§ 5. — Congrès de Bruxelles, juillet 1897.

En juillet 1897, lors de l'exposition internationale belge qui eut lieu à Bruxelles, s'est tenu encore un congrès dans cette ville. Nous nous bornerons à en faire ici même une mention bien qu'il ait été international et que certains Français aient pris part avec éclat à ses travaux, notamment MM. G. Picot, Eug. Rostand, Challamel, Cheysson. Nous devons nous borner, autant que possible, à étudier ce qui a été fait en France, mais nous aurons cependant l'occasion, à propos de certaines questions spéciales, de voir comment elles ont été discutées à Bruxelles. Disons tout de suite que beaucoup de congressistes belges nous ont paru s'écarter des principes tutélaires à l'abri desquels on peut résister à l'assaut des théories socialistes ; Le rôle que l'Etat est en droit de jouer a été par eux exagéré d'une façon inquiétante et MM. G. Picot et Rostand, avec autant de courage que de talent et d'éloquence, se sont efforcés de faire toucher du doigt les dangers que de pareilles tendances devaient immanquablement faire courir.

Nous avons terminé l'aperçu historique que nous nous étions proposé de faire et nous nous sommes efforcés, dans cette énumération des divers systèmes de construction de logements salubres, des sociétés de réalisation, des moyens de propagande mis en œuvre, de faire connaître l'état du mouvement en France ; nous nous sommes occupés de l'Etranger, mais seulement pour puiser avec utilité dans nos recherches des enseignements ou des comparaisons instructives ; mais, dans ce tableau d'ensemble, nous avons omis à dessein pour le rendre plus net en le moins surchargeant des questions plus spéciales qui se rattachent néanmoins d'une façon directe à la question de l'amélioration du logement à bon marché ; il est temps, maintenant, d'en aborder l'étude.

CHAPITRE V

CONVIENT-IL DE RENDRE L'OUVRIER PROPRIÉTAIRE ?

Nous avons dit, et nous ne pensons pas sur ce point trouver de contradicteurs, que la maison individuelle est le type, qui, dans la construction d'habitations destinées aux classes pauvres de la population, doit être préféré partout où il est possible ; mais une question capitale se pose : Cette petite maison, dans laquelle la famille doit trouver l'abri qui lui convient, doit-elle être simplement louée à l'ouvrier, ou bien faut-il s'efforcer de la lui vendre, et par des moyens plus ou moins ingénieux, lui faciliter l'accès de la propriété qu'on lui propose d'acquérir ? L'intérêt bien entendu de l'ouvrier est-il d'employer les modestes économies qu'il peut réaliser, à force de travail et de privations, à l'acquisition du capital immobilier constitué par la maison individuelle ? Lui est-il au contraire plus avantageux de payer simplement un loyer et d'amasser un capital mobilier par des versements à la Caisse d'épargne ou des achats de petites valeurs mobilières ?

Pour donner à cette question ainsi posée d'une façon précise une réponse réfléchie et satisfaisante, il faut se placer à deux points de vue différents et envisager successivement l'intérêt exclusif du père de famille qui procède à une semblable acquisition et l'intérêt de son conjoint, de ses enfants, en un mot de sa famille qui lui succédera par voie d'héritage.

§ 1. — **Intérêt du père de famille, acquéreur.**

A) *Distinction à établir entre les ouvriers nomades et les ouvriers sédentaires.*

Tout d'abord une première considération s'impose : Il est des ouvriers auxquels on ne peut conseiller de se fixer quelque part et de s'y attacher par des liens trop solides. Ce sont tous ceux auxquels leur profession même commande de nombreux déplacements, et à qui l'espérance n'est pas permise de trouver dans un même lieu et pour leur vie un emploi rémunérateur de leurs aptitudes et de leurs outils. Voici par exemple des ouvriers terrassiers avec leurs pioches et leurs pics, des mineurs de carrière avec leur barre d'acier ; ils sont pour l'instant employés dans telle ou telle ville, sur tel ou tel chantier à la construction d'un canal, d'un égout, d'une ligne de chemin de fer ; ils sont des centaines, quelquefois des milliers, occupés dans cette unique entreprise ; mais celle-ci par sa nature est essentiellement temporaire : Au bout d'un temps plus ou moins long, la ligne de chemin de fer avec ses ouvrages d'art sera terminée, le canal creusé, l'égout construit et les ouvriers seront licenciés. Il leur faudra alors se transporter ailleurs, loin, très loin même à la recherche d'une entreprise semblable. Ceux-ci et d'autres dont la situation est analogue ne peuvent songer à devenir propriétaires fonciers. Qu'ils se contentent d'avoir l'esprit de prévoyance et d'épargne et qu'ils mettent à profit le temps de leur vigueur physique et leurs salaires généralement élevés pour amasser le plus gros capital mobilier possible, qu'ils fassent des versements à une caisse de retraite, qu'ils s'assurent sur la vie : Plusieurs combinaisons s'offrent à eux ; quant à leur logement on peut s'efforcer par tous les moyens que nous connaissons de l'améliorer en construisant des demeures saines destinées à la location, mais qu'on se garde de vouloir les lier dans un contrat d'acquisition.

La propriété de la maison individuelle ne peut être proposée qu'à un ouvrier définitivement établi et alors que la situation économique ambiante est telle qu'elle peut donner la certitude aussi absolue que possible, qu'on se trouve en présence d'un état de choses durable. Voici dans une région jusqu'alors rurale, une vaste usine qui s'élève, et son fonctionnement nécessite une main d'œuvre importante. Une immigration va nécessairement se produire : que l'entrepreneur se préoccupe du logement de ceux au concours desquels il fait appel, mais que ni lui, ni d'autres ne se hâtent d'engager l'ouvrier à devenir propriétaire. Que l'industrie nouvelle fasse d'abord ses preuves ; si l'entrepreneur s'est trompé dans ses calculs, si des éventualités se produisent avec lesquelles il n'a pas compté, et qu'il soit obligé de fermer les portes de son usine, qu'il n'entraîne pas au moins dans sa ruine les ouvriers qui n'auraient pas participé aux bénéfices qu'il aurait pu faire : que feraient ceux-ci en pareille circonstance d'une propriété sans utilité que, selon toute probabilité, ils n'auraient d'ailleurs pas intégralement payée ? Comment se dessaisir de cette maisonnette, à qui la revendre, alors qu'elle tirait toute sa valeur du voisinage de l'usine ?

L'ouvrier devant l'anéantissement de ses projets, des fruits de son épargne, déçu dans son espoir le plus légitime, ne serait-il pas en droit de reprocher sa situation critique à ceux qui l'avaient conseillé, de mettre en doute leur bonne foi, et de nourrir à leur égard des sentiments de colère et de haine ?

L'accès de la propriété foncière, facilité aux classes de la population qui jusqu'à présent en avaient été exclues, est une œuvre dont nous allons voir la très grande portée à la fois économique, morale et politique ; mais dans son intérêt même, pour la conduire à bien, il est nécessaire d'agir avec prudence et d'éviter des crises et des déboires dont l'effet serait funeste. Il faut convaincre ceux dont on poursuit le mieux être, leur proposer des exemples encourageants, et ne pas leur faire entendre des plaintes, surtout des plaintes fondées.

Laissons de côté les ouvriers nomades qui vont de ville en

ville, de province en province, chercher une occupation à leurs bras. Méfions-nous des centres industriels récemment créés d'un seul coup et dont la disparition peut être encore plus soudaine que la création. Mais ces situations qui, somme toute, sont exceptionnelles, mises à l'écart, examinons celle de l'ouvrier établi dans une ville qui a toutes les chances d'y continuer en paix sa vie durant l'exercice d'un métier auquel le plus souvent s'est déjà livré son père. Nous pouvons prendre un exemple concret : Voici Marseille avec ses huileries, ses savonneries, ses minoteries ; son activité commerciale et industrielle tient à des causes diverses, mais presque toutes permanentes, car elles sont surtout physiques et géographiques ; il est évident que certaines crises momentanées peuvent se faire sentir dans telle ou telle branche de son industrie, mais on peut prévoir aussi que du jour au lendemain, elle n'est pas destinée à devenir une ville morte ; certains chômages accidentels peuvent y être constatés, mais dans son ensemble sa vie économique doit se poursuivre normalement et ses usines ou ses entreprises nécessiter une certaine quantité de main-d'œuvre plutôt croissante que décroissante. Eh bien, pour les ouvriers de Marseille, pour ceux de Mulhouse, du sort desquels J. Dollfus s'est occupé, vaut-il mieux s'efforcer d'acquérir la propriété d'une petite maison située dans la banlieue périphérique ou louer cette habitation et trouver un autre mode de placement pour les économies réalisables ?

B) *Influence bienfaisante au point de vue moral du sentiment de propriété.*

Comme nous l'avons indiqué, examinons d'abord l'intérêt du chef de famille. Nous nous sommes complus à dépeindre les influences heureuses que la petite habitation saine et riante pouvait avoir sur la moralité de ceux qui y vivraient à l'aise ; ces influences se feront ressentir d'autant plus que la maisonnette sera la propriété exclusive du père de famille ; il n'est pas douteux que l'attachement que celui-ci aura pour sa chose sera plus vif que pour la demeure louée à laquelle il s'intéressera dans une bien moindre mesure. Quelle affection bienfaisante il aura pour les murs protecteurs derrière lesquels il se sentira son maître et à l'abri de toute éviction ! Quant au petit jardin attenant, avec quels soins minutieux il l'entretiendra coquettement, trouvant dans cette occupation, dans la sensation de sa propriété un stimulant pour son courage et un dérivatif à des pensées d'angoisse ou de tristesse !

L'ouvrier, père de famille, propriétaire de sa maison, non seulement se plaira chez lui, auprès de sa femme et de ses enfants, et n'ira pas ailleurs chercher des distractions coûteuses, des plaisirs qui anéantissent les forces physiques, aussi bien que l'intelligence, mais insensiblement et sans qu'il en ait peut-être la conscience très nette, il éprouvera une absolue transformation de son caractère moral. Alors que vivant au jour le jour, n'ayant de préoccupation que pour l'heure présente et ne voulant, à aucun moment, se soucier d'un avenir tellement incertain et angoissant, qu'il en devait chasser la pensée pour conserver un peu de courage et quelques élans de gaîté, le malheureux perdait peu à peu tout sentiment de prévoyance, en même temps que sa dignité d'homme raisonnable et réfléchi, devenu propriétaire, convenablement installé, aimant son intérieur, se plaisant auprès des siens, qui l'accueilleront les bras tendus, il verra son courage renaître, à mesure qu'un bien-être relatif fera place à la misère déprimante dont il souffrait. Le taudis infect où il devait le soir se coucher, le désordre qui y régnait, les cris de ses enfants, le désespoir morne de sa femme, tout cela l'étreignait à un tel point qu'il en perdait toute force, toute volonté. Son esprit harcelé par d'odieuses hallucinations était incapable d'une pensée élevée, d'un généreux élan ; transporté chez lui, dans un intérieur aimable, ce même homme prendra conscience de son rôle de chef de famille, de ses devoirs ; leur accomplissement lui paraissant plus aisé, il s'en préoccupera davantage ; il cessera d'être le bohême d'autrefois, heureux de pouvoir le matin acheter le pain de la journée, pour devenir soucieux de son avenir et de celui de ses enfants ; leur éducation lui paraîtra chose grave ; il leur enseignera par l'exemple l'ordre et l'économie ; il ne se considèrera plus comme un paria dans une société dont l'organisation lui paraissait uniquement faite en vue de son exploitation. La notion de ses obligations engendrera directement chez lui celle de ses droits. Le misérable prolétaire vicieux, haineux, ou abêti, pourra devenir un père de famille courageux, ayant souci de sa dignité de travailleur et de citoyen, de sa valeur morale, et ce véritable miracle sera l'œuvre de la maisonnette acquise, devenue L'*Home* bienfaisant et civilisateur.

Que l'on ne nous accuse pas de nous complaire dans des tableaux issus d'une imagination excessive ; nous prétendons ne rien dire qui ne soit pleinement justifié par les exemples sur lesquels nous pouvons jeter les yeux. Voici le paysan français dont nous avons déjà esquissé à grands traits la situation au point de vue du logement : Son robuste bon sens le rend réfractaire aux utopies ; il est travailleur et économe ; les déboires dont il a si souvent à souffrir ne lassent pas son endurance et sa patience ; il se remet à l'œuvre sans récriminations inutiles ; ses espérances détruites par une gelée tardive, il les reporte sur la récolte prochaine ; il n'a pas de vin, il boira de l'eau et n'en sera pas moins acharné à la besogne. Pourquoi ce courage ? Parce qu'il aime la terre qui le nourrit avec tant de parcimonie parfois, il aime la maison où il est né, où ses parents sont morts ; il se sent pour le champ qu'il laboure et ensemence depuis tant d'années un attachement filial, et malgré les traîtrises de ses sillons qui témoignent souvent à la mauvaise herbe des tendresses coupables, il le conserve avec un soin jaloux et dans le sentiment enraciné en lui de sa propriété, dans la fierté qu'il en tire, il puise la force de résister aux tentations de l'oisiveté et du vice. Il n'en ira pas autrement pour l'ouvrier des villes. En le rendant propriétaire on relèvera son caractère et l'œuvre poursuivie sera aussi bien d'assainissement moral que de bonne et heureuse politique. Viennent les théoriciens du socialisme, qu'ils s'adressent au travailleur laborieux qui, aidé, par la bienveillance de ses semblables, par l'esprit de solidarité qui les a animés, a pu se transformer en père de famille relativement aisé, maître chez lui et qu'ils lui proposent de partager ses modestes ressources si péniblement acquises avec son soi-disant camarade aux mains blanches, celui que chaque jour il voit attablé au bar alors qu'il se dirige allègrement à l'atelier, avec quelle attention leurs discours seront par lui écoutés et combien vite il sera convaincu ! Pour acquérir sa maisonnette et surtout pour la conserver, il deviendra capable des plus grands et des plus patients efforts, et si jamais, et c'est malheureusement là une hypothèse qui se réalise trop fréquemment pour qu'on puisse ne pas l'envisager, une crise survient, si la maladie ou le chômage involontaire viennent le frapper d'impuissance, peut-être sera-t-il obligé de se défaire de sa maisonnette, de l'hypothéquer tout au moins ; mais, en tout cas, n'est-on pas en droit de prévoir qu'il se résoudra difficilement à cette douloureuse extrémité, qu'il luttera de toutes ses forces pour l'éviter et qu'il ne reculera devant aucune privation avant de commettre un acte dont il comprendra toute l'importance et tout le danger ? Bien différente, en pareil cas, sera la situation de l'ouvrier qui aura placé ses économies dans une Caisse d'épargne quelconque ; combien il sera plus facile à ce dernier, au premier besoin qu'il en éprouvera, de retirer ses dépôts. Et la tentation de cette démarche à faire aussi sûre que peu pénible, de ce retrait à opérer sans frais et sans formalités, ne sera-t-elle pas plus forte que celle de se défaire d'une maison, cette chose concrète pour laquelle on s'est pris d'une affection profonde, à la suite de combinaisons plus ou moins compliquées, longues et onéreuses ? Les difficultés de la vente immobilière, les lenteurs et les frais qu'elle entraîne pourront ainsi bien souvent devenir tutélaires en ne permettant pas à l'ouvrier d'obéir à un premier mouvement de découragement.

c) *Utilité pratique de la propriété de la maisonnette*

Il est une autre considération d'ordre tout aussi pratique que nous ne saurions omettre. Avec la baisse constante du taux de l'intérêt, il devient de plus en plus difficile, pour ne pas dire impossible, au travailleur manuel d'amasser un capital dont les arrérages soient tels, qu'ils lui assurent une rente alimentaire suffisante pour ses vieux jours. Si grâce à un effort qui doit se prolonger de quinze à vingt ans, en payant un surcroît de loyer, relativement peu considérable, il acquiert d'une façon définitive la propriété de la maisonnette, il se sera pour le reste de sa vie débarassé de la préoccupation poignante du terme, et ce sera pour lui un avantage précieux ; d'ailleurs, normalement il doit devenir propriétaire, s'il n'entreprend pas cette opération trop tard, à une époque où il jouira encore de la plénitude de ses facultés physiques, où il pourra continuer à encaisser de bons salaires et procéder par conséquent à de nouvelles épargnes d'autant plus facilement qu'il n'aura plus de loyers à payer.

Il est absolument certain, la réflxion appuyée sur l'observation le démontre surabondamment, que le contrat type proposé par J. Dollfus, aux ouvriers de Mulhouse, contrat imité par toutes les sociétés coopératives de construction d'Angleterre et des États-Unis, porte en germe pour l'ouvrier qui le signe d'immenses avantages. De toutes les objections qu'on a essayé de lui faire une seule est fondée, et fort heureusement elle n'est pas demeurée imparable.

On a dit qu'en faisant souscrire à l'ouvrier un engagement de longue haleine, on paraissait peu se préoccuper et cela contrairement à ce qu'exige son intérêt, d'une éventualité qui doit nécessairement entrer en ligne de compte, celle de sa mort prématurée, venant interrompre brusquement le cours des opérations et rendre plus ou moins inutiles les efforts déjà réalisés. Une combinaison parfaitement accessible, celle de l'assurance mixte peut remédier d'une façon sûre à ce danger, et donner à l'ouvrir une complète sécurité ; nous nous proposons de l'étudier ultérieurement dans quelque détail. Mais sauf ce point d'interrogation auquel on a pu donner une réponse satisfaisante, dans l'achat d'une maisonnette, l'ouvrier définitivement établi dans une ville, trouve pour ses économies réalisables, un placement sûr et utile, qui tant au point de vue pratique, qu'au point de vue moral doit lui donner de précieuses satisfactions.

Maintenant vaut-il mieux, étant donné le paiement d'annuités auquel s'oblige l'acquéreur, lui transférer immédiatement la propriété sauf à lui imposer des frais certains d'hypothèque et des frais éventuels d'éviction, ou bien suspendre la réalisation de la vente à la condition du complet paiement du prix fractionné en un certain nombre d'annuités, s'ajoutant au loyer proprement dit, ou mieux encore de la libération d'actions payables par fractions et dont le montant est ainsi calculé qu'il représente la valeur de la maisonnette et de son amortissement ?

Ceci est une question de fait de peu d'importance et que la pratique seule pourra élucider.

Dans le premier cas l'acquéreur immédiat est maître chez lui dès le premier jour et il pourra avoir pour sa chose des soins particuliers ; dans le second c'est simplement un locataire qui consent à payer un loyer un peu plus élevé, qui demeure libre d'interrompre son opération et de se faire restituer, au moins dans une très grande partie, les versements qu'il a pu effectuer; mais si l'opération se poursuit jusqu'au bout, il est certain que le stage imposé à l'acquéreur sera une garantie qu'il se comportera en propriétaire soigneux et attaché à son bien; il est à présumer qu'il ne voudra pas mesuser du petit immeuble qu'il a mis tant d'années à acquérir et qu'il refusera toute proposition qui tendrait à ruiner son œuvre et celle de son vendeur. Que le débitant d'alcool désireux de s'implanter dans un quartier riant et neuf, le plus souvent créé de toutes pièces par la société constructeur lui fasse des offres même avantageuses, il les refusera et ne voudra point se dessaisir de la maisonnette qu'il connait si bien et qui le connaît aussi.

Moins de scrupules sont à prévoir de la part de celui qui achète sans que la société ait pu s'assurer de ses qualités et de son état d'esprit.

D) *Objections et Réfutations*

Mais quoi qu'il en soit de ce point secondaire où le pour et le contre peuvent être plaidés et que l'expérience seule peut éclaircir, qu'il nous soit permis dans cet ordre d'idées d'ouvrir ici une parenthèse pour répondre à certaines objections qu'on a faites à l'acquisition par l'ouvrier de sa maisonnette.

On a dit que l'œuvre poursuivie devait être forcément éphémère et que, même durant la vie de l'acquéreur, des évènements étaient à prévoir qui viendraient réduire à néant les espérances conçues ; que, notamment, l'ouvrier acquéreur ne manquerait pas de subir ces tentations dont nous venons de parler et qu'il n'y résisterait pas. Même après le stage qui pouvait lui être imposé, en retardant jusqu'au complet paiement du prix, l'époque de son entière jouissance comme propriétaire, viennent le cabaretier, le tenancier de maisons suspectes lui faire des offres, il les accepterait ; et la Société de construction aurait le chagrin de voir tôt ou tard le quartier qu'elle avait pris tant de peine à construire, où elle s'était efforcée de proscrire tous les établissements qui pouvaient être pour les ouvriers des lieux de perdition, se transformer et perdre au point de vue de la moralité, le caractère et les avantages qu'elle lui avait donnés ; alors que si elle s'était contentée de louer ces mêmes maisonnettes qu'elle avait édifiées, elle serait demeurée maîtresse absolue chez elle. Cette objection basée d'ailleurs sur une hypothèse qui resterait à démontrer, a été examinée au Congrès de Bruxelles de juillet 1897 et M. Ernest Passez avocat au Conseil d'Etat et à la cour de Cassation, dans un concis et lumineux rapport, a démontré, qu'au point de vue juridique, une Société de construction avait la possibilité de sauvegarder son œuvre et d'éviter les dangers signalés plus haut. Il s'agit en effet simplement pour elle de stipuler, dans les actes de vente qu'elle consentira, l'interdiction pour l'acheteur ou ses ayants-droits, locataires ou sous-acquereurs, de se livrer dans la maisonnette à un certain nombre de professions qu'elle doit prendre soin d'énumérer. Ces stipulations sont licites et valables, elles donnent naissance à des servitudes reconnues et sanctionnées par la loi. L'article 637 de notre code civil s'exprime ainsi :

« Une servitude est une charge imposée sur un héritage pour l'usage et l'utilité d'un héritage appartenant à un autre propriétaire. »

Il résulte bien de cette disposition que le constructeur d'un groupe de maisons, qui conserve la propriété de l'une d'elles, après avoir vendu les autres, a le droit d'exiger de ses acquéreurs, l'observation des interdictions qu'il a prévues dans les actes de ses ventes, parce que ces interdictions peuvent être considérées comme augmentant la valeur ou l'agrément du fonds dont il est resté propriétaire. Demolombe, t. xii, n° 685, considère en application de ce principe comme établissant une servitude réelle « la clause par laquelle le propriétaire d'une maison aurait le droit d'empêcher le maitre d'un terrain voisin, d'y élever un bâtiment à usage de cabaret, d'y ouvrir une auberge ou d'y exercer telle industrie bruyante et incommode, ou même seulement aussi suivant le cas une industrie rivale de la sienne. »

La jurisprudence est fixée dans le même sens : arrêt de la Cour de Lyon du 30 décembre 1870, arrêt de la Cour de Caen, du 26 mai 1886.

La question serait peut-être un peu plus délicate à résoudre, si la Société venderesse de maisons à bon marché, ne s'était pas réservée la propriété d'un immeuble faisant partie du groupe ; on pourrait néanmoins soutenir que la Société aurait stipulé dans l'intérêt de l'ensemble de ses acquéreurs et qu'elle aurait, de la sorte, constitué des servitudes réelles et réciproques à la fois au profit et au détriment de chacun de ses acquéreurs sur l'ensemble des immeubles aliénés. Sans doute une servitude pouvant disparaître par le commun consentement du bénéficiaire et du grevé, les acquéreurs pourront par leur accord, rendre inutiles les précautions prises par la Société qui a construit dans le but de conserver à son œuvre, le caractère qu'elle a entendu lui donner ; mais cet accord devra être unanime et il suffira qu'un seul propriétaire demande l'observation des défenses imposées par la Société, pour que l'établissement suspect qu'il s'agit d'installer dans le groupe ne puisse pas être créé.

On a dit aussi que l'ouvrier pouvait consentir une hypothèque sur sa maisonnette et que son créancier impayé aurait ainsi le droit de l'en chasser, qu'il pourrait même dans un moment de gêne la vendre directement sans employer cette demi mesure transitoire, presque aussi grave d'ailleurs, et rendre ainsi impossible la continuité de l'œuvre entreprise uniquement à son profit et devenue illusoire.

Et tout d'abord une réponse bien simple s'impose, que nous avons déjà faite par anticipation. Ce mode de placement pour ses économies proposé à l'ouvrier n'implique pas, cela est fort vrai, une renonciation définitive de sa part à ses droits de propriétaire libre ; mais en est-il un autre qui offre ce caractère ? Si l'ouvrier achète quelques actions, s'il dépose son épargne dans une Caisse ou une banque de dépôt, se met-il dans l'impossibilité de détruire dans un moment de gêne impérieuse ou sous le coup d'une tentation de paresse ou de débauche, l'ouvrage qu'il avait si patiemment commencé et de dissiper en peu de temps les fruits de plusieurs années de travail et d'efforts ? Il est même absolument certain, nous le répétons avec conviction, qu'il vendra ou hypothèquera moins facilement sa maison, qu'il ne brisera par exemple une tire-lire où il aura enfoui son petit capital.

§ 2. — La question du "Home-Stead". Exposé de la théorie et critique.

Mais certains esprits, pénétrés des avantages que l'ouvrier retire de l'acquisition d'une maisonnette et surtout de sa conservation dans son patrimoine, ont voulu voir dans ce pouvoir de disposition qu'entraîne le droit de propriété, un danger dont on devait se préoccuper. Le bruit se répandit que certaines lois protectrices étaient en vigueur aux Etats-Unis où elles avaient produit des résultats excellents, et la question de leur application en Europe et notamment en France fut mise à l'ordre du jour et discutée avec chaleur. L'institution américaine du *Home-Stead*, c'est-à-dire l'insaisissabilité de l'*Home* eut des partisans convaincus ; les Sociétés savantes, la Presse, le Parlement s'en occupèrent et en 1891, l'Académie des Sciences morales et politiques en fit le sujet d'un concours.

Mais avant d'étudier en elles-mêmes et dans leurs principes les réformes de nos lois que l'on a sollicitées et que certains sollicitent encore, disons tout de suite que le mouvement d'opinions qui s'est produit a eu pour résultat immédiat, en éveillant la curiosité, de faire mieux connaître l'institution américaine et de rectifier des erreurs nombreuses et importantes commises sur la foi de récits incomplets ou exagérés.

MM. Paul Bureau, professeur à la faculté libre de droit de Paris et Emile Levasseur, de l'institut, le premier dans un mémoire couronné en 1894 par l'Académie des Sciences morales et politiques, le second dans ses communications des 12 et 26 novembre 1895 à la Société d'Economie sociale ont fait connaître le résultat d'enquêtes consciencieuses auxquelles il avait été procédé aux Etats-Unis et au Canada :

Les lois "d'exemption" du bien de famille n'ont jamais eu de véritable importance que dans les Etats de l'Ouest : ce sont des lois de circonstances qui ont été surtout appliquées à l'époque où l'on appelait les colons par toutes sortes d'attractions et de réclames, mais qui tombent en désuétude à mesure que l'industrie et le commerce se développent d'une façon normale. Quoiqu'il en soit de la législation américaine, voyons s'il serait sage et utile d'exempter de la saisie la maisonnette familiale et d'interdire à son propriétaire par voie de conséquence le droit de l'hypothéquer (1),

---

(1) V. sur cette question les rapports au congrès de Bruxelles de juillet 1897 de MM. Challamel et Stinglhamber.

A priori l'idée peut séduire et paraître conforme à des principes qui ont trouvé déjà des applications dans nos lois.

Un débiteur insolvable ne doit pas être dépouillé complètement par ses créanciers ; il faut qu'il garde la possession des choses indispensables à l'existence. La loi des Douze Tables ordonnait qu'il serait mis à mort et que ceux-ci pourraient se partager son cadavre ; nous sommes devenus, Dieu merci ! plus humains et non seulement nous avons reconnu à l'homme malheureux, qui ne pouvait remplir les obligations qu'il avait contractées, le droit de vivre, mais nous nous sommes efforcés de lui en laisser la possibilité : c'est ainsi que l'article 592 du Code de Procédure civile exempte de la saisie le coucher nécessaire au débiteur et aux enfants qui vivent avec lui, ainsi que les livres et outils servant à la profession jusqu'à concurrence de trois cent francs, les farines et menues denrées nécessaires a sa consommation et à sa famille pendant un mois : c'est ainsi encore que le salaire est en partie insaisissable. Soutient-on qu'il est peu conforme à la justice et à la morale d'exempter le débiteur de payer de ses dettes, c'est-à-dire de le rendre irresponsable de ses actes ? On peut répondre que l'intérêt général est une résultante d'intérêts particuliers et que des considérations pratiques de la plus haute importance ont maintes fois porté le législateur à battre en brèche des principes à priori inviolables : C'est ainsi que la rente sur l'Etat a été déclarée insaisissable, que le régime dotal a été prévu, autorisé et règlementé ; que dans une société anonyme il a été décidé que les actionnaires ne seraient responsables que jusqu'à concurrence de leur mise.

Il est certain que l'insaisissabilité de la maison familiale entraine forcément par voie de conséquence, l'interdiction du droit de l'hypothéquer, et quoiqu'en dise l'économiste M. Eudore Pirmez qui nie l'influence de l'insaisissabilité de l'*Home* sur le crédit, en soutenant qu'il est fondé sur la confiance en la personne bien plus que sur la surface du propriétaire, nous pensons que le prêteur demande généralement et généralement avec raison des garanties, et qu'il fera forcément une différence entre le propriétaire libre de ses biens et celui qui ne peut en disposer à sa guise. Mais Mᵉ Corniquet, avocat à la Cour de Paris, dans un récent opuscule sur le *Home-Stead* (1) ne nie pas que l'institution soit de nature à tuer le crédit, mais il s'en applaudit. Il s'efforce de prouver que le Crédit agricole est la ruine du petit cultivateur, en faisant appel aux statistiques. Les ventes sur saisies immobilières se sont élevées en France de 9.575 à 1885 à 14.278 en 1889, chiffre qui représente à peu près la moitié des ventes judiciaires de l'année ; en y ajoutant les conversions de saisies en ventes volontaires et les ventes volontaires faites pour éviter les saisies, il croit qu'on atteindrait le chiffre de 20.000.

Calculant alors ce que ces ventes ont accumulé de pertes pour les petits propriétaires, il conclut au bienfait d'une institution qui ferait obstacle aux emprunts.

Quant à nous, nous pensons, et nous espérons le démontrer, que malgré ces arguments dont aucun d'ailleurs n'est irréfutable, les mesures proposées pour maintenir, entre les mains du chef de famille, le foyer acquis, ne sont ni justifiées, ni efficaces.

Et d'abord elles ne peuvent pas être efficaces. L'insaisissabilité de l'*Home* ne signifie rien, nous l'avons déjà dit, si le propriétaire conserve le droit de l'hypothéquer ; mais même avec la prohibition de ce droit elle ne signifie pas grand'chose, s'il conserve le droit souverain d'en disposer. L'ouvrier gêné à la suite d'une maladie ou d'un chomage, ou même pour satisfaire un caprice auquel il ne saura pas résister, s'il ne peut pas emprunter, vendra purement et simplement sa maison d'autant plus mal, à un prix d'autant plus vil qu'il sera plus pressé : Quelques centaines de francs lui auraient peut être suffi, mais personne ne voulant les lui avancer, il s'en procurera quinze cents ou deux mille par une vente immédiate et sa ruine deviendra ainsi plus rapide, plus complète, plus irrémédiable. Engagés dans cette voie il faut donc aller jus-

---

(1) Le *Home-Stead*, le foyer de famille insaisissable par Louis A. Corniquet, docteur én droit, avocat à la Cour de Paris. Paris, A. Pedone, éditeur, 1895.

qu'au bout, et en même temps que l'insaisissabilité, édicter l'inaliénabilité de l'*Home*. Mais au moins pourra-t-on se féliciter d'avoir atteint son but ?

La conservation de la maisonnette dans le patrimoine de l'ouvrier est-elle assurée ? Incontestablement, non. Il est bien entendu que la loi proposée ne peut viser que l'habitation occupée par la famille, le foyer domestique, qu'il s'agit uniquement de la loi du *Home-Stead* : Eh bien, le propriétaire n'aura qu'à abandonner sa maisonnette, aller ailleurs louer un appartement, une chambre et l'occuper avec sa famille, pour recouvrer la liberté de disposer de son fonds, le droit de le vendre et de l'hypothèquer.

Nous pourrions borner là notre raisonnement ; il serait suffisant pour condamner des dispositions qui doivent demeurer stériles ; mais poursuivons la discussion.

Une réflexion s'impose : il ne s'agit pas de forcer l'ouvrier à conserver une donation qui lui est faite ; la maison dont il s'agit a été par lui achetée de ses deniers ; c'est un mode de placement pour ses économies qu'on lui a proposé, et qu'il a accepté, et ne peut-on pas légitimement supposer, que si la loi que l'on demande était votée et mise en vigueur, il ne voudrait plus d'une pareille acquisition dont il deviendrait l'esclave ? Certes, l'ouvrier économe et laborieux, qui se propose d'avoir bien à lui un chez soi confortable et riant, pense pouvoir jouir avec les siens, sa vie durant, du charme et de la commodité de sa maisonnette ; mais plus il sera prévoyant, plus il devra se préoccuper d'éventualités possibles. L'avenir est un mystère impénétrable qui échappe aux plus perspicaces, et qui peut déjouer les calculs les mieux établis, et peut-on raisonnablement avoir et lui donner la certitude qu'il n'aura jamais le besoin justifié de se défaire de son « home ? » Il peut être forcé d'émigrer, il peut avoir un besoin aussi légitime qu'impérieux d'argent. Ne l'oublions pas ; il y a le bon et le mauvais crédit, celui qui ruine et celui qui sauve, et de quel droit soutenir qu'en aucun cas, l'ouvrier ne fera appel au bon ?

En tout cas, ce qui pour nous est hors de contestation, c'est que si le législateur ne se rendait pas à d'aussi excellentes raisons, l'ouvrier lui, serait convaincu et se garderait d'acheter la maisonnette bâtie à son intention, et pour vouloir atteindre plus sûrement le but que l'on s'était si justement proposé, l'on prendrait ainsi un chemin qui conduirait à l'antipode.

D'ailleurs, l'insaisissabilité de « l'home » ne peut être absolue et ses plus chauds partisans le reconnaissent ; les mesures protectrices proposées doivent fléchir en faveur de certains créanciers : ce sont par exemple, le vendeur du domaine non entièrement payé, celui qui a contribué par son travail à l'amélioration du fonds ou à sa conservation, le fisc pour les impôts qui lui sont dus, le créancier dont la créance résulte d'un délit ou d'un quasi-délit, et alors à qui seraient-elles opposables ? Au boulanger, au boucher qui auraient fait plus que conserver le fonds, qui auraient conservé la famille elle-même en l'empêchant de mourir de faim ? Leurs créances ne sont-elles pas au moins aussi sacrées que celles énumérées plus haut ?

Qu'il nous soit permis d'ouvrir une parenthèse et de répondre ici même et à ce propos à M. Corniquet. — Les statistiques dont il se sert ne prouvent absolument rien : En vertu de quelles créances, ces expropriations de petits propriétaires agricoles dont il nous parle ? Voilà le point le plus important à éclaircir et dont il ne s'est pas préoccupé ; si les poursuivants sont des créanciers qui en tout état de cause doivent demeurer privilègiés, à quoi aboutira l'application de la loi du *Home Stead* ?

Et alors, il est aisé de répondre à tous les arguments que nous avons énumérés au début. L'art. 592 du code de procédure civile doit être mis de côté avec le principe dont il est l'application : On ne peut pas soutenir, si avantageuse qu'elle soit, que la maisonnette de famille soit indispensable à l'existence ; que l'on ne nous parle pas non plus de la rente sur l'Etat : il faudrait d'abord justifier son insaisissabilité ; que l'on n'essaye pas de procéder à une assimilation impossible à propos des Sociétés anonymes par actions qui jouissent d'une personnalité propre, absolument distincte de celle de leurs actionnaires.

Reste le régime dotal : mais ici la discussion deviendrait trop longue et sans profit ; le régime dotal sert à tromper les tiers et surtout à enrichir les gens de loi ; s'il s'explique dans une certaine mesure par la subordination complète de la femme vis à vis du mari, on pourrait peut-être bien soutenir avec raison qu'il vaudrait mieux rendre cette dépendance, que rien ne justifie, moins absolue. Aussi accepterons nous volontiers en vue de la conservation dans la famille de *L'Home*, une modification de nos lois plus pratique, plus efficace que la proclamation de son insaisissabilité : La petite habitation sera d'ordinaire le fruit du travail commun du mari et de la femme et il paraitrait équitable de donner à cette dernière sur ce qui est en partie sa chose, un droit qui dans bien des cas aurait une réelle utilité ; c'est ainsi que, brisant avec la tradition séculaire en vertu de laquelle le mari est le seigneur et maître de la communauté, on pourrait décider qu'il ne pourrait, qu'avec le consentement de sa femme, vendre ou hypothéquer le petit patrimoine qui constitue tout l'avoir commun, l'espérance et la sauvegarde de l'avenir, qui représente non seulement ses économies personnelles, mais le fruit de l'ordre et de l'économie de cette dernière, de sa prévoyance et de ses privations ; et il paraît légitime et naturel que la femme soit consultée avant l'accomplissement d'un acte de cette importance, qui l'intéresse si directement et si profondément : dans le cas d'une femme aveuglément soumise à la volonté de son mari, cette précaution pourra ne pas être une garantie, mais le plus souvent l'accord des époux sera la preuve qu'on se trouve en présence d'une résolution mûrie, avantageuse même ou tout au moins rendue nécessaire par les circonstances.

Fournir à l'ouvrier le moyen de s'élever, d'acquérir un foyer, d'assurer l'avenir de sa famille, c'est une œuvre de haute portée sociale ; mais en faire un propriétaire forcé, l'attacher malgré lui à un immeuble qu'il ne peut plus garder ou même qu'il veut dissiper, ce serait au contraire faire une œuvre à la fois vaine et dangereuse. — « Il ne faut pas conclure, dit M. Challamel à la fin de son rapport au congrès de Bruxelles, que le mal est guéri parce qu'on a bâti de nouvelles maisons ou procuré l'assainissement des logements insalubres, on a simplement contribué à la guérison. — Le plus difficile est encore à faire : convaincre l'occupant que la propriété est un outil comme un autre, instrument de ruine s'il est dirigé par un incapable ou par un buveur d'absinthe, instrument de prospérité pour la famille et pour l'Etat si le chef de famille a conscience de ses devoirs et s'il a le courage de les pratiquer. Or il n'appartient pas au législateur de prescrire ou de réglementer la vertu..... il ne le peut pas à l'égard des citoyens, d'un pays civilisé. La stabilité du foyer ne peut donc résulter pour nous d'un système restrictif de la Propriété individuelle, elle ne peut être obtenue que sous l'action libre des mœurs. »

§ 3. — Intérêt de la famille de l'acquéreur.
Questions de droit successoral soulevées.

Complétons nos investigations selon le programme que nous nous sommes tracé. Nous venons de voir l'heureuse influence que la propriété de son habitation exercera sur le caractère et sur la situation matérielle de l'ouvrier qui l'aura acquise ; il est certain que sa vie durant, sa famille profitera de l'amélioration matérielle et morale de sa condition; ses enfant vivront en meilleure santé, sa femme plus active, plus courageuse et lui-même s'occuperont davantage de leur éducation et des soins qu'elle comporte ; Mais que va-t-il se passer à sa mort ? Deux principes fondamentaux dominent dans le Code civil, toute la matière des successions ; le premier est inscrit en toutes lettres dans l'article 815 : « Nul n'est tenu de demeurer dans l'indivision et le partage peut toujours être provoqué nonobstant prohibitions et conventions contraires. » La raison d'être de cette disposition législative est dans cet ancien adage *communio mater rixarum*.

Le second est celui de l'égalité entre cohéritiers, qui, sauf attribution d'un avantage préciputaire à l'un d'eux par voie de donation ou de testament et dans la limite seulement de la quotité disponible, doivent avoir des parts égales, rigoureusement, mathématiquement égales.

Si nous laissons de côté l'hypothèse simple et peu intéressante où le propriétaire n'a qu'un successeur unique ayant à lui seul droit à tout le patrimoine, pour prendre celle normale où le chef de famille laisse à sa mort un ou plusieurs enfants et un conjoint, avec lequel il était marié sous le régime de la communauté, et par conséquent co-propriétaire de l'immeuble, constatons quels vont être la situation et les droits réciproques des co-héritiers.

Ils pourront convenir de demeurer dans l'indivision pendant cinq ans ; mais cette convention n'est possible que s'ils sont tous d'accord ; alors même qu'il serait avantageux pour tous les héritiers d'ajourner le partage, la mauvaise volonté d'un seul qui agira par caprice ou par le désir de nuire sera suffisante pour empêcher que l'indivision se prolonge même une année. — S'agit-il alors de partager la succession ? Les cohéritiers majeurs peuvent procéder à l'amiable, se faire des concessions réciproques et agir au mieux des intérêts de tous, mais ici encore il faut un consentement unanime, et soit qu'on se trouve en présence de mineurs, soit qu'un seul cohéritier persiste dans un entêtement irraisonné, il va falloir procéder légalement ; et c'est alors le cas de savoir ce que dit la loi : Elle veut que chacun reçoive sa part en nature des meubles et immeubles de la succession (art. 826 du code civil), et si les biens ne peuvent se partager commodément comme un champ de vignes ou une prairie, s'il s'agit comme dans notre espèce d'une maison, ils doivent être vendus sur licitation devant le Tribunal (art. 824), c'est à dire aux enchères publiques avec admission d'étrangers. Seulement ces ventes entraînent des frais exhorbitants et pour les petits héritages ils s'élèvent presque au 100 0/0 de leur valeur (1), ils équivalent à une pure

---

(1) Une loi du 25 octobre 1884, avait essayé de porter remède à cette situation vraiment lamentable en décidant que pour les immeubles d'une valeur inférieure à 2.000 fr. l'Etat abandonnerait ses droits de timbre, de

confiscation ; la loi veut l'égalité absolue pour les cohéritiers, elle l'obtient, mais c'est l'égalité dans la misère et dans la ruine. L'œuvre du père est donc condamnée à disparaître ; ses efforts et sa volonté échouent lui mort; il avait rêvé de laisser aux siens, quelques modestes ressources ; vaines illusions. Et la petite maisonnette où il s'était éteint en paix sortira, pour n'y plus rentrer, de sa famille et sa valeur si péniblement amassée sou à sou se convertira en papier timbré : c'est cette denrée précieuse qu'en fin de compte les héritiers trouveront à se partager !

Voilà le droit d'après le Code civil et ses conséquences inexorables ; et, si donc nous avons soutenu que, durant sa vie, la loi ne devait pas intervenir auprès de l'acquéreur de la maisonnette, pour s'efforcer de maintenir entre ses mains une acquisition qu'elle jugeait utile ; qu'il s'agissait là d'une éducation à faire et non de mesures prohibitives à édicter ; en ce qui concerne la famille de ce même acquéreur décédé nous reconnaissons que le législateur devait se préoccuper de remanier des dispositions aussi funestes que celles que nous avons sommairement passées en revue, et cela à un double point de vue : dans l'intérêt de la famille héritière, proprement dite, et dans celui de l'institution même de l'*Home* qu'il s'agit d'acclimater et de vulgariser. Il est certain que le chef de famille doit se préoccuper de sa mort et de la situation qui en résultera pour tous les siens, et dans l'intérêt de ses héritiers, c'est-à-dire de ses enfants, étant donnée la loi successorale que nous venons de rappeler, on aurait pu légitimement craindre qu'il préférât amasser et leur laisser un petit capital mobilier qu'ils se seraient partagé sans difficultés, et sans frais : « La première pensée, dit encore avec raison Challamel, de celui qui devient propriétaire de son habitation

---

greffe et d'hypothèque et que les officiers ministériels feraient le sacrifice d'un quart de leurs honoraires. Cette loi n'a pas donné les résultats espérés ; d'ailleurs elle ne visait que les tous petits immeubles, les maisons ouvrières telles que nous les comprenons auront toujours une valeur supérieure à 2000 fr. et ne pourraient même pas réclamer le bénéfice de cette loi.

est pour les siens tout autant que pour soi-même ; il ne lui suffit pas d'être le maître dans sa maison : il veut être assuré de pouvoir la transmettre à ceux qu'il aura choisis pour continuer son œuvre. Il n'est pas d'ambition plus légitime, ni de plus sûre garantie de la paix sociale.... En effet, la propriété n'est pas un droit viager ; elle est perpétuelle (autant du moins que peuvent l'être les choses de ce monde) et ne reçoit son plein développement que du principe de survivance qui est en elle. »

Disons tout de suite que ce langage a été entendu en France par le législateur et que la loi du 30 novembre 1894, issue d'une bonne volonté indéniable, un peu confuse peut-être dans sa rédaction, qui a subi de très nombreuses retouches, s'est efforcée de donner satisfaction aux demandes instantes de ceux à qui l'amélioration du logement à bon marché tient à cœur.

CHAPITRE VI

LA RÉSILIATION DU CONTRAT D'ACQUISITION ET LA QUESTION DE L'ASSURANCE SUR LA VIE.

Nous venons de démontrer que dans l'intérêt de l'œuvre de l'amélioration du logement à bon marché, s'imposaient des remaniements profonds de notre système successoral : Pour rendre stable l'acquisition du foyer domestique, pour lui permettre de produire son plein effet de relèvement à la fois matériel et moral, il était nécessaire que le législateur s'efforçât de donner à l'œuvre entreprise par le père de famille, les moyens de lui survivre. Mais avant d'en arriver aux légitimes préoccupations que la mort de l'ouvrier devenu définitivement propriétaire doit faire naître, d'étudier la situation de ses héritiers, l'intérêt qu'elle offre, les dispositions législatives qui peuvent être édictées pour parer à de graves dangers, et empêcher que la maisonnette licitée perde à jamais sa bienfaisante et primitive destination et se convertisse en frais de justice, pour le seul profit des hommes de loi, avons-nous suffisamment examiné la situation de l'ouvrier acquéreur pendant la période même de l'acquisition ?

On propose à ce dernier un mode de placement pour ses économies et on le lui représente comme très avantageux : à priori on pourrait être dans le vrai ; mais quand on assume la délicate mission de rendre les gens heureux, on n'a pas le droit d'être superficiel et de s'en tenir aux apparences ; il ne faut pas craindre d'entrer dans les détails de l'application pratique, et si des objections se présentent à l'esprit, il faut en aborder avec résolution et franchise la discussion. Conformons-nous à ce devoir et envisageons la situation du travailleur qui signe un contrat d'acquisition en tenant compte des diverses éventualités que l'avenir peut lui réserver.

§ 1. — Résiliation du contrat d'acquisition. — Pourquoi et comment elle doit être prévue.

Il ne faut pas perdre de vue que l'engagement qu'il souscrit est de longue haleine, qu'il ne s'agit pas de procéder à un placement d'économies précédemment réalisées mais bien d'escompter le temps futur et de s'astreindre à une série de paiements échelonnés dans une longue période qui variera d'ordinaire de quinze à vingt-cinq ans. Ces paiements sont-ils en rapport avec ses ressources? Pourra-t-il les effectuer? Très probablement oui, car ils auront été calculés avec soin après une étude minutieuse de ses facultés et des conditions au milieu desquelles il travaille et il vit. Mais l'hypothèse que l'ouvrier doit prévoir, ou que l'on doit prévoir pour lui, ne doit pas être uniquement celle d'une vie normale s'écoulant sans bonheurs inespérés, mais aussi sans catastrophes selon le cours moyen des événements probables. Il a le droit de se demander quelle sera sa situation si certains événements malheureux, même exceptionnels, viennent le frapper, tels que chômages involontaires prolongés, maladies graves ou mort prématurée et à s'opposer en obstacles infranchissables à la réalisation de ses projets. Cette préoccupation doit être légitime, nécessaire même pour un esprit réfléchi et véritablement soucieux de ses intérêts ; elle doit arrêter l'ouvrier qui veut faire l'acquisition d'une maisonnette, et celui qui la lui propose.

En effet, soit que l'acquéreur devienne immédiatement propriétaire à la charge par lui d'amortir sa dette, soit qu'il demeure locataire jusqu'au moment où il aura versé une somme représentant la valeur de l'immeuble, il s'agit toujours pour lui de payer pendant un certain temps une redevance annuelle, qui, perçue par fractions comme son loyer, en constituera une augmentation jusqu'au jour où, l'immeuble complètement soldé, il n'aura plus à payer ni loyer, ni amortissement; mais si à un moment donné, la redevance cesse d'être versée, dans le premier cas, c'est l'éviction; dans le second, c'est la non réalisation de la condition; c'est toujours la résiliation du contrat. Eh bien, il est possible que malgré sa meilleure volonté, son désir fervent d'atteindre l'époque heureuse de sa libération, l'ouvrier soit forcé d'interrompre le cours de l'opération qu'il avait entreprise et de renoncer à son acquisition; des éventualités dont il n'est pas le maître peuvent surgir, qui non seulement l'empêcheront de faire des économies et de continuer ses versements, mais l'obligeront peut-être pour sa propre conservation ou celle de sa famille à puiser dans celles qu'il aura pu faire : Dans ce cas, comment la résiliation du contrat qui s'impose pourra-t-elle se produire et à quelles conditions ?

Les premières institutions patronales qui ont été fondées prévoyaient bien la résiliation, mais elles l'accompagnaient d'ordinaire de la confiscation pure et simple au préjudice du locataire des sommes qu'il avait pu verser : C'était la clause de la déchéance dans toute sa rigueur. Elle avait pour but d'assurer le patron de la fidélité de son ouvrier; elle pouvait trouver un semblant de justification dans le cas où elle s'appliquait à une véritable libéralité consentie à ce dernier; mais qu'une société d'habitations à bon marché se garde d'introduire dans ses contrats une pareille disposition qui serait inique et altèrerait gravement le caractère de ses opérations. La maison qu'elle offre à ses clients ne doit pas devenir pour eux une prison dont ils ne puissent sortir. C'est dans l'intérêt de ceux-ci et non pas dans le sien, c'est pour leur permettre de parvenir à une condition meilleure, à l'émancipation et au bien-être, qu'elle a édifié ses petites constructions : Il ne faut pas qu'elle perde de vue son but et sa raison d'être, et si à un moment donné l'intérêt de l'un de ses cocontractants exige une résiliation, elle a le devoir de l'accepter sans en faire une nouvelle cause de ruine pour le malheureux qui le plus souvent viendra d'être déjà éprouvé cruellement par le sort.

Mais si la clause de déchéance doit être proscrite, si les liens qui unissent la Société à ses locataires-acquéreurs ne doivent pas être indissolubles et se transformer pour ses derniers en chaîne d'esclavage, il serait regrettable et dangereux que la séparation fût rendue trop aisée et à la merci d'un simple caprice ; ce qui ne manquerait pas d'être si la résiliation était toujours accompagnée d'un remboursement intégral de toutes les sommes versées et pouvait dépendre de la seule volonté du locataire. Des cabales pourraient alors, avec la plus grande facilité, s'organiser parmi des mécontents s'excitant les uns et les autres, et par des sorties en masse injustifiées, et les remboursements qui en résulteraient, l'existence de la Société, Coopérative ou non, pourrait être mise en péril. D'autre part, voici un ouvrier sur le point de devenir propriétaire ; il n'a plus qu'un léger et court effort à faire ; mais survient la maladie et le chômage et au lieu de tenir tête à la mauvaise fortune à l'aide de quelques privations momentanées et d'un peu de courage, ne succombera-t-il pas à la tentation de retirer ses économies et de perdre ainsi le fruit de longues années de patience et de travail, si la résiliation par trop facilitée devient aussi simple que le bris d'une tire-lire ? Il y a donc, dans cette délicate question de la résiliation, une juste mesure à conserver. D'un côté, il faut que l'ouvrier soit assuré que si pour des raisons légitimes, il ne peut remplir ses engagements, il en sera délié sans perdre le bénéfice de ses efforts antérieurs : mais, d'autre part aussi, il faut qu'il se pénètre bien de cette idée que le contrat qu'on lui propose est un contrat sérieux et qu'il ne pourra pas par caprice ou mauvaise volonté se soustraire à des obligations auxquelles il a librement souscrit.

Pour conjurer les inconvénients qu'engendrerait une exagération dans l'un ou l'autre sens, les Sociétés industrielles, philanthropiques ou coopératives de constructions ont entouré la résiliation de certaines formalités. Le cas de force majeure excepté, qui peut provenir du chômage involontaire, de la maladie, de la mort prématurée du chef de famille (lorsqu'il n'aura pas eu recours à l'assurance sur la vie), elle n'a jamais lieu de plein droit; elle est d'ordinaire consentie par le Conseil d'administration de la société qui doit se faire une règle d'apprécier les situations avec un sentiment de bienveillante sollicitude. Quelquefois les statuts décident que le remboursement ne sera pas immédiat, et ceci dans l'intention de donner au locataire le temps de la réflexion et de lui épargner la tentation de réaliser sur l'heure "son magot" ; quelquefois même qu'il ne sera pas intégral et cela ne nous paraît pas injuste, si l'on n'est pas en présence d'un cas de force majeure. Le locataire qui interrompt inopinément, même si son intérêt le demande, une opération que la Société croyait définitivement réglée, lui cause un préjudice, et il est équitable que dans une certaine mesure il lui paye des dommages-intérêts. C'est ainsi que la Société coopérative marseillaise « La Pierre du Foyer » retient sur l'amortissement avant de le rembourser au locataire qui résilie un dixième du montant des loyers qu'il a acquittés depuis son entrée dans l'immeuble; la Société d'Auteuil porte cette retenue au quart ; celle du Havre au tiers (1).

Mais le locataire sortant peut échapper à cette retenue en se substituant un cessionnaire auquel il transfère avec l'approbation du Conseil la totalité de ses droits.

En tenant compte des restrictions que nous avons formulées au chapitre précédent, avec une résiliation entourée de mesures prudentes, sages et fonctionnant comme une soupape de prévoyance et de sûreté, il demeure acquis que le contrat d'achat proposé aux ouvriers leur offre non seulement un emploi avantageux de leurs économies, mais le moyen d'en faire en leur donnant le goût de l'épargne et toute facilité pour la réaliser.

---

(1). Bien entendu on commence par prélever sur le compte d'amortissement les loyers en retard et les frais de réparations locatives pour mettre la maison en état.

§ 2. — Hypothèse de la mort prématurée du chef de famille acquéreur.— La question de l'assurance sur la vie.

Pour terminer notre étude critique il ne nous reste plus qu'à nous préoccuper d'une façon plus spéciale d'une seule hypothèse, celle de la mort prématurée de l'ouvrier, chef de famille, survenant pendant la période même de l'acquisition. On avait essayé de dire que cette éventualité était de nature à refroidir le zèle de celui aux yeux duquel on ferait miroiter la perspective de l'acquisition du petit domaine familial ; examinons-la.

Le décès d'un jeune chef de famille laissant une veuve et des enfants en bas âge est un affreux malheur quelles que soient la condition et la situation de fortune de ceux qui en deviennent victimes ; mais lorsqu'aux douleurs morales viennent s'ajouter les affres de la misère, lorsque celui qui meurt, ainsi ravi avant l'heure à l'affection des siens, est le seul et courageux soutien, le gagne-pain de toute la famille qui demeure sans lui privée non seulement de tout appui moral, mais des ressources matérielles les plus nécessaires, alors c'est la catastrophe sans nom qui rend muet et terrifie. Il est certain que les projets les mieux établis et les plus réfléchis peuvent être brisés comme verre par un événement semblable, qui déconcerte tout calcul et toute prévision et que l'ouvrier de bonne volonté et de ferme courage qui entreprend cette longue et graduelle épargne au terme de laquelle il doit trouver plus de bien être et plus de sécurité, frappé par un destin dont l'injustice paraît le disputer à la cruauté, ne pourra réaliser les chères espérances qu'il avait conçues pour lui et pour les siens. La petite maison propre et riante dont il avait convoité la propriété n'aura pas fait sa joie et ses enfants qu'il devait y voir grandir gais et bien portants en seront chassés au moment même où le doux nid hospitalier leur eût été plus nécessaire encore. Mais si le sort de ce malheureux et de sa malheureuse famille est digne de la commisération la plus sincère et la plus profonde, il faut nous demander si le fait par lui d'avoir souscrit l'engagement qui devait lui permettre de devenir propriétaire doit aggraver encore pour les siens les conséquences désastreuses de sa mort prématurée ; c'est là l'unique question, et dans les observations qui précèdent il est aisé de trouver les éléments de la réponse que l'on doit y faire.

Si le contrat d'acquisition signé et son exécution commencée, l'ouvrier ou ses ayants droit se trouvaient dans l'obligation absolue d'en atteindre l'extrême limite sous peine de perdre complètement le bénéfice des efforts antérieurs et de ne rien retirer en cas de résiliation des économies déjà réalisées et versées, on pourrait soutenir qu'il eût été plus avantageux pour celui que la mort devait bientôt arrêter dans ses projets et ses efforts d'amasser avec la même persévérance et le même esprit d'épargne un capital mobilier, si modique fût-il, dont sa famille eût pu tirer profit : le droit pour la veuve ou les enfants mineurs de bénéficier de l'engagement du père en continuant le paiement des annuités, est un véritable leurre ; c'est le père seul qui travaillait et pouvait payer ; lui mort, c'est la misère pour tous, c'est non seulement l'impossibilité de faire de nouvelles économies, mais la difficulté de vivre même péniblement et au jour le jour, ce sont les privations de toute espèce et le recours forcé à l'aumône ; aussi que de regrets pour les sommes déjà versées et perdues à jamais ! Ne se seraient-elles élevées qu'à quelques centaines de francs, comme il eût mieux valu les déposer précieusement dans une Caisse d'épargne quelconque où elles eussent été à la disposition de la mère éplorée ! Tout ce raisonnement devient faux, du moment qu'au cas de résiliation par suite d'un événement de force majeure — et la mort prématurée du chef de famille constitue par excellence cet événement — il n'est dû à la Société aucuns dommages-intérêts et qu'elle rembourse intégralement ce qu'elle a pu encaisser comme amortissement de la valeur de la maisonnette. On est donc en droit d'affirmer que le contrat d'acquisition offert à l'ouvrier, accompagné des palliatifs nécessaires et acceptés par tous, ne peut, dans aucun cas, aggraver sa situation ou celle des siens, ni compromettre son avenir. S'il meurt avant l'échéance du terme prévu, c'est l'inaccomplissement de ses vœux, mais non l'inutilité complète de ses efforts ; et la situation qu'il laissera derrière lui sera en tous points semblable, qu'il ait choisi comme dépositaire de ses économies une Banque, une Caisse d'épargne ou la Société de construction. Mais le travailleur conscient de son rôle et de ses obligations peut faire plus encore que d'attendre passivement de pareilles éventualités et, malgré leur perspective, de conserver son courage et son activité. Le moyen lui est offert, non pas d'empêcher ces coups du sort dont la direction n'est pas en notre pouvoir, mais d'en adoucir dans une très large mesure, sinon pour lui du moins pour les siens, les conséquences funestes ; il s'agit de l'assurance sur la vie.

Nous ne pouvons songer à nous livrer à une étude, même incomplète, de cette question de l'assurance qui revêt les formes les plus variées, et s'applique aussi bien à l'incendie qu'à la grêle, aux accidents et à la vie humaine ; elle dépasserait de beaucoup les bornes de notre programme. Qu'il nous suffise de dire que le principe est uniforme et simple. Un individu exposé à certains dangers peut, en s'associant avec d'autres personnes dans la même situation que lui et courant les mêmes risques, conjurer les conséquences financières des crises dont il aurait pu être victime ; en échange de cette possibilité de désastres écartée, il doit s'astreindre à un sacrifice léger, mais certain, de telle sorte que le malheur qui peut survenir à l'un des associés, ne l'atteindra plus isolément : Seul et sans défense, ses coups l'eussent terrassé, mais frappant sur un grand nombre de têtes, ils perdront nécessairement de leur force et ne seront plus mortels pour personne.

Tous ceux qui vivent au jour le jour, et dont les ressources proviennent non d'un capital amassé, mais d'un travail quotidien, peuvent être mis en état de crise par deux excès contraires de la durée de leur vie : Sa longueur ou sa brièveté. L'ouvrier qui vit trop longtemps survit à sa période d'activité et de vigueur ; ses forces faiblissant, il ne peut plus manier l'outil à l'aide duquel il gagnait son pain ; mais l'assurance apporte à cette situation son remède sous la forme de pension de retraite. Pour celui-ci d'ailleurs nous avons vu l'avantage qu'offrait l'acquisition du foyer ; c'est une véritable rente qu'il se ménage en se débarrassant à jamais de la préoccupation du terme ; une fois chez lui, il pourra se contenter de bien modestes ressources qu'il se procurera d'autant plus facilement, que ses enfants devenus hommes lui devront assistance.

L'ouvrier qui meurt trop tôt, laisse une famille désemparée, vouée au chagrin, à l'impuissance et à la misère ; mais ici encore, peut intervenir l'assurance, qui fera masse des cotisations des survivants et constituera un petit patrimoine au profit des veuves et des orphelins. Dans la première hypothèse, c'est l'assurance en cas de vie ; dans celle-ci, l'assurance en cas de décès. L'une et l'autre sont, à l'heure actuelle, en possession de données exactes qui sont mises en œuvre par des savants spéciaux, les actuaires, à l'aide de méthodes mathématiques d'une valeur éprouvée.

Nous laisserons de côté l'assurance en cas de vie que les sociétés de secours mutuels, l'Etat, les grandes Compagnies ont contribué depuis un temps relativement long déjà à rendre populaire sous la forme de pensions de retraite.

L'assurance en cas de décès, au contraire, a été plus tard connue et pratiquée, et lors de son apparition elle a même été considérée avec défaveur par l'opinion publique qui voulait y voir une spéculation immorale ; et pourtant que de bienfaits elle peut rendre et de quelle haute conception morale elle est le fruit ! Pour le chef de famille dont le travail assure l'existence de tous les siens, l'épargne ne suffit pas à remédier à la situation lamentable que crée sa disparition soudaine et prématurée. Qu'il soit ouvrier, médecin ou avocat, s'il meurt à la fleur de l'âge, il n'aura pu amasser un capital suffisant ; « Aussi l'épargne, comme le disait excellemment M. Cheysson au Congrès de Bordeaux, est la première et la plus facile étape de la prévoyance : l'homme qui épargne ne se dessaisit pas ; il peut — et combien le font — reprendre et dissiper ses dépôts ; s'il meurt de bonne heure, le magot n'aura pas eu le temps de grossir et ne sera pour la famille que d'un médiocre secours. Au contraire, l'homme qui assure un capital payable à son décès, s'élève jusqu'au sacrifice et pratique dans sa plus haute expression la vertu du père de famille. Cet argent qu'il verse il ne le reverra plus, puisque c'est sa mort seule qui saisira ses héritiers. Voilà pour le mérite moral ; quand à l'efficacité réelle elle dépasse également celle de l'épargne dans le cas de la mort prématurée, puisque — cette mort surviendrait-elle dès le lendemain de la signature du contrat d'assurance — le capital stipulé dans ce contrat est immédiatement acquis à la famille de l'assuré. L'assurance est donc une forme de la prévoyance encore supérieure à l'épargne, tant au point de vue de l'effort moral qu'elle implique qu'eu égard à la portée pratique de ses conséquences. »

§ 3. — **Etat de la question en France et à l'étranger.**
Son exposé au point de vue pratique et technique.

En France, encore de nos jours, c'est la classe riche de la population qui a seule recours à cette assurance spéciale ; la clientèle des Compagnies descend tout au plus jusqu'à la petite bourgeoisie ; mais les paysans, les artisans, les ouvriers leur sont totalement étrangers ; ce n'est pas qu'ils ne pratiquent pas l'épargne, il n'y a, pour s'en convaincre, qu'à consulter le chiffre des dépôts de nos caisses populaires ; mais les Compagnies les dédaignent. La minimité des primes et par voie de conséquence des Commissions décourage leurs agents qui préfèrent, en y trouvant plus de bénéfice et moins de peine, conclure des assurances de cent mille francs. Chez nos pratiques voisins les Anglais, la situation est différente. Plus du tiers de la population (quatorze millions et demi de personnes) (1) est assuré : Les classes riches figurent dans les

---

(1) Nous empruntons tous ces chiffres et ceux qui suivront au lumineux rapport présenté sur cette question par M. Cheysson au Congrès de Bordeaux tenu en octobre 1895.

statistiques des Compagnies pour 13 milliards de francs et 1.200.000 assurés; les classes pauvres pour 3 milliards 200 millions et 13 millions d'assurés.

La *Prudential*, à elle seule, avait encaissé, en 1894, plus d'un million de primes par cotisations hebdomaires de 10 à 20 centimes et le montant des capitaux ainsi assurés était de 2 milliards 700 millions.

Avec la louable intention de combler chez nous cette lacune de l'initiative privée et le désir de la stimuler par l'exemple, le second empire créa, par une loi du 11 juillet 1868, une «Caisse nationale d'assurances en cas de décès». Cet effort n'a pas été, jusqu'à présent, couronné par le succès. Après vingt-cinq ans d'existence, cette caisse avait à peine assuré à peu près trois millions de capitaux et encaissait un peu moins de soixante mille francs de primes par an. Les causes de cet échec sont multiples, mais l'administration beaucoup trop compliquée et anti-commerciale de la caisse est peut-être la principale; nous reviendrons d'ailleurs sur ce sujet lorsque nous reparlerons de cette institution à propos de la loi du 30 novembre 1894 et de son article 7.

Laissons maintenant de côté le domaine de la généralité, pour entrer dans des considérations plus techniques, et voir comment l'assurance sur la vie peut pratiquement intervenir dans l'œuvre de l'amélioration du logement à bon marché, et faciliter par la sécurité plus grande qu'elle donne, l'acquisition de la maisonnette familiale.

Un ouvrier s'adresse soit à un entrepreneur, soit à une société de construction qui lui livrera, nous supposons, une maisonnette de trois mille francs payable en vingt ans, c'est-à-dire en vingt annuités. L'annuité se composera probablement de 4 0/0 pour l'intérêt soit 120 fr. ; c'est le loyer proprement dit, plus de 3.50 0/0 pour l'amortissement, soit 105 francs, au total de 225 fr. Donc en économisant 105 francs par an pendant vingt ans, c'est-à-dire 2.100 francs, par le simple jeu des intérêts composés, il restera — ou deviendra, peu importe — propriétaire de sa maisonnette, mais à la condition qu'il continue à vivre et à travailler ; s'il meurt avant la dernière échéance, son salaire disparaissant avec lui, sa femme et ses enfants seront obligés de déguerpir de l'*Home* qu'ils considéreraient déjà comme bien à eux.

C'est à cette éventualité qu'il s'agit de parer. Dans ce but recherchons les diverses modalités qu'offre l'assurance sur la vie pour arriver, par voie d'élimination, à celle qui s'appliquant à notre espèce, doit aussi se trouver à la portée des ressources de celui qui nous intéresse.

Il y a d'abord l'assurance en cas de décès pour la vie entière que l'on pourrait qualifier d'assurance ordinaire. Dans cette combinaison quelle que soit l'époque de la mort de l'ouvrier ses héritiers toucheront le capital assuré, dans notre hypothèse trois mille francs. S'il meurt dans l'intervalle des vingt ans, la maison sera déjà libérée en partie ; il restera donc une soulte, et ce petit capital mobilier viendra heureusement s'ajouter au capital immobilier, la maisonnette. Si l'ouvrier vit au-delà des vingt ans, la maison sera définitivement payée, et ses héritiers trouveront en sus dans sa succession, la somme de trois mille francs qui n'aura pas été écornée. Ce serait peut-être la meilleure solution, mais seulement pour les ouvriers aisés, les ouvriers d'art, les contre-maîtres qui, somme toute, ne constituent qu'une petite minorité, car la prime à payer pour cette sorte d'assurance est élevée : d'après les tarifs des compagnies, pour un homme de trente ans et pour un capital de trois mille francs, elle serait de 75 francs ; d'après celui de la Caisse nationale, seulement de 53 fr. 30 ; mais il ne faut pas perdre de vue que cette somme viendrait s'ajouter aux 105 fr. d'amortissement, et qu'en l'état le chiffre total d'économies à réaliser serait trop considérable pour l'ouvrier qui gagne peu ou qui élève une nombreuse famille.

Voyons alors les tarifs de l'assurance en cas de décès, non pour la vie entière, mais simplement temporaire ; les données du problème ne changent pas : trente ans d'âge pour l'assuré, vingt ans de terme et trois mille francs de capital. Dans cette nouvelle combinaison, si le décès de l'assuré se produit dans l'intervelle des vingt ans, ses héritiers toucheront le montant

— 144 —

de l'assurance ; mais s'il se produit plus tard, ils n'auront droit à rien ; dans ce dernier cas, d'ailleurs, la maisonnette aura déjà fait définitivement partie du patrimoine du défunt ; dans le premier, ils encaisseront une somme suffisante pour la libérer et il leur restera même une soulte plus ou moins forte, selon que les annuités versées par le défunt auront été plus ou moins nombreuses. Il n'en reste pas moins que le résultat obtenu pourra devenir choquant : Si le décès se produit après 19 ans, mais avant l'échéance de la dernière annuité, les héritiers auront à se partager la maisonnette et le capital mobilier tout entier, moins cependant quelques francs ; s'il se produit quelques mois après, la maisonnette leur restera bien acquise, mais la Compagnie ou la Caisse nationale d'assurance ne leur payera plus rien. D'ailleurs, les tarifs de cette assurance ne sont pas sensiblement moins élevés que ceux de la première combinaison ; dans notre hypothèse, les Compagnies privées feraient payer 53 fr. 30 par an, la Caisse d'Etat 40 fr., et ces chiffres, dans bien des cas et pour bien des bourses, pourraient être encore trop élevés.

Il faut donc chercher autre chose. Bien précisé, le problème à résoudre est celui-ci : étant donné que l'ouvrier peut mourir avant la dernière échéance, permettre à ses héritiers de conserver la maison qu'il était en train d'acquérir au moyen d'annuités. Mais, pour atteindre ce but, il n'est pas nécessaire qu'ils touchent à son décès le prix total de la maisonnette, soit trois mille francs ; il suffira qu'ils touchent à ce moment ce qui restera dû sur cette somme. Si l'ouvrier meurt au bout d'une année, il faudra que la somme presque totale de trois mille francs leur soit versée ; mais, s'il meurt au bout de 18 ou 19 ans, ils n'auront plus besoin pour se libérer d'une ou deux annuités restant à courir, que de 225 ou 450 francs. On comprend que dans ces conditions nouvelles d'assurance, la prime doive diminuer ; elle tombe en effet à 0,91 cent. environ pour 100 francs ; dans notre exemple, elle sera de 27 fr. 30 par an. Moyennant ce nouveau sacrifice, l'ouvrier sera certain que sa mort prématurée ne viendra pas anéantir ses projets. S'il vit, il aura payé inutilement, c'est vrai, 27 fr. 30 pendant vingt ans, soit 546 francs ; mais s'il meurt le lendemain même de son contrat, sa veuve et ses enfants pourront, à l'abri de leur petit toit bien à eux, supporter avec plus de vaillance les épreuves de la douleur et de la mauvaise fortune.

Si l'ouvrier trouve que cette nouvelle somme à payer, si diminuée qu'elle soit, excède encore ses modestes ressources, l'obstacle qui paraît alors insurmontable peut cependant être encore une fois tourné : il suffit, en effet, d'allonger la période de l'amortissement pour maintenir le taux de l'annuité sans renoncer à l'assurance. C'est ainsi qu'il en coûte à peu près la même annuité pour amortir une somme en dix-sept ans y compris l'assurance que pour l'amortir en quinze ans sans cette assurance; dans notre exemple, il faudrait allonger la période de six ans ce qui la porterait à vingt-six. Cette augmentation de délai peut être d'autant mieux consentie qu'elle cesse de devenir inquiétante du moment où la famille est assurée contre les conséquences matérielles de la mort de son chef.

Nous devons pour l'instant borner là nos explications ; elles suffisent, nous le croyons, à démontrer que l'assurance sur la vie doit non seulement rendre d'immenses services aux classes laborieuses qui jusqu'à l'heure actuelle ont été tenues à l'écart, mais, ce qui est plus important encore, qu'elle se présente pour elles véritablement facile et pratique. L'Angleterre et la Belgique nous ont sur ce point devancés, comme sur tant d'autres malheureusement ; si nous ne pouvons revendiquer l'honneur d'une initiative, sachons nous contenter du mérite moins grand de l'imitation qui sera tout aussi avantageuse.

Sur cette question encore nous pouvons d'ores et déjà indiqué que la loi du 30 novembre 1894 s'est efforcée de donner satisfaction à une semblable ambition aussi modeste que légitime. Elle a remanié l'organisation de la caisse nationale d'assurances en cas de décès ; elle l'a autorisée à offrir ses bons offices étant donnée l'abstention au plus haut point regrettable des compagnies privées et à contracter de semblables assurances temporaires avec les ouvriers désireux de devenir propriétaires. Quand nous l'étudierons, nous aurons l'occasion d'entrer dans quelques détails un peu techniques mais essentiellement pratiques et nous comparerons avec intérêt ses dispositions avec celles de la loi Belge avec laquelle elle a conservé de puissants liens de parenté ; mais notre étude générale préliminaire était indispensable pour en faire comprendre l'esprit, en indiquer le but et la raison d'être ; elle nous permettra aussi d'apporter plus de clarté dans les explications que nous aurons encore à fournir tout en les abrégeant.

CHAPITRE VII

DES RESSOURCES
AUXQUELLES ON PEUT FAIRE APPEL POUR MENER A BIEN L'ŒUVRE DE L'AMÉLIORATION DU LOGEMENT A BON MARCHÉ
ET PLUS SPÉCIALEMENT
DE L'INTERVENTION DES CAISSES D'ÉPARGNE.

§ 1. — Initiative des Patrons et des Classes aisées.

Avant d'en arriver à l'étude de l'œuvre du législateur, en France, et de la comparer dans ses traits essentiels avec les lois étrangères dont elle est inspirée, nous devons nous maintenir encore dans le domaine des généralités, pour examiner avec quelque attention un côté particulièrement important de la question qui nous occupe. Du point où nous sommes parvenus, il nous est facile d'embrasser toute entière l'œuvre de l'amélioration du logement à bon marché, telle que l'ont comprise ses promoteurs dévoués et infatigables, et de nous rendre un compte précis du chemin parcouru. Nous nous sommes efforcés de démontrer clairement son importance sociale ; nous avons énuméré aussi complétement que possible, pour la France du moins, les efforts de l'initiative privée en vue de sa réalisation et les résultats qu'elle a pu obtenir ; mais nous ne devons pas borner là nos recherches. Il n'est point, en effet, suffisant de constater le mouvement d'idées d'abord, puis de créations qui s'est produit à la suite de préoccupations plus ou moins générales qu'avait fait naître la présence étendue d'un mal redoutable ; il faut aussi se demander comment il peut être accru ; quels obstacles le gênent, à quelles forces il convient de faire appel pour mener toujours plus loin et toujours à mieux l'œuvre entreprise : Si son passé est déjà digne d'un grand intérêt, son avenir réclame la plus vive sollicitude ; aussi faut-il précieusement conserver les conquêtes acquises et mettre tous ses soins à préparer les nouvelles.

Pour bien définir et délimiter la voie qui doit conduire à une extension du nombre et de l'importance des créations déjà faites, il est nécessaire de procéder à une analyse critique non seulement des moyens que l'on peut employer, mais aussi des ressources sur lesquelles on peut compter. Nous avons étudié les moyens, nous les avons classés et nous avons fait l'histoire de chacun d'eux ; il n'en est pas de même des ressources dont jusqu'à présent nous ne nous sommes occupés qu'incidemment. Il est temps non pas d'en dresser un tableau complet et d'ensemble, car il faudrait que nous nous rendions coupable de redites inutiles, mais d'en aborder l'étude à quelques points de vue plus spéciaux, que nous avons à peine fait entrevoir, et à leur propos de discuter certaines interrogations dont la solution antérieure est indispensable, d'après nous, à la compréhension et surtout à la critique de la loi française de 1894.

Nous avons vu ce que les patrons, agissant soit isolément, soit par associations sous la forme de sociétés anonymes ou en nom collectif, ont déjà fait pour l'amélioration du logement ouvrier et ce, aussi bien dans le but élevé et charitable de porter assistance à des vies malheureuses et dignes de toute sollicitude, que dans leur propre intérêt bien compris qui exige le rapprochement des classes, l'apaisement des haines, en un mot, la paix des cœurs qu'irritent les malentendus et les méfiances réciproques. On est en droit d'espérer beaucoup de cette force sociale ; les classes aisées qu'on est convenu — leur donnant là un titre qui oblige — d'appeler dirigeantes, chaque jour mieux éclairées, pénétrées davantage de leurs devoirs et de leurs responsabilités, en même temps que plus convaincues qu'il importe à leur sécurité d'activer par une solidarité plus étroite de tous ses membres la marche de l'humanité vers le progrès et le mieux être général, auront l'honneur et le bénéfice d'initiatives de plus en plus nombreuses et de plus en plus efficaces.

Par des expériences que de hardis pionniers ont eu le courageux mérite de faire, elles ont la preuve pour ainsi dire vivante, aussi démonstrative que facilement contrôlable, que ce ne sont pas des impossibilités qu'on leur demande de réaliser, mais bien au contraire des œuvres pratiques, bonnes dans leur résultat, pour la complète réussite desquelles de la prévoyance, quelques connaissances techniques, de sages calculs basés sur l'observation terre à terre des choses sont seuls nécesaires. Les créations de M. J. Dollfus à Mulhouse, de MM. Mangini frères et Aynard à Lyon, sont des exemples dont on ne saurait trop proposer l'étude et l'imitation ; elles doivent victorieusement répondre à toutes les critiques, à toutes les objections, à tous les préjugés. Chacune différente, répondant à des besoins différents, elles sont des témoins irrécusables qui affirment et qui prouvent expérimentalement qu'il est possible de construire des habitations ouvrières suffisamment saines et confortables, soit dans la périphérie des villes sous forme de maisons individuelles, soit dans le centre même sous forme de maisons collectives à étages, sans qu'il en coûte, grâce à des études préalables et patientes, aucun sacrifice pécuniaire. De ce côté c'est donc un large champ dont l'exploitation s'offre à l'activité humaine. Les capitaux sont en quête d'emploi ; du jour où ils seront assurés de recevoir une rétribution normale, il est probable qu'ils s'engageront de plus en plus dans ces sortes de constructions. Certes des tentatives ont été faites dont le succès a été moindre : Soit dispositions mal prises, calculs erronés ou dépenses exagérées, peu importe, les résultats en ont paru peu encourageants ; mais n'était-ce pas là quelque chose de nécessaire, de fatal, et partout, toujours, n'a-t-on pas vu de pareils tâtonnements, de pareilles erreurs, de pareils échecs partiels au début de tout progrès et de toute innovation industrielle ou commerciale? Si du premier coup on n'atteint pas la perfection, il ne faut pas perdre tout courage et, comme on dit, jeter le manche après la cognée ; On en est quitte pour se remettre à l'œuvre, rechercher des données plus exactes, et puiser dans les tentatives passées une expérience qui faisait défaut. C'est seulement au prix de semblables efforts que les découvertes de la science ont été faites et que la marche en avant de l'humanité est possible.....

§ 2. — Inertie et indifférence des directement intéressés eux-mêmes. — Leurs causes.

Mais pourquoi dans cette question de l'amélioration du logement à bon marché, les directement intéressés eux-mêmes ne tenteraient-ils aucun effort sérieux ? Il est honorable et même juste que les classes aisées, celles à qui les conditions mêmes de leur vie laissent des loisirs suffisants, se préoccupent du sort des moins heureux et cherchent à l'adoucir ; elles doivent aussi et dans le même but les renseigner et les éclairer avec une paternelle sollicitude ; mais ceux-ci ne doivent-ils pas à leur tour s'efforcer de mettre en pratique, les conseils désintéressés et sincères de leurs véritables amis et travailler eux-mêmes de tout leur pouvoir à leur relèvement matériel et moral ? Malheureusement, nous ne croyons pas ce vœu encore près d'être exaucé, car nous reconnaissons que c'est une véritable révolution que nous souhaitons qui s'opère dans des mœurs bien profondément enracinées.

L'ouvrier, l'artisan français travailleur, celui qui ne boit pas, qui ignore les réunions publiques — et fort heureusement son espèce ne tend pas à disparaître, — peinera, économisera avec autant de courage que de patience, mais il sera encore longtemps sans se laisser convaincre par les exemples, pourtant si frappants et si instructifs tirés de l'étranger, qu'on essayera de lui faire comprendre. Il sait l'utilité de l'épargne, il en a le goût ; il est capable sou à sou d'amasser une petite somme d'argent et de se transformer en fourmi laborieuse et tenace ; mais où il ne saisira plus, c'est lorsqu'on voudra l'instruire des meilleurs emplois de cette épargne, de la façon de s'y prendre pour la faire fructifier et la rendre plus utile encore. La sagesse, la prévoyance la plus éclairée, c'est pour lui de verser à la caisse d'épargne chaque semaine ou chaque mois, le montant de ce qu'il n'a pas dépensé sur son salaire ; il sait qu'il pourra reprendre cet argent le jour qu'il voudra ; il se contente des intérêts, mêmes modiques qu'il lui rapporte, mais il se préoccupe fort peu de ce qu'il devient. La Caisse d'Epargne, c'est pour lui l'Etat ; il a confiance en l'Etat et lui remet son avoir. Qu'il en fasse ce qu'il voudra, à la double condition de pouvoir toujours le rembourser à vue et de lui servir régulièrement les arrérages. Ces idées se sont à tel point transformées en habitudes, que dans son esprit ce n'est même plus un service que l'Etat lui rend avec bienveillance, c'est un droit véritable qu'il peut exiger et pour l'Etat une obligation de se charger de son pécule à laquelle il ne saurait se soustraire.

Puisque la Caisse d'Épargne (nous employons ce terme dans son sens générique) opère chez nous le drainage constant de toutes les économies populaires ; puisque grâce à nos coutumes invétérées il n'est pas possible d'ici longtemps d'espérer acclimater dans notre pays ces institutions qui ont produit tant et d'aussi excellents résultats au milieu de populations habituées au maniement de leurs affaires, sachant bien que l'Épargne constitue seulement le seuil de la Prévoyance et ne comptant que sur elles-mêmes pour en trouver l'emploi le plus sûr et le plus avantageux, ne peut-on pas songer à tourner la difficulté en employant, en l'état de cette abstention directe de l'ouvrier, la caisse d'épargne elle-même à la réalisation d'une œuvre qui intéresse si vivement sa clientèle? Elle pourrait peut-être en effet rendre à la circulation une partie tout au moins des puissantes ressources qu'elle accapare et immobilise, et en alimenter des créations de haute prévoyance, telles que celles dont nous nous occupons dont seraient seuls à bénéficier ceux qui contribuent à grossir son encaisse. En attendant l'éclosion spontanée de Sociétés coopératives de constructions, retardée d'ailleurs par sa puissante organisation et le prestige dont elle jouit, on pourrait ainsi accélérer un mouvement fécond par une initiative nouvelle, puissante et éducatrice....

§ 3. — Organisation de nos Caisses d'Epargne. Leur fonctionnement.

Avant d'aborder l'étude de cette grave question, d'en faire l'histoire et de rechercher comment elle a été résolue, il est indispensable d'ouvrir une parenthèse et aussi sommairement que possible, puisqu'elles sont ainsi directement mises en cause, de faire connaître l'organisation de nos Caisses d'Épargne.

Il n'y a pas chez nous en effet une Caisse d'Épargne comme il y a une Banque de France, comme il y a en Belgique une Caisse générale d'Épargne et de retraite ; les organismes sont divers par lesquels les petits capitaux sont réunis pour venir affluer depuis la loi du 31 mars 1837 à la Caisse des Dépôts et Consignations ; et par suite de ce fonctionnement à deux degrés, Caisses d'Épargne d'abord, Caisse des Dépôts et Consignations ensuite, on se trouve en présence de rouages un peu compliqués dont il importe de définir le mécanisme.

Et d'abord que sont et comment fonctionnent les caisses d'épargne ? Nous distinguerons tout de suite les Caisses d'Epargne ordinaires et la Caisse nationale d'Epargne, et bien que cette dernière soit de création plus récente, c'est par elle que nous commencerons :

La Caisse d'Epargne postale dite Caisse nationale d'épargne est un « établissement public » créé par la loi, doué d'une vie propre, mais étroitement rattaché à l'organisation administrative de l'Etat. Les art. 15 et 26 de la loi organique du 9 avril 1881 et la loi du 30 décembre 1883 établissent nettement ce caractère. Les agents qui régissent cette Caisse sont des fonctionnaires publics qui engagent par leurs actes la responsabilité de l'Etat. Son budget est un budget annexe qui devra en cas d'excédent de dépenses être soldé à l'aide d'un crédit spécial. Instituée directement sous la garantie de l'Etat, elle a son siège à Paris au ministère du Commerce et de l'Industrie, direction générale des Postes et Télégraphes.

Les Caisses d'épargne ordinaires sont, au contraire, nées de l'initiative privée ; elles sont des établissements « d'utilité publique ». Elles ne voient pas en principe l'autorité gouvernementale ou administrative intervenir directement dans leur gestion ; elles opèrent et s'administrent elles-mêmes en se conformant aux lois et règlements généraux qui les régissent chacune d'après ses statuts particuliers ; elles ont la nomination et la disposition de leur personnel. Au point de vue de leur constitution elles peuvent, à leur tour, être divisées en trois groupes principaux : Celles qui sont placées sous le patronage des Conseils Municipaux, celles qui sont complètement en dehors de ce patronage et enfin les Caisses qui participent à la fois de ces deux systèmes.

Dans les premiers, c'est le Conseil municipal qui vote les statuts dans lesquels il contracte l'engagement de couvrir en cas d'insuffisance des recettes l'excédent des dépenses de l'établissement et de lui fournir un local ; il nomme le Conseil des directeurs dont la présidence est de droit attribuée au Maire ; de plus le Conseil municipal est appelé à adopter les modifications statutaires votées par le Conseil des directeurs. Les Caisses d'épargne de ce type sont de beaucoup les plus nombreuses ; en 1894, il y en avait 459 sur 543.

Les caisses d'épargne autonomes, constituées en dehors du patronage des Conseils municipaux, sont uniquement des créations dues à l'initiative privée. Le caractère essentiel qui les distingue, c'est qu'au moment de leur fondation un fonds de dotation leur a été constitué par leurs fondateurs eux-mêmes, qui ont été investis par les statuts du droit de se réunir pour diriger l'établissement et de se renouveler par cooptation. Elles sont au nombre de 57 ; deux, celles d'Avignon et de Nancy sont annexées à des monts-de-piété.

Enfin les caisses d'épargne mixtes sont au nombre de 28 ; elles sont le plus sonvent dirigées par un Conseil dont les membres sont en partie nommés par le Conseil municipal, et les autres élus par une Assemblée de souscripteurs. La plupart de toutes ces caisses d'épargne d'ailleurs, autonomes ou municipales, ont des succursales qui dépendent de la caisse principale, laquelle centralise toutes les écritures et tous les mouvements de fonds.

Au 31 novembre 1894, il existait dans les caisses privées ou postales 8.608.275 livrets représentant exactement 3.918.813.012 francs.

Nous ne pouvons ici, sous peine de trop nous écarter des limites de notre programme, nous livrer à une étude historique des diverses lois et réglements qui ont successivement régi les caisses d'épargne. Une loi récente, celle du 20 juillet 1895, a pour ainsi dire codifié des dispositions jusque là éparses, les corrigeant, transformant en règles obligatoires des usages qui s'étaient généralisés, s'efforçant de mettre de l'ordre et de l'harmonie dans une organisation multiple, issue de décrets nombreux et jusque là spéciaux. Avant d'aborder toute discussion ou toute critique, indiquons que toutes les caisses d'épargne, sans exception, sont dorénavant tenues de verser à la caisse des dépôts et consignations toutes les sommes qu'elles reçoivent à titre de dépôts, ces sommes devant être employées par cette caisse, sous la réserve des fonds jugés nécessaires pour assurer le service des remboursements, en placements énumérés limitativement par l'article 1, de la loi sus-mentionnée. Un double jeu devra alors se produire : la caisse des dépôts et consignations ne servira pas aux caisses d'épargne tout l'intérêt que ses placements produiront ; elle devra garder la différence qui constituera une réserve générale ; les caisses d'épargne à leur tour ne serviront pas aux déposants la totalité de l'intérêt que leur payera la caisse des dépôts ; elles opèreront un prélèvement destiné à couvrir leurs frais généraux, et à constituer au profit de chacune d'elles une fortune personnelle, qui, pour les caisses autonomes, viendra grossir le fonds de dotation. La réserve générale ne pourra être entamée qu'au cas de pertes constatées dans la gestion d'une caisse d'épargne et au cas d'insuffisance de la fortune personnelle de celle-ci, qui sera la première appelée à combler le déficit. — C'est là dans ses grandes lignes l'économie de l'organisation que la loi de 1895 à unifiée.

§ 4. — La question des modes d'emploi de leurs fonds.

Quels sont et quels auraient dû être les modes d'emploi autorisés pour les dépôts, pour la réserve générale, pour les fortunes personnelles ? — Nous arrivons ici au cœur même de notre sujet.

A) *Congrès international de 1889. Sa résolution.*

Frappé par les considérations que nous avons fait valoir, par la constatation de l'attrait puissant que les guichets des Caisses d'épargne exercent sur la population économe et laborieuse et de l'obstacle qui en résulte en France à l'acclimatation des Sociétés populaires de constructions, le Congrès international de 1889 déclara que l'intervention des Caisses d'épargne dans la question de l'habitation à bon marché était légitime et utile ; légitime, parce qu'elle s'adaptait exactement aux principes qui sont la raison d'être de semblables institutions, lesquelles se proposent non la réalisation de bénéfices, mais l'amélioration du sort de leur clientèle; utile à l'œuvre, par le puissant élan qu'elles pourraient lui donner, utile à elles-mêmes aussi et à leur fonctionnement, car elles devaient pouvoir y trouver des placements suffisamment garantis et rémunérateurs. Résumant les idées émises, une résolution ainsi conçue fut proposée par M. Eugène Rostand et votée : « L'intervention des Caisses d'épargne dans le développement des habitations à bon marché est légitime et utile, à condition de demeurer circonspecte. Cette intervention peut se réaliser sous des formes variées. Le législateur peut et doit favoriser cette intervention, soit en reconnaissant une liberté partielle d'emploi des dépôts et des patrimoines, soit en réduisant les charges fiscales. »

B) *Projet de la loi du 30 novembre 1894. — Son article 7.*

S'inspirant de cette théorie, la Société française des Habitations à bon marché, dans son élaboration du projet de loi qui est devenu la loi du 30 novembre 1894, avait inscrit un article que la Chambre des députés avait même adopté avec de très légères modifications. C'était l'art. 7 du texte transmis au Sénat ; il était ainsi conçu :

« ART. 7. — La Caisse des dépôts et consignations, la Caisse nationale des retraites, les Caisses d'assurances en cas de décès et d'accidents, créées par la loi du 11 juillet 1868, et la Caisse nationale d'épargne sont autorisées à employer une partie de leurs fonds disponibles, jusqu'à concurrence d'un dixième, en prêts hypothécaires pour la construction de maisons à bon marché.

« Les Caisses d'épargne ordinaires sont autorisées à employer leur fortune personnelle en acquisition ou construction d'habitations à bon marché, ainsi qu'en prêts hypothécaires et obligations de Sociétés locales ayant pour objet des constructions de cette nature.

Aucun emploi des fonds de la fortune personnelle ne pourra être opéré sans l'approbation des Ministres du Commerce et des finances.

« Ces prêts pourront être consentis :

« 1° Aux Sociétés coopératives ouvrières de construction ;

« 2° Aux Sociétés de construction ou de crédit dont les statuts approuvés par le Gouvernement limiteront leurs dividendes à un chiffre maximum déterminé dans le décret d'approbation.

« Les demandes de prêts accompagnées de plans et devis des maisons à construire, devront être adressées au comité local qui transmettra le dossier avec son avis à la caisse intéressée dans le délai d'un mois, à compter de la réception de la demande. »

Au cours de la discussion cet article s'est appauvri. On a rien voulu décider au sujet des caisses d'épargne ordinaires.

La loi de 1895 était déjà en préparation ; on y a renvoyé toutes les dispositions qui les intéressaient, nous allons voir ce qu'elles sont devenues. Quant aux Caisses énumérées dans le projet elles ont successivement été éliminées ; seule la Caisse des dépôts et consignations a passé dans le texte définitif; seulement on a renoncé à l'autoriser à employer jusqu'au dixième de ses ressources disponibles en prêts hypothécaires. L'Art. 6 définitif § 2 décide simplement que la Caisse des dépôts pourra employer, jusqu'à concurrence du cinquième, la réserve provenant de l'emploi des fonds des caisses d'épargne qu'elle a constituée en "Obligations négociables" des Sociétés de construction et de crédit qui ne construisant pas elles-mêmes ont pour objet de faciliter l'achat ou la construction de ces maisons.

Mais toute réduite qu'elle est, cette disposition est encore importante ; cette réserve dont il est question est considérable ; elle atteint de nos jours 80 millions et elle est destinée à s'accroître rapidement sous l'empire de la loi de 1895 qui l'a réglementée et rendue obligatoire de facultative qu'elle était.

c). *Loi du 20 juillet 1895.* — *Articles du projet*
Article 10 définitif

Revenons aux Caisses d'Epargne ordinaires. Le projet de la loi organique, qui a été votée et promulguée, consacrait au profit de ces établissements avec un ensemble de mesures de précautions très minutieuses, le principe du libre emploi des fonds soit pour les fortunes personnelles, soit pour les fonds de dépôts. Toutes devaient avoir la possibilité de gérer librement leur fortune personnelle : mais seules, celles qui s'administraient elles-mêmes et jouissaient d'une entière autonomie, devaient avoir une liberté relative pour le placement de leurs dépôts. Nous allons du reste reproduire le texte même des articles du projet qui nous intéressent tels qu'ils étaient présentés par la Commission et son rapporteur, M. Aynard, pour faciliter leur comparaison avec la loi elle-même :

Art. 10. — Les Caisses d'épargne sont autorisées à employer leur fortune personnelle...

Elles peuvent, en outre, l'employer en valeurs locales énumérées ci-dessous, à la condition que ces valeurs émanent d'institutions existant dans le département où elles fonctionnent... actions et obligations de Sociétés de construction d'habitations à bon marché.

Elles peuvent acquérir ou construire les immeubles destinés à des habitations à bon marché.

Aucun emploi des fonds de la fortune personnelle ne pourra être opéré sans l'approbation des Ministres du Commerce et des Finances, la Commission supérieure entendue dans les conditions de l'article 19.

Art. 11. — Les Caisses d'épargne ordinaires qui, en vertu de leurs statuts, sont entièrement autonomes et s'administrent elles-mêmes, qui ne sont point fondées, contrôlées ou administrées directement ou indirectement par les communes, les départements ou établissements publics et qui possèdent une fortune personnelle, pourront, sur leur demande, être autorisées par décret à opérer elles-mêmes le placement des dépôts qu'elles auront reçus au 31 décembre de l'exercice écoulé jusqu'à concurrence d'une somme équivalente à quatre fois le montant de leur fortune personnelle, sans que cette somme puisse dépasser le quart desdits dépôts.

Les Caisses d'épargne ordinaires, ainsi autorisées, prendront la dénomination de : Caisses d'épargne libres.

Art. 12. — Le libre emploi s'opèrera dans les mêmes conditions que celles établies pour le placement de la fortune personnelle des Caisses d'épargne par les paragraphes 1 et 2 de l'article 10.

....

Art. 13. — Les Caisses d'épargne libres demeurent tenues de verser tous les fonds qu'elles reçoivent des déposants à la Caisse des dépôts et consignations ; les retraits ayant pour objet d'effectuer les placements directs seront opérés sur le vu d'une délibération du Conseil des directeurs.

Le surplus du total des dépôts, c'est-à-dire les trois-quarts, devra continuer à être employé par la Caisse des dépôts et consignations conformément à la loi.

Art. 14. — Les Caisses d'épargne libres seront tenues de porter à leur réserve tous leurs bonis et accroissements, de quelque nature qu'ils soient, tant que leur fortune personnelle ne représentera pas le huitième du total des dépôts constatés au 31 décembre de l'exercice écoulé.

Art. 15. — Les Caisses d'Epargne libres devront, au moins deux fois chaque année, faire connaître aux déposants la nature de leurs placements directs, par des moyens de publicité prescrits par un règlement d'administration publique.

Art. 16. — Les Caisses d'Epargne libres demeurent astreintes à toutes les règles édictées par la loi qui ne sont pas contraires aux prescriptions ci-dessus, et notamment au contrôle et à l'inspection de l'Etat.

Art. 17. — La Caisse des dépôts et consignations ne sera responsable des dépôts des Caisses d'Epargne libres que jusqu'à concurrence des sommes qui auront été versées par elles à la dite Caisse.

Les livrets délivrés par les Caisses d'Epargne libres feront non seulement mention très apparente de cette disposition restrictive, mais contiendront encore toutes celles qui les régissent.

M. J. Piou à la Chambre des Députés, M. Buffet au Sénat, lors de la discussion de ces articles, se constituèrent les défenseurs intransigeants et souvent éloquents des préjugés que nos habitudes avaient consacrés et finalement les partisans du libre emploi qui avaient rédigé ces dispositions, lesquelles, dans leur esprit, étaient destinées à enrayer une tendance grosse de dangers, furent battus ; à grand peine purent-ils arracher le vote de l'art. 10 définitif, ainsi conçu :

« Art. 10. — Les Caisses d'Epargne sont autorisées à employer leur fortune personnelle :

1° En valeurs de l'Etat ou jouissant d'une garantie de l'Etat ;

2° En obligations négociables et entièrement libérées des départements, des communes, des Chambres de commerce ;

3° En obligations foncières et communales du Crédit foncier ;

4° En acquisition ou construction des immeubles nécessaires à l'installation de leurs services.

Elles pourront, en outre, employer la totalité du revenu de leur fortune personnelle et le cinquième du capital de cette fortune :

En valeurs locales énumérées ci-dessous, à la condition que ces valeurs émanent d'institutions existant dans le département où les Caisses fonctionnent ; bons de Monts-de-Piété ou d'autres établissements reconnus d'utilité publique ; prêts aux Sociétés coopératives de crédit ou à la garantie d'opérations d'escompte de ces sociétés ; *acquisition ou construction d'habitations à bon marché ; prêts hypothécaires aux Sociétés de construction de ces habitations ou aux Sociétés de crédit qui, ne les construisant pas elles-mêmes, ont pour objet d'en faciliter l'achat ou la construction et en obligations de ces sociétés.*

Les Caisses d'épargne seront tenues, dans les cas prévus par le paragraphe précédent, d'adresser au ministre du Commerce, chaque année dans la première quinzaine de février, l'état des opérations de l'année précédente. Le ministre pourra toujours, sur l'avis de la Commission supérieure, suspendre l'exercice de ce mode d'emploi.

Lorsque le fonds de réserve et de garantie représentera au minumum deux pour cent (2 0/0) des dépôts, un cinquième du boni annuel pourra être employé à l'augmentation du taux d'intérêt servi aux porteurs des livrets sur lesquels le mouvement des retraits et des dépôts, y compris le solde antérieur, n'aura pas dépassé la somme de cinq cents francs, pendant le courant de l'année. »

Ce n'est donc que sur le revenu de leur fortune personnelle et le cinquième du capital qu'elle représente, que porte la liberté d'emploi dont jouiront à l'avenir les caisses ordinaires d'épargne. Il est certain que pour le plus grand nombre d'entre elles, cette disposition agrandit le pouvoir qu'elles avaient auparavant ; mais pour d'autres, jusque là tout à fait autonomes, elle est de nature, au contraire, à restreindre leur libre action, telles les Caisses d'épargne de Lyon et de Marseille qui avaient pu, sous l'empire des décrets qui les régissaient, avoir des initiatives désormais impossibles. Nous verrons en détail le rôle de la Caisse de Marseille ; mais nous nous rappelons celui de la Caisse de Lyon qui, par une souscription importante d'actions, a puissamment aidé à la création et au développement de la Société des Habitations économiques de Lyon, société aujourd'hui si prospère et qui peut à bon droit s'enorgueillir de ses bienfaits : Dans la réglementation minutieuse des modes d'intervention autorisés, la souscription d'actions est exclue pour l'avenir. Cet article 10 a en outre donné lieu à une difficulté d'interprétation. A ne considérer que les premiers mots de l'article, il semblerait que les Caisses d'épargne ne peuvent employer leurs fonds disponibles qu'en achat de valeurs locales (à la condition que... etc...), ce qui exclut toute opération directe d'acquisition ou de construction de maisons à bon marché.

M. Eugène Rostand, que cette nouvelle restriction apparente préoccupait, a le premier soulevé la question, et se reportant aux travaux préparatoires de la loi, il a clairement démontré que la pensée du législateur avait été toute différente. La première rédaction de l'art. 10 autorisait les Caisses d'épargne à employer toute leur fortune personnelle en acquisition ou construction de cette nature ; dans la deuxième rédaction, définitivement adoptée, les chambres ont voulu simplement restreindre la quotité des capitaux qu'elles pourraient employer sans modifier les modes d'emploi ; les discussions qui ont eu lieu le prouvent d'une façon incontestable. La Commission du Sénat a fait passer ce mode d'emploi « acquisition et construction » du § 1er au § 2 ; mais elle ne s'est pas aperçue qu'elle le faisait dépendre de la phrase initiale : « En valeurs locales énumérées ci-dessous... » C'est une simple inadvertance. D'autant plus que ce mode d'emploi

« acquisition et construction » spécialement visé est nécessairement un emploi d'autre sorte que les bons, prêts hypothécaires ou obligations énumérés par l'article 10, et comme d'autre part les caisses d'épargne ne peuvent posséder d'actions de sociétés, il faut évidemment, puisqu'il leur est permis d'acquérir ou de construire, que ce soit par elles-mêmes qu'elles le fassent. Sans cette interprétation, cette clause ne pourrait s'expliquer, elle perdrait toute signification. — La question peut d'ailleurs à l'heure actuelle être considérée comme résolue, l'Administration elle-même s'étant prononcée en faveur de cette interprétation.

§ 5. — Pourquoi les réformes projetées n'ont-elles pas abouti ? — Dangers de la situation actuelle

Pour quelles raisons des réformes qui a priori paraissent devoir être sages et utiles ont-elles presque complètement échoué ?

Elles sont venues se briser contre une barrière infranchissable, la Routine. Beaucoup parmi les Directeurs des caisses ordinaires, qui ont tous été appelés à donner leur avis, ont redouté les responsabilités tout au moins morales qu'elles auraient pu leur faire encourir ; le statu quo leur a paru plus simple et leur rôle, jusqu'à ce jour, plus facile et préférable. D'autre part, la prospérité grandissante des Caisses d'Épargne a été considérée comme un résultat des plus heureux que l'on devait sauvegarder à tout prix, et l'on a eu peur qu'une modification quelconque entrave un mouvement auquel la fortune du pays toute entière a paru être intéressée. Mais si les dépôts des Caisses d'Épargne ont depuis un nombre d'années relativement court quadruplé, est-ce à dire que la fortune publique ait suivi une marche ascendante aussi rapide ? Les calculs les plus consciencieux démontrent que pendant ce même laps de temps elle s'est à peine accrue de 30 ou 40 %.

Les Caisses d'Épargne croissent parce qu'elles offrent à leur clientèle d'énormes avantages. C'est ainsi notamment qu'elles servent encore aujourd'hui le 3 ou 2.75 % d'intérêt alors qu'une banque de dépôt quelconque ne donne que le 1 ou même le 1/2 %. Mais par leur organisation même n'est-il pas à craindre que les très grands services qu'elles rendent ne soient en raison directe des responsabilités qu'elles font encourir à l'Etat ? Celui-ci s'est vu, en effet, par les conséquences fatales de l'état de choses qu'il a lui-même créé, transformé en colossale banque de dépôt laquelle a bénévolement assumé deux charges inconciliables : celle de payer un intérêt et par conséquent de trouver un emploi rémunérateur des capitaux qu'on lui confie, celle de les restituer à première réquisition.

Le système employé jusqu'à présent, qu'on n'a pas voulu modifier, a-t-il au moins le mérite rare d'avoir trouvé la solution de ce problème à priori insoluble ?

Avant la loi de 1895 la Caisse des Dépôts et Consignations n'employait ses fonds qu'en achat de valeurs de l'Etat français ou garanties par lui. Peut-on soutenir que dans un moment de crise il lui eût été facile de réaliser sans perte et sur l'heure trois milliards de rentes françaises ? Le danger a été compris par ceux-là mêmes qui ont été les adversaires les plus acharnés de l'autonomie même réglementée et partielle des Caisses d'Épargne. Ils ont voté l'art. I de la loi organique qui étend dans une certaine mesure pour la Caisse des Dépôts la faculté d'emploi de ses capitaux et qui, à côté des valeurs de l'Etat ou jouissant d'une garantie de l'Etat, énumère comme placements autorisés les obligations négociables et entièrement libérées des départements, des communes, des Chambres de Commerce, les obligations foncières et communales du Crédit foncier. Ils ont voté en outre le § 2 de l'art. 3 ainsi conçu : « Toutefois, en cas de force majeure, un décret rendu sur la proposition des Ministres des Finances et du Commerce, le Conseil d'Etat entendu, peut limiter les remboursements à cinquante francs par quinzaine.... »

L'adduction forcée des dépôts dans la Caisse de l'Etat, sous forme d'achats de rentes, offre de réels inconvénients et même de graves dangers; elle peut, dans une certaine mesure, élever fictivement le cours de ces mêmes rentes par la perturbation qu'elle jette dans le jeu de l'offre et de la demande et théoriquement elle ne résoud pas la difficulté que nous avons mise en relief.

Un retrait général des dépôts n'est possible qu'en temps de crise, et à ce moment-là les valeurs en portefeuille qui représentaient jusqu'alors l'équivalent des sommes portées sur les livrets seraient nécessairement dépréciées ; ne le seraient-elles pas que leur apport brusque et en aussi grande quantité sur le marché serait suffisant pour en faire fléchir le cours. Leur réalisation occasionnerait donc fatalement des mécomptes énormes ; en l'état on n'est pas en droit de dire que des placements partiels en valeurs immobilières locales dont on sollicitait la faculté, réfléchis, contrôlés et autorisés après des enquêtes consciencieuses doivent offrir trop d'inconvénients et trop peu de sécurité. Cette question du libre emploi ne se pose pas uniquement pour l'œuvre de l'amélioration du logement à bon marché. Ses partisans eussent désiré une tentative timide, mais générale de décentralisation et l'autorisation pour les caisses d'épargne de devenir de plus en plus dans l'intérêt même du peuple qui en crée la puissance de libres et efficaces instruments de son progrès vers une condition meilleure. Avec de nombreuses et sages précautions que leurs Directeurs n'eussent sans doute pas négligées et qu'en tout cas l'autorité supérieure leur eût rappelées, elles auraient pu ainsi remplir, d'une façon plus complète, la haute mission désintéressée et bienfaisante que leurs créateurs leur avaient confiée, tout en conservant le légitime souci de l'intérêt immédiat des déposants qui exige en vue d'une sécurité aussi absolue que possible la plus vigilante prudence.

Les doctrines exposées tout dernièrement au sein du Parlement français, vaillamment défendues mais malheureusement repoussées, étaient-elles complétement nouvelles et pouvait-on craindre qu'elles entraînassent à une expérience non encore tentée et grosse de périls ?

S'il en avait été ainsi, les résistances qui se sont produites auraient pu jusqu'à un certain point être justifiées. Certes, il est noble est glorieux pour un peuple de servir de guide et d'avant-garde à l'humanité en marche vers le progrès, et de pouvoir revendiquer l'honneur des premières initiatives, réformes ou innovations, destinées à servir d'exemples ; mais il est peut-être plus avantageux et plus sûr d'avoir un rôle moins brillant et de savoir se contenter d'une imitation prudente dans laquelle on peut s'engager, fort d'observations expérimentales faites au détriment des innovateurs...

A ce point de vue même, était-ce demander à la France quelque chose de trop nouveau, de trop hardi ? Voyons les enseignements que nous fournit l'étranger.

§ 6. — L'intervention des Caisses d'épargne à l'étranger.

En Angleterre comme aux Etats-Unis, nous ne rencontrons pas d'interventions des Caisses d'épargne proprement dites ; mais nous en savons les motifs. Les *Buildings Societies* — d'après les dernières statistiques au nombre de 2.378 en Angleterre et de 5.300 aux Etats-Unis — sont de véritables Caisses d'épargne, et en l'état de leur fonctionnement les *Savings-Banks*, dont le développement et l'importance sont d'ailleurs diminués à cause de lui, n'ont pas eu à s'immiscer dans un mouvement qui n'avait pas besoin d'encouragement.

En Allemagne, on peut citer les Caisses d'épargne de Strasbourg, de Dresde et de Brême (1), qui ont engagé, la première 514.000 marcs, la deuxième 63.000 ; la troisième 95.000 en opérations diverses, constructions directes, achats de terrain, dons à titre d'encouragement, souscription d'actions, destinées toutes à l'amélioration du logement pauvre.

---

(1) Nous puisons ces renseignements dans le rapport présenté au Congrès de Bordeaux, sur la question de l'intervention des Caisses d'épargne, par M. Eugène Rostand.
Bulletin de la Société française des habitations à bon marché. Année 1895, p. 541.

En Autriche, la Caisse d'Epargne de Linz par délibération, sanctionnée par le gouvernement, a employé 150.000 florins, pris sur sa réserve, en constructions directes.

En Italie, la Caisse d'Epargne de Milan participa pour 80.000 l. en parts de 50 l. à la *Societa edificatrice di abitazioni operaie*; elle a fait depuis lors don de ses actions à la Société sous condition que les dividendes en seraient affectés à secourir les locataires gênés ou à primer les plus laborieux et les plus ponctuels. Les Caisses d'Epargne de Turin et d'Imola consentent des prêts à un taux de faveur pour la construction d'habitations ouvrières. Celle de Bologne participa une première fois à une société de construction pour 150.000 l.; cette société ne fit pas de bonnes affaires, il fallut liquider; mais cet échec ne la découragea pas; c'était dans la pensée de ses directeurs « un argent glorieusement perdu », il ne fallait pas en ressentir du découragement; en 1884 elle participa pour 50.000 l. à la *Societa cooperativa per la costruzione ed il risanamento di case per gli operaie*, et en 1887, pour fêter son cinquantenaire, elle a conclu avec la ville de Bologne une convention dans laquelle elle s'engageait à lui ouvrir un compte courant, pour huit ans, de 1.400.000 l. à 2 0/0 d'intérêt à la condition pour la ville d'édifier un quartier nouveau où le quart de la surface soit 15.000 m. c. seraient abandonnés gratuitement aux constructeurs de maisons ouvrières; elle affectait, en outre, 250.000 l. à des prêts hypothécaires amortissables en 10 ans, sans intérêt pour la première année et à 2 1/2 0/0 pour les neuf suivantes, en faveur des propriétaires de maisons déclarées insalubres qui effectueraient des travaux d'assainissement.

En Suisse, la Caisse d'Epargne de Genève dès 1869 avait aidé « l'Association coopérative immobilière » par un prêt de 26.000 fr. à 1/2 0/0 de moins que le taux courant; en 1874, elle lui consentit un second prêt de 70.000 fr., en 1894, un troisième de 50.000. En 1893, après la conclusion de conventions passées avec le Conseil d'Etat et le Conseil administratif de la Ville, lui accordant à titre de privilège quelques exemptions fiscales et lui assurant certaines subventions les unes à titre

— 167 —

définitif, les autres annuelles et temporaires, elle a décidé de consacrer près de deux millions de sa réserve à l'assainissement d'un quartier ouvrier par démolition et reconstruction.

§ 7. — La Caisse générale d'épargne belge.
Loi du 9 Août 1889. — Arrêté du 25 Mars 1891.

C'est en Belgique que nous allons trouver encore l'initiative la plus intéressante. Ce pays possède en vertu d'une loi qui a reçu la sanction royale le 16 Mars 1865 une Caisse générale d'épargne, jouissant de la garantie de l'Etat et rattachée à la Caisse de retraite. Depuis sa création, cette Caisse a vu ses opérations augmenter dans des proportions qui rappellent ce que nous avons constaté en France. Le total des livrets délivrés par elle qui était de 803 au 31 Décembre 1865 était monté au 31 Décembre 1875 à 106.312 et à 598.675 au 31 Décembre 1888. Le total des versements qui était de 598.388 fr. au 31 Décembre 1865 s'élevait à 32.134.887 fr. au 31 Décembre 1875 et atteignait le 31 Décembre 1888 366.394.366 fr. (1).

En l'état du puissant et rapide développement de cette Caisse, le législateur belge est intervenu et a réclamé son concours pour l'œuvre de l'amélioration du logement à bon marché. L'art. 5 de la loi du 9 août 1889 sur laquelle nous aurons à revenir est ainsi conçue :

« Art. 5. La Caisse générale d'épargne et de retraite est autorisée à employer une partie de ses fonds disponibles en prêts faits en faveur de la construction ou de l'achat de maisons ouvrières après avoir au préalable demandé l'avis du comité de patronage. »

« Art. 6. Le Conseil général de la Caisse d'épargne déterminera le taux et les conditions des dits prêts, sauf approbation du Ministre des Finances. »

Le Conseil général se mit à l'œuvre sur le champ et le 25 mars 1891 il rendit son arrêté dûment approuvé destiné à

(1) Annuaire statistique de la Belgique 1888, p. 154

assurer la mise à exécution des articles précités. Bien à regret nous ne le ferons pas connaître dans ses détails, car il constitue un monument législatif du plus haut intérêt ; disons seulement que ses auteurs ont jugé nécessaire d'interposer entre la Caisse d'épargne et les emprunteurs ouvriers un intermédiaire, Société de construction ou Société de crédit constituée d'après la conception anglaise des *Buildings Societies*. Cette dernière forme dans laquelle la Société locale est destinée à recueillir sur place l'épargne ouvrière et à l'employer en prêts aux ouvriers pour la construction ou l'achat de maisons a eu leur préférence et ils ont décidé de faire deux faveurs à celles qui, parmi elles, limiteraient statutairement le dividende à distribuer à leurs actionnaires au 3 0/0 du capital versé ; elles portent sur le taux des avances et sur leur quotité. Aux sociétés de construction qui se proposent la vente ou la location de leurs immeubles, les prêts devront être consentis au 3 0/0 : ils le seront au 2 1/2 pour les Sociétés de crédit ; aux Sociétés de construction la Caisse avancera la moitié de la valeur des immeubles ; aux Sociétés de crédit les trois cinquièmes.

A) *Mécanisme de l'intervention de la Caisse d'épargne belge.*

En Belgique, il n'est pas nécessaire, pour qu'une Société par actions soit régulièrement constituée, que le capital souscrit soit versé jusqu'à concurrence du quart, un dixième suffit. En l'état, voici le fonctionnement prévu par l'arrêté de 1891 :

S'agit-il d'une Société de construction ? La Caisse est admise à lui avancer : 1° la moitié du capital souscrit et non versé ; 2° la moitié de la valeur des immeubles. Si elle est constituée au capital de 100.000 francs, la Société aura dès le début à sa disposition, comme première ressource, les 10.000 francs obligatoirement versés par les actionnaires ; la Caisse prêtera sur les 90.000 francs non appelés, 45.000 francs, deuxième ressource ; elle aura donc 55.000 francs pour se mettre à l'œuvre et construire, et, cette somme une fois convertie en immeubles, la Caisse lui prêtera encore 27.500 francs, troisième ressource, et ainsi de suite.

S'agit-il d'une Société de crédit ? Elle disposera des deux premières ressources, la troisième sera pour elle augmentée puisque la Caisse lui avancera les trois cinquièmes de la valeur des immeubles construits au lieu de la moitié ; elle disposera en outre d'une quatrième ressource : en effet, l'art. 5 du règlement exige que la valeur des immeubles donnés en garantie, dans le cas d'une Société de crédit, excède d'un neuvième au moins la valeur du prêt hypothécaire fait à l'ouvrier ; il en résulte que ce dernier, pour pouvoir emprunter le solde, doit avancer au moins le dixième du montant de sa maisonnette ; c'est une garantie financière et une excellente garantie morale, car l'ouvrier acquéreur aura ainsi fait preuve de l'esprit d'épargne et de sa volonté bien arrêtée de devenir propriétaire. Avec ce système, une Société constituée au capital de 100.000 francs, avec un simple déboursé initial de 10.000 francs, pourra procurer une maison de 3.000 francs à 61 ouvriers, soit un déboursé de 183.000 francs, sous la condition que chacun de ces derniers dispose d'une épargne de 300 francs pour cette acquisition. Le calcul est simple, nous l'empruntons à M. Siegfried qui, dans l'exposé des motifs de la loi française, a voulu faire connaître les dispositions de la loi belge :

1º Versement des actionnaires, soit un dixième de 100.000 francs 10.000

2º Epargne des ouvriers acquéreurs, soit un dixième de 183.000 francs, c'est-à-dire 61 fois 300 fr. 18.000

3º Prêts de la Caisse d'épargne :

   a) Un demi de 90.000 francs..................... 45.000
   b) Trois cinquième de 183.000 francs............ 110.000

         Total................................... 183.300

Malgré la proportion de ces avances, les auteurs du règlement belge ont pensé, et les événements leur ont donné raison, que la Caisse d'épargne n'engagerait pas témérairement ses fonds. Les actions de la Société débitrice sont nominatives, en fait souscrites par l'élite de la Société belge, et elles constituent un gage solide ainsi que les maisons hypothéquées au profit direct et exclusif de la Caisse, construites avec de l'argent à très bas prix dans des quartiers ouvriers choisis judicieusement, où elles seront toujours d'un placement facile. Les actionnaires eux-mêmes ont en outre les garanties qu'offre l'ouvrier emprunteur dont la moralité a été au préalable reconnue, qui a prouvé sa faculté d'épargne en réunissant le premier petit capital qui lui a été nécessaire, et d'ailleurs leur responsabilité décroit de jour en jour par le jeu normal de l'amortissement.

Avant de citer quelques chiffres destinés à faire connaître les résultats pratiques de la loi belge, le rôle effectif de la Caisse d'épargne, il est utile de connaître les raisons qui ont déterminé le législateur dont l'œuvre a été si heureusement consacrée et complétée par l'arrêté du Conseil général de la Caisse d'épargne.

B) *Motifs légitimes de cette intervention.*

Ecoutons M. Beernaert, président du Conseil des ministres, dans les explications qu'il fournit à la Chambre des représentants le 4 décembre 1891, de son approbation de l'arrêté du 25 mars. Il en analyse les dispositions et après avoir constaté l'accroissement énorme de la Caisse d'épargne, il s'exprime ainsi :

« Qu'on ne se méprenne pas sur ma pensée : il est évident que c'est une chose bonne en elle-même que l'épargne ; il n'y en a pas de meilleure ! Et il est non moins évident que les chiffres que je viens d'indiquer jettent un jour favorable sur la situation de ce pays. Une nation qui a pu augmenter de 200 millions, en dix ans, le montant des sommes déposées à la Caisse d'épargne n'est pas un pays qui s'appauvrit au moins aux degrés inférieurs de l'échelle sociale.

« Mais il faut prendre garde à deux choses : d'une part, le danger, pour l'Etat, d'une dette toujours grossissante, garantie par lui et qui, par sa nature, est nécessairement remboursable à courte échéance. Sans doute, cette dette est représentée, en Belgique, par un capital au moins équivalent. Mais il est telles circonstances ou des demandes de remboursement nombreuses pourraient occasionner une gêne considérable ; d'autre part, et ce n'est pas le côté de la question auquel j'attache le moins d'importance, il ne faut pas que le placement à la Caisse d'épargne déshabitue de la recherche personnelle d'un emploi du capital. Dans un pays industriel et commerçant comme le nôtre, et qui, sous peine de mort, doit demeurer industriel et commerçant, il est de grande importance que le travail trouve aisément le capital dont le concours lui est nécessaire.

« La Caisse d'épargne ne doit avoir d'autre but que d'encourager l'épargne et de la former, en capitalisant de petites sommes qui, par elles-mêmes, seraient improductives ; on sait quelle reçoit de nombreux dépôts d'un franc et que c'est de ces infiniments petits que procèdent les énormes totaux que j'indiquais tout à l'heure. Mais, dès qu'un capital est formé, il est désirable qu'il s'individualise et recherche lui-même son emploi.

« Il n'est donc pas désirable que l'on s'habitue à voir dans la Caisse une banque de placements, et cela est à redouter lorsqu'on y trouve avec des sécurités plus grandes, un intérêt équivalent à celui que l'on peut se procurer ailleurs..... »

M. Mahillon, mort tout dernièrement à la fleur de l'âge, victime du surmenage intellectuel auquel, dans sa passion du travail, il s'était volontairement soumis, a été l'auteur principal de la rédaction du règlement arrêté par le Conseil général de la Caisse d'Epargne dont il était l'éminent directeur ; il a expliqué, lui aussi, dans un langage aussi lumineux qu'élevé, les motifs du rôle qu'il désirait voir jouer à l'établissement qu'il dirigeait et dont la grande prospérité l'effrayait plus qu'elle ne le satisfaisait.

« Sans doute, a-t-il écrit (1), en se plaçant sur le terrain des principes purs, on peut prétendre avec raison qu'une Caisse d'épargne d'Etat n'a pas d'autre fonction que de recueillir et de gérer l'épargne nationale, et que, par conséquent, elle ne doit pas se préoccuper d'accroître le nombre des habitations à bon marché et des ouvriers propriétaires du foyer familial. Mais, lorsque l'on voit cette institution, par la sécurité qu'elle offre aux dépôts et par la simplicité de son mécanisme, attirer de tous les points du pays les petites épargnes qui, sans elle, alimenteraient le plus souvent le crédit mutuel dans les régions où elles se sont formées, n'est-on pas naturellement amené à se demander si les avantages qu'elle accorde aux déposants ne sont pas de nature à détourner le public des placements qui s'inspirent de l'initiative personnelle ou collective, ou d'un esprit de prévoyance plus perfectionné que l'épargne simple ? N'est-il pas évident qu'il faut opposer à cette force d'appel des capitaux une résistance qui augmente en même temps que cette force elle-même, si l'on ne veut détruire les initiatives individuelles ? Si l'on veut qu'une caisse centrale d'épargne, couverte du prestige que lui vaut la garantie de l'Etat, produise les effets bienfaisants et utiles qu'on est en droit d'exiger d'elle, n'est-il pas indispensable qu'elle soit complétée par des organismes distincts qui régularisent son fonctionnement ?..... »

Et plus loin :

« Tout en reconnaissant qu'il eût été désirable que l'initiative privée se fut chargée de résoudre l'important et difficile problème des habitations ouvrières, et préférable de voir les capitaux s'engager directement dans cette voie, sans passer par le canal de la Caisse d'épargne, le Conseil général de la Caisse a pensé qu'entre cette méthode extrême et celle qui consiste à demander la solution au socialisme d'Etat, il y avait place pour un système intermédiaire, basé sur le principe suivant : faire naître et développer l'initiative privée en

---

(1) Communication faite à la séance du 7 mai 1893 du IV⁰ Congrès des Sociétés françaises de crédit populaire.

vue de l'initiative collective et provoquer la création d'institutions régionales, fonctionnant d'abord avec l'aide et sous la tutelle de la Caisse. Mais, en réglant l'intervention de cette dernière au profit de l'œuvre des habitations ouvrières, le Conseil a obéi à cette pensée dominante qu'il fallait préparer, dès l'origine, l'émancipation complète des sociétés, de telle façon qu'un jour, devenues indépendantes de l'organisme qui les avait enfantées, elles pussent, concurremment avec lui, faire appel aux épargnes et les faire fructifier, précisément aux endroits mêmes où elles s'étaient formées et où elles pouvaient être utiles.....»

c) *Dans quelles mesures cette intervention s'est manifestée jusqu'à ce jour.*

Ce magistral exposé de doctrine se passe de commentaires. Depuis cette époque, malgré le décès de M. Mahillon, la Caisse générale d'épargne n'a cessé, sans périls pour elle-même, de progresser dans une voie qui lui avait été si largement tracée.

Au 31 décembre 1894, 77 sociétés d'habitations ouvrières étaient agréées par la Caisse générale : 68 constituées sous la forme anonyme (capital social total 6.227.400) et 9 sous la forme coopérative (1).

Au 31 décembre 1895, le nombre total des sociétés agréées s'élevait à 88 : 79 constituées sous la forme anonyme (capital social total 8.805.950) et 9 sous la forme coopérative.

Au 31 décembre 1894, 50 sociétés de crédit avaient obtenu des avances pour la somme totale de 7.147.654 fr. et 17 sociétés immobilières pour 930.450 fr.

Au 31 décembre 1895, la Caisse d'épargne avait avancé 10.302.243 fr. à 62 sociétés de crédit et 1.206.650 fr. à 19 sociétés immobilières.

Au 31 décembre 1896, le nombre de sociétés agréées s'est

---

(1) Ces chiffres sont extraits du compte-rendu annuel des opérations de la Caisse générale d'épargne et de retraite belge.

élevé à 91 : 82 constituées sous la forme anonyme (capital social total 9 005.950 fr.) et 9 sous la forme coopérative ; la Caisse d'épargne avait avancé 13.833.269 fr. à 70 sociétés de crédit et 1.368.824 fr. à 19 sociétés immobilières.

Au 31 décembre 1897, le nombre des sociétés agréées s'est élevé à 113 ; 104 constituées sous la forme anonyme (capital social total 11.148.450 francs) et 9 sous la forme coopérative. La Caisse avait, à cette date, avancé 18.196.081 francs à 84 sociétés de crédit et 1.500.977 francs à 20 sociétés immobilières.

Ces résultats démontrent que la faveur qui s'était, dès le début, attachée à la forme des sociétés de crédit a continué à se manifester au cours de tous les exercices.

§ 8. — La résolution du Congrès de Bordeaux (1895).
Conclusion.

Voici donc l'exemple offert à notre méditation par la Belgique, ce pays qui est non seulement notre voisin, géographiquement parlant, mais dont les institutions, au point de vue social et juridique, se rapprochent essentiellement des nôtres. Aussi en l'état de ces renseignements, qui sont de véritables enseignements, ne peut-on que pleinement approuver la résolution que M. Eug. Rostand a proposée à l'adoption du Congrès de Bordeaux de 1895 et désirer ardemment qu'elle soit le point de départ nouveau de réalisations urgentes. Résumant son rapport, il s'est exprimé ainsi :

« Le Congrès :

« Confirme et renouvelle, comme justifiés depuis lors par les faits, les avis et les vœux adoptés le 26 juin 1889 par le Congrès international des Habitations à bon marché, à Paris, sur l'intervention des Caisses d'épargne dans le mouvement d'amélioration des logements populaires ;

« Estime que cette intervention, légitime et utile à condition de demeurer circonspecte, peut se réaliser suivant des modes divers, mais doit tendre surtout à promouvoir les efforts de l'initiative privée et, dans ce but, a intérêt à prendre des formes variées ;

« Emet le vœu que le législateur, qui a pour devoir de la favoriser, complète les lois des 30 novembre 1894 et 20 juillet 1895 :

« 1º En organisant, pour les Caisses d'épargne, un régime de libre emploi décentralisé, au moins facultatif et partiel, réglementé par la loi ;

« 2º Subsidiairement, en ajoutant aux emplois nouveaux que l'art. 1er de la loi du 20 juillet 1895 ouvre à la Caisse des Dépôts et Consignations ceux que la loi belge du 9 août 1889 a permis à la Caisse Générale d'Epargne de Belgique, en faveur de l'amélioration des habitations ouvrières ;

« 3º En inscrivant au nombre des placements autorisés pour les réserves locales par l'art. 10 de la loi du 20 juillet 1895, les actions des Sociétés d'habitations à bon marché et les prêts hypothécaires individuels amortissables aux ouvriers ou employés désireux de construire eux-mêmes leur foyer ;

« 4º En rétablissant à l'art. 10 de la loi du 20 juillet 1895, dans la clause qui concerne la disponibilité du cinquième des bonis actuels, le libre emploi en œuvres de prévoyance et de bienfaisance ;

5º En réduisant les charges fiscales qui entravent, quant à la construction ou acquisition directe, aux actions et obligations de sociétés, aux prêts à des Sociétés ou à des particuliers, la participation des Caisses d'épargne au mouvement d'amélioration des habitations à bon marché. »

Dans l'attente de ces nouvelles réformes, sachons du moins profiter de celles qui ont déjà été à grand'peine obtenues.

Le capital de la fortune personnelle de nos Caisses d'épargne ordinaires, qui croît chaque année, s'élevait au 31 décembre 1896, dépenses d'administration déduites, à 112.194.172 fr., et dans le rapport adressé annuellement au Président de la République, nous lisons qu'à la même époque les habitations à bon marché construites directement par les Caisses figurent seulement pour la somme de 459.756 fr. et les prêts hypothécaires pour la construction de ces mêmes habitations à 198.319 fr., soit au total le 0,59 0/0 du capital de la réserve. Il est vrai que sous la rubrique : « autres valeurs locales » est portée la somme de 1.955.384 fr. dans laquelle sont comprises les actions des Sociétés de construction souscrites avant la loi de 1895 par les Caisses d'épargne de Lyon et de Marseille. Les habitations à bon marché construites par elles avaient rapporté aux Caisses, à cette époque, durant l'exercice écoulé, 10.760 fr., soit un revenu de 2,34 0/0, et les prêts hypothécaires 13.390 fr., soit le 6,75 0/0.

Il faut que les Caisses sortent de plus en plus et résolument de leur routine pour s'appliquer à des innovations qui paraissent les effrayer ; c'est seulement quand elles auront heureusement et utilement atteint les limites que le législateur de 1895 leur a parcimonieusement prescrites qu'on pourra lui demander de les élargir. Aussi, ne pouvons-nous qu'applaudir à la circulaire que nous reproduisons ci-dessous, *in-extenso*, de M. H. Boucher, lors ministre du Commerce, aux Directeurs des Caisses d'épargne, dans le but d'éveiller leur attention et de stimuler leur zèle.

Circulaire adressée par le Ministre du Commerce aux directeurs des Caisses d'épargne ordinaires.

Paris, le 10 mars, 1897.

« Messieurs, aux termes de l'article 6 de la loi du 30 novembre 1894, relative aux habitations à bon marché, « la Caisse des dépôts et consignations, est autorisée à employer jusqu'à concurrence du cinquième, la réserve provenant de l'emploi des fonds des Caisses d'épargne qu'elle a constituée en obligations négociables » des « Sociétés de construction de maisons à bon marché » et des « Sociétés de crédit qui, ne construisant pas elles-mêmes, ont pour objet de faciliter l'achat ou la construction de ces maisons. »

« D'autre part, l'article 10 de la loi du 20 juillet 1895, sur les Caisses d'épargne, autorise ces Caisses, en principe, et sous réserve des modifications statutaires qui pourraient être au préalable nécessaires à « employer la totalité du revenu de leur fortune personnelle, et le cinquième du capital de cette fortune, en acquisition ou construction d'habitations à bon marché » en « prêts hypothécaires aux Sociétés de construction de ces habitations » existant dans le département, ou aux « Sociétés de crédit qui, ne les construisant pas elles-mêmes, ont pour objet d'en faciliter l'achat ou la construction » et enfin « en obligations de ces Sociétés. »

« Ces deux dispositions successives disent assez et l'intérêt que le législateur porte au développement des Sociétés de construction d'habitations à bon marché, et le concours qu'il attend des réserves de l'épargne en faveur de ce développement.

« Sans méconnaître le rôle qui revient en cette matière à la Commission de surveillance de la Caisse des dépôts et consignations, gérante du fonds de réserve et de garantie des Caisses d'épargne, et sans douter du bon vouloir qu'elle mettra à réaliser les intentions du Parlement, j'incline à croire que c'est surtout auprès des Caisses d'épargne, elles-mêmes, que les Sociétés de construction d'habitations à bon marché pourraient et devraient trouver l'appui financier qui leur est indispensable, surtout à leurs débuts.

« Connaissant exactement la situation des localités, se trouvant en contact direct avec une clientèle de déposants dans laquelle se recruteraient vraisemblablement les futurs acquéreurs ou locataires de maisons à bon marché, rapprochés par leurs relations administratives ou personnelles de ceux qui pourraient utilement provoquer et mener à bien la création de Sociétés de construction, les administrateurs des Caisses d'épargne sont mieux placés que quiconque pour susciter ou soutenir les premières tentatives et pour faciliter, par des prêts sagement consentis, la réalisation des projets correspondant à des besoins avérés. Sans rien sacrifier des sûretés que réclame toujours la gestion des fonds de l'épargne publique, sans rien délaisser d'un contrôle que leur rendra facile leur séjour sur place, ils peuvent ainsi participer activement à une œuvre sociale de haute portée et doubler, pour ainsi dire, l'utilité de la mission qu'ils ont généreusement assumée, puisque, en provoquant d'un côté à l'épargne, ils font concourir, d'un autre côté, cette épargne locale à l'amélioration des conditions locales du logement ouvrier.

« Déjà de grandes Caisses, celles de Paris, de Lyon, de Marseille, sont entrées délibèrement dans cette voie. Je veux espérer qu'elles seront suivies et que les autres grandes Caisses, les Caisses moyennes elles-mêmes, dans la mesure variable de leurs ressources et des nécessités, tiendront à honneur de ne point se désintéresser d'une question qui, pour être résolue, appelle leur initiative et leur collaboration effective. Désireux de bien mettre en relief cette action féconde des Caisses d'Epargne sur les transformations de l'habitation ouvrière, je prescris même dès maintenant, l'insertion d'une rubrique spéciale à cet objet, dans les prochains comptes-rendus annuels de leurs opérations.

« Je suis d'ailleurs tout disposé à étudier sans délai les modifications statutaires qui, en ce point particulier, pourraient être nécessaires à l'application de l'article 10 de la loi du 20 juillet 1895, et à vous fournir toutes les indications utiles, sur le régime des habitations à bon marché, déterminé par la loi du 30 novembre 1894.

« Vous voudrez bien, Messieurs, m'accuser réception de la présente circulaire et me faire savoir si, pour la Caisse que vous administrez, vous entrevoyez l'utilité et la possibilité des interventions auxquelles elle vous convie.

« Recevez, Messieurs, l'assurance de ma considération distinguée.

« *Le Ministre du Commerce, de l'Industrie, des Postes et Télégraphes,*

« Henry BOUCHER. »

CHAPITRE VIII

L'ŒUVRE DE L'AMÉLIORATION DES HABITATIONS A BON MARCHÉ A MARSEILLE

Nous venons de discuter la question de l'utilité de l'intervention des Caisses d'Épargne dans le problème de l'amélioration du logement ouvrier, et le moment nous paraît opportun, en manière de conclusion et de démonstration pratique de tout ce que nous avons pu dire, d'aborder l'examen de ce qui a été fait à Marseille. Grâce à M. Eug. Rostand dont nous avons déjà, à diverses reprises, mentionné les remarquables travaux, à son dévouement et à son activité infatigables qui ont pu se manifester avec d'autant plus d'efficacité qu'il est le président de la Caisse d'Épargne des Bouches-du-Rhône, des expériences variées ont pu être tentées, des œuvres entreprises et menées à bonne fin dont l'étude offre le plus vif intérêt. Aussi n'est-ce pas à cette Caisse que l'on pourra adresser le reproche d'une trop grande timidité ou d'un amour trop vif de la routine et de la sécurité apparente qu'elle comporte.

Trois agents ont contribué à Marseille à la création d'œuvres tendant à l'amélioration du logement pauvre: La Caisse d'Épargne, une société immobilière, une association coopérative. Nous allons étudier ce qui peut être compté à l'actif de chacun, mais nous commencerons par la Caisse d'Épargne. C'est elle qui s'est manifestée la première et elle est demeurée l'agent le plus important, c'est même grâce à elle que les deux autres agents ont pu se créer et leurs réalisations réciproques seront encore, quoique indirectement, dues à son action féconde.

§ I. — Action de la Caisse d'Épargne de Marseille.

Malgré son autonomie aussi complète que possible, elle n'a pas voulu, contrairement à ce qu'avait fait la Caisse d'Épargne de Lyon, agir sans y être au préalable autorisée d'une façon précise.

A la suite de ses sollicitations un premier décret (1) (13 août 1888) l'autorisa à employer une somme de 160.000 francs sur son fonds de dotation, à la construction d'immeubles salubres et économiques, destinés à l'habitation de familles ouvrières et cessibles moyennant des libérations par annuités.

Un deuxième, en date du 4 février 1889, l'autorisa à employer une nouvelle somme de 90.000 francs, toujours à prélever sur son fonds de dotation de la manière suivante : 20.000 francs en avance à toute société qui viendrait à se constituer à Marseille, en vue de la construction d'habitations ouvrières, et 70.000 francs en prêts hypothécaires consentis à des ouvriers laborieux, désireux de construire eux-mêmes leur maison sous la surveillance de la Caisse d'Epargne. Quatre ans après le premier de ces décrets, un troisième (30 juillet 1892) l'autorisait à employer une nouvelle somme de 305.000 francs à la construction d'habitations à bon marché.

Avant d'étudier le rôle de la Caisse d'Epargne dans ses efforts tendant à promouvoir l'initiative privée, à susciter la création de sociétés anonyme ou coopérative, il convient d'examiner ce qu'elle a fait directement (2).

Elle a fait construire elle-même et sans intermédiaire à la fois des maisons individuelles et des maisons collectives, les premières destinées, soit à une location, soit à une vente avec

---

(1) Voir annexes.
(2) Nous puisons la plupart des renseignements que nous donnons dans ce chapitre et qui se trouvent d'ailleurs passim, dans le *Bulletin* de la Société des Habitations à bon marché, dans le livre de M. Rostand, couronné par l'Académie des sciences morales et politiques. « L'action sociale par l'initiative privée. »

paiement du prix au moyen d'annuités ; les deuxièmes destinées purement à la location. Les unes et les autres dans sa pensée, devaient être surtout destinées à servir d'exemple et à provoquer l'imitation.

Pour l'édification de ce groupe d'habitations types, elle choisit le quartier de la Capelette-Menpenti.— Avec les 160.000 francs dont il était question dans le décret de 1888, elle construit 18 maisons individuelles.

Ces maisons comprennent au rez-de-chaussée, une cuisine, une grande pièce avec cheminée, des lieux d'aisances et l'escalier ; à l'étage, un palier de dégagement sur lequel ouvrent trois chambres indépendantes, dont une à cheminée et un grand placard ; elles sont orientées nord et midi ; la façade sur rue au nord, celle sur jardin, au midi.

Les jardins sont séparés les uns des autres, par des clôtures en treillage métallique revêtues de plantes grimpantes. Dans chaque maison l'eau arrive à la cuisine, au water-closet, et au lavoir du jardin. L'avenue d'accès, qui relie le groupe à la route nationale, a reçu le nom de Benjamin Delessert, le fondateur des Caisses d'Épargne françaises ; les trois rues du groupe ont été dénommées : rue J. Dollfus, en mémoire du créateur des maisons de Mulhouse, d'Alexis Rostand, un des fondateurs en 1820 de la Caisse d'Épargne de Marseille qui occupa la présidence de 1826 à 1849, grand père du président actuel, de G. Picot, président de la Société française des Habitations à bon marché. Le loyer annuel de ces maisonnettes, s'élève au chiffre abordable de 295 frs. ; il est payable par trimestre et d'avance, à raison de fractions de 73 fr. 75. Si le locataire veut devenir propriétaire il le peut en payant pendant 28 ans 475 frs. par an (loyer et amortissement compris), ce qui porte le trimestre à 118 fr. 75 : Cette période d'amortissement est longue, trop longue peut être ; mais dans le règlement qu'elle a institué, la caisse pour obvier, dans la mesure du possible, à cet inconvénient, s'est préoccupée de la résiliation éventuelle du contrat d'acquisition, résiliation qui peut être rendue nécessaire par l'impossibilité pour l'acquéreur de continuer ses versements à la suite de divers évènements, tels que maladie, chômage ou décès. La Caisse dans ce cas s'engage à rembourser la différence entre le total des versements opérés et le total des loyers dus, moins uniquement une somme représentant les frais de remise en état de la maison. L'acquéreur qui se retire a le droit de présenter quelqu'un disposé à prendre son lieu et place et l'opération devient encore plus simple.

Dès 1891, le succès de cette entreprise était complet. Aussi la caisse réclama-t-elle une autorisation nouvelle pour agrandir ce qu'elle avait déjà réalisé ; c'est l'explication du décret du 30 juillet 1892. Avec les nouveaux fonds dont la disponibilité lui fut assurée, elle fit construire de nouvelles maisons individuelles et des maisons collectives. A l'heure actuelle, le groupe comprend 27 maisons individuelles avec jardin et des maisons collectives contenant 81 logements dont 65 se composant de trois chambres indépendantes avec cuisine et water-closet et seize dits de célibataires se composant uniquement d'une cuisine, d'une chambre et d'un water-closet. Dans chaque water-closet est installé un syphon et un appareil de chasse ; en outre chaque appartement contient un filtre Chamberland Pasteur et l'on a pris soin, pour permettre une aération complète, qu'il y ait dans chacun des ouvertures devant et derrière.

Après un an ou deux de début pendant lesquels la clientèle a manifesté quelque hésitation, a commencé la période d'occupation normale et de rendement régulier. Le nombre des locataires qui, en 1896, était de 86 atteignait 95 au 31 décembre 1897, sur 104 logements susceptibles de location ; il était de 97 au 10 juin, après avoir même un moment atteint la centaine.

Ces locations effectives, qui avaient représenté fin 1896, 18.568 fr. 50, dont il avait été encaissé 18.120 fr. 10, soit une perte de 448 fr. 40, représentaient fin 1897 un total brut de loyers de 17.893 fr. 70 sur lesquels il avait été recouvré 17.160 fr. 85, soit une perte de 726 fr. 85. Cette diminution de recettes a été causée par la crise ouvrière qui a sévi en 1897. Déduction faite des avances, des impôts, des frais d'exploitation, d'entretien et d'eau, etc., le produit net restait fin 1897 à 10.087 fr. 94 pour un capital de 459.000 fr. La population du groupe au 10 juin 1897 se composait de 388 habitants, soit une moyenne de 4 personnes par logement ou ménage appartenant tous à des professions manuelles ou remplissant des emplois inférieurs; et l'énumération des emplois et des professions prouvait bien que la clientèle effective de la Caisse d'Epargne correspondait exactement à celle qu'elle avait recherchée et qu'elle avait ainsi atteint son but.

La location pure et simple des maisons individuelles a été unanimement préférée au contract d'acquisition insuffisamment connu.

Le décret du 4 février 1889, autorisait la Caisse d'Epargne de Marseille à faire, dans les limites d'une somme totale de 70.000 fr., des prêts hypothécaires jusqu'au maximum de 7.000 fr. remboursables par amortissement, aux familles qui voudraient emprunter pour construire elles-mêmes, où et comme elles voudraient, sous la seule réserve de l'agrément des plans par la Caisse d'Epargne et de sa surveillance de l'exécution des travaux dans l'intérêt de la salubrité. Nous connaissons pour l'avoir vu pratiquer à diverses reprises par l'initiative patronale cette forme d'intervention. La plupart des *Building Societies* elles-mêmes ont adopté ce système de prêt hypothécaire, en vue de la construction de maisons individuelles; nous avons dit les bons et les mauvais côtés du système qui a merveilleusement réussi en Angleterre et surtout en Amérique, nous ne reviendrons pas sur ce sujet.

La Caisse a établi un règlement destiné à faire connaître les conditions précises auxquelles seraient soumis ces prêts :

1° A la demande doivent être joints les actes établissant la propriété et le paiement du terrain sur lequel l'ouvrier se propose de construire, ainsi que son projet et devis de construction ;

2° Aucun prêt n'est fait que par première hypothèque ;

3° Le maximum en est de fr. 7.000 ; le prêt ne peut excéder 70 0/0 de la valeur de l'immeuble (terrain et construction), d'après estimation par le Conseil des directeurs ;

4° La somme avancée est payée aux constructeurs ou fournisseurs sur comptes visés par l'architecte de la Caisse, soit après achèvement, soit au fur et à mesure des travaux, de façon que les constructions représentent toujours la somme avancée ;

5° L'emprunteur doit déclarer qu'il n'a créé ou conféré sur l'immeuble aucun privilège de constructeur, prenant en outre l'engagement de ne créer ou conférer sur le dit immeuble aucun privilège de cette nature pendant toute la durée du prêt et ce, sous peine d'exigibilité immédiate du capital prêté et de tous dommages-intérêts ;

6° Le remboursement s'opère par annuités comprenant l'intérêt à 3 1/2 0/0 et l'amortissement ; le délai fixé selon les convenances de l'emprunteur, sans qu'il puisse dépasser dix-huit ans, et l'emprunteur gardant la liberté de rembourser tout ou partie par anticipation ; les annuités sont payables par trimestre échu et portables à la Caisse ;

7° Pour la garantie du paiement des annuités et jusqu'au remboursement des deux tiers du prêt, l'emprunteur devra justifier de la possession constante d'un livret créditeur de fr. 500 au moins à la Caisse ;

8° Les prêts ne sont faits qu'à des ouvriers de nationalité française, ayant fourni des preuves de leur esprit d'épargne ;

9° Ces prêts ayant pour but, non d'encourager des spéculations de location ou de revente, mais de permettre à l'ouvrier de devenir propriétaire d'un foyer dans de bonnes conditions matérielles et morales, ne sont appliqués qu'à l'habitation d'une famille ;

10° Le plan et l'exécution sont sous le contrôle de l'architecte de la Caisse, mais uniquement au point de vue de l'hygiène, de la moralité, de la qualité du travail, en vue de la sécurité et de la durée ;

11° Le Conseil a tous pouvoirs pour agir au mieux, d'accord avec l'emprunteur ; il est seul juge de l'admission des demandes.

Le public intéressé, surtout au début, a connu imparfaitement la nature et les avantages de ces prêts et les demandes ont été peu nombreuses. Néanmoins, au 31 décembre 1897, il avait été consenti par la Caisse vingt prêts, pour une valeur totale de 102.700 fr., sur laquelle il était déjà remboursé à cette époque, par le jeu de l'amortissement et les paiements anticipés, 41.684 fr. 75. Les emprunteurs ont toujours payé avec une régularité ponctuelle et plusieurs ont même remboursé par anticipation.

Dans un ordre d'idées un peu différent, la Caisse d'épargne de Marseille a essayé de faciliter aux ouvriers de bonne volonté l'épargne de leur loyer, quand ils le doivent, d'après leur bail, par semestre ou par trimestre. Ceci n'a pas un rapport direct avec l'amélioration du logement pauvre, mais s'y rattache tout de même. Si l'ouvrier prend l'habitude de mettre religieusement de côté, chaque semaine, la petite somme qui représente le loyer couru, il n'éprouvera aucune difficulté, l'échéance venue, pour payer son propriétaire. S'il est locataire d'une société philantropique il ne court pas le risque d'être expulsé, et la société, de son côté, aura l'avantage de conserver longtemps un locataire bon payeur qui ne lui occasionnera ni difficultés, ni pertes d'argent. Mais, même d'une façon plus générale, il est vrai de dire que, quelle que soit sa situation, quel que soit son logement, l'ouvrier a intérêt à contracter l'habitude d'épargnes journalières ou hebdomadaires en vue du loyer. S'il est logé d'une façon suffisamment saine et confortable, il pourra conserver son logement ; s'il se trouve dans des conditions défectueuses d'air, de lumière et d'espace, il comprendra rapidement qu'il lui est matériellement possible d'améliorer sa situation, en prélevant sur son salaire, sans trop d'efforts, une petite somme d'argent supplémentaire. Cette idée pourra d'autant mieux lui venir, qu'il songera aux difficultés qu'il éprouvait jadis pour payer ce même loyer, alors que maintenant, et moyennant cette nouvelle habitude bien simple et bien facile, il n'éprouve ni gêne ni embarras.

Pour aider à cette épargne spéciale et empêcher l'ouvrier

de disposer au fur et à mesure de toutes ses ressources sans se préoccuper suffisamment d'une échéance qui lui paraît souvent trop éloignée, la Caisse d'Epargne de Marseille a essayé d'imiter des initiatives prises par les Caisses d'Epargne de Brême et Strasbourg. Ces dernières ont en effet institué des livrets spéciaux qu'elles délivrent sur la demande des intéressés. Les sommes versées et inscrites sur ces livrets ne peuvent être réclamées et remboursées avant le dernier samedi précédant immédiatement le prochain terme du loyer. Elles délivrent en outre aux détenteurs de ces mêmes livrets des certificats qui sont de véritables brevets de bonne conduite et d'ordre et qui les mettent en faveur auprès des propriétaires. En 1888, à Brême spécialement, le système fonctionnait depuis huit ans ; dans le dernier exercice la Caisse avait délivré 704 livrets d'épargne de loyers. 61.104 marcks avaient été déposés de cette façon et Brême ne compte que 120.000 habitants.

A Marseille, la Caisse n'a pas pu délivrer de double livret, c'eut été contraire au règlement ; seulement elle a fait inscrire sur le livret ordinaire cette mention « conditionnel » et à l'intérieur, à l'encre rouge, les conditions ont été libellées comme suit : « Les sommes réservées sont destinées à être cumulées pour le paiement du loyer au terme prochain ; le déposant ne pourra les retirer que dans la semaine qui précèdera ou suivra Pâques et St-Michel, à moins qu'en dehors de ces époques, il ne justifie du paiement du dernier terme par la quittance du propriétaire ». Pour encourager ces épargnes, en vue du paiement des loyers, la Caisse avait en outre décidé d'allouer aux cent premiers ménages inscrits qui donneraient l'exemple, une petite prime de 10 francs payable à Pâques 1891 ; mais elle avait imposé quelques conditions : 1º Le déposant ne devait pas encore avoir de livret dont le solde dépassât 300 fr. ; 2º Les épargnes de loyers ne devaient pas excéder 150 fr. par semestre, maximum des loyers véritablement ouvriers ; 3º L'épargne de loyers devait avoir atteint au moins 50 fr. pour le terme de St-Michel 1890 et 50 fr. pour le terme de Pâques 1891. Le déposant devait produire, dans la huitaine de Pâques 1891, les deux quittances du bailleur.

La population de Marseille n'a pas voulu se rendre compte du caractère éminemment pratique de cette modeste institution créée par des gens qui lui portaient le plus vif et le plus sincère intérêt. Elle s'est abstenue de tout essai et la Caisse n'a même pas pu dépenser ces mille francs qu'elle avait affectés en principe à des primes d'encouragement.

§ 2. — Société Philanthropique des Habitations Salubres et à bon marché de Marseille (Anonyme ordinaire).

C'est encore M. Eugène Rostand qui a été à Marseille la cheville ouvrière de la fondation de cette société. Ses discours, ses conférences firent connaitre l'état de la question, l'urgence et l'utilité qu'il y avait à améliorer le logement ouvrier. Grâce à son éloquence, à son activité confiante et courageuse, il eut le bonheur de faire passer un peu de sa conviction dans l'esprit de quelques uns.

Le 24 avril 1889 une réunion fut tenue dans les locaux de la Caisse d'Epargne et après le rapport de M. Eugène Rostand, elle décida qu'il y avait lieu en principe de constituer une Société anonyme de construction avec le double caractère de Société à la fois philanthropique et commerciale que M. Eug. Rostand s'était plu à décrire avec soin. Cette réunion à laquelle assistaient certaines notabilités du monde commercial et industriel de Marseille que M. Rostand avait intéressées à l'œuvre dont il voulait l'entreprise, renvoya le projet des statuts qui lui fut soumis à l'examen d'une commission spécialement nommée à cet effet. Le 1er mai, une seconde réunion après un rapport de cette commission adoptait les statuts.

Une souscription publique fut alors ouverte, elle réunit en quelques jours la somme de 250.000 francs. Il faut ajouter que la Caisse d'Epargne de Marseille dûment autorisée par les décrets dont nous avons parlé s'inscrivit la première pour une somme de 20.000 francs. Le 23 mai 1889, l'assemblée générale des actionnaires de la Société des Habitations à bon marché de Marseille au capital de fr. 250.000 divisé en 500 actions de 500 francs constituait définitivement la Société.

Après une étude préliminaire approfondie des plans et devis, la construction d'un premier groupe de maisons collectives fut décidé et l'emplacement choisi dans la rue Saint-Lambert, quartier des Catalans.

La première pierre de cette construction projetée fut posée avec quelque solennité le 30 septembre 1889. Le premier groupe que nous allons décrire, une fois terminé, la Société entreprit la construction d'un deuxième d'un caractère différent à la rue Guérin (quartier de la Belle-de-Mai). La première pierre de ce deuxième groupe fut posée le 27 février 1890. Le 18 avril 1890, moins d'un mois après, la Société eut l'honneur de recevoir, dans ses immeubles de la rue St-Lambert, le Président de la République, M. Carnot, qui avait tenu à visiter Marseille. M. Carnot avait toujours témoigné le plus vif intérêt à la question de l'amélioration du logement pauvre et la plus paternelle sollicitude aux œuvres se proposant pour but cette amélioration.

La Société française des Habitations à bon marché, au lendemain de l'Exposition de 1889, eut maintes occasions de reconnaître la largeur de vue, l'esprit ouvert de ce regretté président. Passant à Marseille, il tint de sa propre initiative à rendre hommage à des efforts modestes, mais louables, tentés dans l'intérêt de la classe ouvrière, en faisant une visite spéciale aux premières créations.

Les habitations du groupe de la rue St-Lambert s'adressent à des ménages qui peuvent compter sur un salaire régulier et suffisant pour leur assurer un logement déjà confortable. Chaque appartement, fermé par une porte palière, se compose de trois chambres, d'une cuisine, d'un water-closet, le tout entièrement indépendant. Toutes les chambres et les cuisines sont éclairées par une croisée en façade ; les étages, au nombre de trois sur rez-de-chaussée, ont trois mètres de hauteur. A l'extrémité du groupe se trouvent quelques appartements moins grands destinés à des ménages sans enfants, à des célibataires ou à d'autres personnes se trouvant dans quelque situation particulière, tels par exemple une veuve et son fils. Le groupe comprend trois maisons à seize logements et une quatrième qui n'en contient que huit, en tout quarante logements. Chaque logement reçoit 486 litres d'eau par 24 heures. Le prix de location oscille entre 140 et 280 francs ; la moyenne ne dépasse pas 234 francs. Il y a cependant deux logements qui comprennent deux boutiques et dont la location a été fixée, l'une à 290 francs, l'autre à 340 francs. Les loyers sont payés par trimestres.

Par la construction du groupe de la rue Guérin, la Société a voulu s'adresser à une catégorie de salariés plus misérables que ceux auxquels conviennent les habitations de la rue St-Lambert. Ce sont les travailleurs, vivant au jour le jour, les hommes de peine, les chiffonniers, les manœuvres, tous ceux qui n'ont pas un salaire régulier assuré, leur permettant d'aborder un loyer payable par semestre avec engagement pour un an, qu'elle s'est efforcée d'avoir pour clients. Elle a édifié deux rangées de pavillons, élevés d'un étage sur rez-de-chaussée, se faisant face et séparés par une ruelle-impasse ; elle s'est bien gardée, pour pouvoir atteindre un but difficile, de rien sacrifier aux exigences d'un luxe ou d'une coquetterie qui eussent été tout à fait déplacés ; elle a uniquement recherché la propreté et la salubrité. Les grands ménages se composent d'une cuisine, d'une chambre et d'une autre grande chambre séparée en deux par une cloison qui ne monte qu'à 2 mètres 20, laissant entre elle et le plafond un vide de 80 centimètres. D'autres ménages, dits de célibataires, se composent d'une cuisine et d'une chambre. Chaque ménage a son water-closet avec syphon ; toutes les pièces sont blanchies à la chaux, les papiers peints sont même proscrits d'une façon absolue. Les chambres n'ont pas de cheminées, mais à la grande pièce de chaque ménage on a préparé un canal de fumée prêt à recevoir, sans difficultés, le tuyau d'un poêle ou d'un autre appareil appartenant au locataire. A l'entrée du groupe, un lavoir est installé de façon à ce que quatre femmes puissent l'utiliser à la fois. Le groupe comprend en tout 26 logements : 15 au rez-de-chaussée dont 8 pour célibataires ou veuves et 7 pour ménages ; 11 au premier, ils sont loués au mois ; les loyers sont de 10 à 18 fr. 50 ; la moyenne est de 14 fr. 45.

Le Conseil d'Administration de la Société, entreprit bientôt avec la Compagnie des Docks et Entrepôts de Marseille, des pourparlers, à l'effet d'étendre avec le concours de cette dernière, son capital social et son champ d'action. Ces pourparlers aboutirent à une entente qui fut ratifiée par une assemblée générale extraordinaire d'actionnaires. Le capital de la Société fut porté à 350.000 francs, la Compagnie des Docks souscrivit les deux cents nouvelles actions à la condition que la Société employât ces cent mille francs et les cinquante mille francs qui lui restaient de son capital primitif à la construction en face des ateliers Fraissinet, d'un groupe de maisons collectives dont la location devrait être réservée de préférence au personnel de la Compagnie des Docks.

Type intermédiaire entre les grandes maisons collectives anglaises et les petites maisons individuelles, combiné pour l'indépendance du chez soi et l'agrément du voisinage, le groupe projeté, fut construit et terminé le 4 juin 1893. Il consiste en deux rangées d'habitations à trois étages sur rez-de-chaussée, se faisant face comme à la rue Guérin, mais dans des conditions plus flatteuses à l'œil et plus confortables. La rue qu'elles bordent est dallée au ciment Portland ; elle est à deux pentes aboutissant à un caniveau dans l'axe. L'ensemble comprend 16 logements de trois chambres et cuisines, 12 de deux chambres et cuisine, 8 de une chambre en tout 36 logements, chacun avec un water-closet et un filtre Chamberland-Pasteur, assurant à chaque ménage la pureté de l'eau de boisson.

La Société a en outre acheté, au cap Pinède, une certaine quantité de terrain sur lequel elle comptait édifier quelques cottages ; nous croyons qu'elle a renoncé à son projet.

Malheureusement pour l'œuvre qu'elle avait entreprise

espérant que son initiative serait imitée, cette Société n'a pas pu faire produire à ses capitaux, un intérêt suffisamment rémunérateur et quoique dirigée avec compétence, elle n'a pu acquérir un caractère vraiment commercial qui eût singulièrement facilité son extension. Dans le dernier bilan publié (IXme exercice 1897-1898), on voit, en effet, que les immeubles de la rue Saint-Lambert, ont rapporté un revenu net de 1.64 0/0 égal à celui du précédent exercice ; ceux de la Madrague, un revenu net de 1.96 0/0 contre 1.20 0/0, dans le précédent exercice. Seuls les immeubles de la rue Guérin ont rétribué d'une façon satisfaisante, le capital qui y avait été engagé : ils ont rapporté 3.93 0/0 contre 4.27 0/0, dans le précédent exercice. Le dernier dividende réparti a été de 10 francs à chacune des 700 actions sous déduction de l'impôt, soit net 9 francs, ce qui représente moins de 2 0/0. La minimité du capital par rapport aux frais généraux, les vacances dans les groupes des Catalans et de la Madrague, le taux des petits loyers sensiblement plus bas à Marseille que dans les grandes villes similaires ou plutôt l'infériorité de la fraction du salaire, que les familles ouvrières ont l'habitude d'y consacrer, l'indifférence de la population, ce sont là les principales causes de ce peu de rendement obtenu.

En étudiant la loi du 30 novembre 1894 et à propos des bénéficiaires de cette loi, nous verrons la difficulté qui avait surgi au sujet de son application aux Sociétés antérieurement fondées. M. Rostand, qui tenait essentiellement, et avec raison, à ce que la Société qu'il avait créée et dont il était le président pût bénéficier des avantages de cette loi, convaincu qu'avant de susciter de nouvelles initiatives le législateur aurait dû se préoccuper davantage de celles qui s'étaient déjà manifestées pour les récompenser et les encourager, fut un des premiers à solliciter une réforme de cette même loi interprétée avec une rigueur restrictive extrême par le décret portant règlement d'administration publique, en date du 21 septembre 1895. Ses protestations furent entendues ; elles aboutirent au vote de la loi modificative du 31 mars 1896. Il nous suffit d'indiquer, pour le moment, que, grâce à cette dernière loi, la Société de Marseille put modifier ses statuts utilement et se ranger dans la catégorie des Sociétés prévues par le législateur.

En l'état de cette situation nouvelle, une assemblée générale extraordinaire d'actionnaires autorisa le Conseil d'Administration de la Société à contracter auprès de la Caisse d'Epargne des Bouches-du-Rhône, au bénéfice de la loi du 20 juillet 1895 un emprunt de 50.000 fr. qui fut conclu aux conditions que voici : La Caisse d'Epargne prêta cette somme prélevée sur le revenu de sa fortune personnelle contre une remise de 100 obligations de 500 fr. créées par la Société, nominatives, libérées, productives d'intérêt à 2,75 0/0 l'an, remboursables en trente années à partir du 1er mars 1898, suivant un tableau d'amortissement joint au contrat et par tirages au sort en janvier de chaque année. La Société s'engagea, d'autre part, non pas à ne plus contracter aucun autre emprunt, ce qui pour elle eût été renoncer à toute expansion par ce mode si puissant employé en Belgique, mais de n'en contracter aucun autre, sinon pour en affecter le montant soit en constructions ou acquisitions de nouveaux immeubles, soit en prêts hypothécaires nouveaux, soit en placements d'attente de tout repos, de manière à ne pas diminuer l'importance du gage offert : la somme prêtée deviendrait immédiatement exigible en cas d'inexécution des engagements ou de dissolution anticipée de la Société.

A l'heure actuelle, grâce à cet emprunt et au solde inutilisé de son capital, la Société a des fonds disponibles qui vont lui permettre d'agrandir son œuvre et de procéder à de nouvelles tentatives. A l'imitation de la Caisse d'Épargne, elle est disposée à consentir des prêts de 7.700 francs au maximum, en vue de permettre à l'intéressé lui-même de construire une maisonnette, ces prêts remboursables par amortissement :

A la date du 25 janvier 1899, elle en avait consenti un de 1800 francs amortissable en dix années ; un autre de 7.000 francs remboursable en 18 années ; l'un et l'autre avec intérêt à 4 0/0. Elle a projeté la construction directe d'un 4me groupe et choisi pour son emplacement le centre ouvrier de la

Belle de Mai où la réussite de ses entreprises antérieures avait été la plus complète. Elle a acquis rue Loubon, à l'angle de la rue Ricard, à proche portée des agglomérations industrielles de cette zone si peuplée, en face même du bureau auxiliaire ouvert le 22 janvier par la Caisse d'Épargne, une parcelle de terrain de 1.013 mètres carrés au prix global de 20.000 francs avec faculté de réduire cet achat, au moment de la réalisation, par acte authentique, à une partie de ce terrain au prix de 28 francs et 19 francs.

Elle poursuit en ce moment l'étude des plans et devis du groupe à créer.

En janvier 1897, elle s'était adressée à la Caisse des Dépôts et Consignations, à l'effet de réaliser un emprunt de 300,000 francs. Cette Caisse n'avait pas donné une suite favorable à cette demande; la Société la reprend aujourd'hui avec plus de chance d'aboutir, grâce à la nouvelle création de la « Société de Crédit des Habitations à Bon Marché » dont nous parlons à propos de la loi du 30 novembre 1894.

§ 3.— Société coopérative « La Pierre du Foyer ».

A la suite de la remarquable conférence que M. Rostand fit le 17 octobre 1890 à la Bourse du Travail de Marseille à l'issue du Congrès international des Sociétés Coopératives de Consommation, et sur la demande du Comité fédératif des Bouches-du-Rhône, conférence que nous avons déjà mentionnée et à laquelle nous avons fait de larges emprunts lors de notre étude générale des Sociétés coopératives de construction, et sous l'empire de l'éloquence persuasive du conférencier, un comité d'initiative et d'études composé d'ouvriers et d'employés se constitua séance tenante acceptant le mandat d'élaborer les statuts d'une Société coopérative de construction et de faire tous les efforts possibles pour parvenir à la créer.

La Caisse d'Épargne et la Société anonyme des Habitations à bon marché prêtèrent un appui encourageant à ce comité ainsi constitué dans l'espoir de voir le succès couronner une aussi louable tentative. Sur la proposition de M. Rostand, il fut décidé que la Société future prendrait le titre suggestif de « La Pierre du Foyer. »

Le Comité s'adressa à la Société française des Habitations à bon marché, pour lui demander assistance et surtout conseil, et l'élaboration des statuts, se poursuivit dans une collaboration aussi intelligente que pratique, à laquelle prirent surtout part M. H. Teissier, licencié en droit, chef de service à l'agence du Comptoir National d'Escompte de Marseille, rapporteur du Comité d'études, et M. E. Cheysson, vice-président de la Société française des Habitations à bon marché. Aussi ferons-nous de ces statuts, qui dans l'esprit de leurs auteurs devaient servir de véritables modèles, une étude spéciale, sans nous préoccuper du peu d'extension, qu'a pu prendre cette Société dont le berceau avait été entouré des soins les plus vigilants. Peut-être que la population ouvrière marseillaise, mal conseillée par ceux qui lui soutiennent que seule, une Révolution radicale de notre ordre social, peut apporter quelque adoucissement à ses misères, comprendra plus tard son erreur, et regrettera alors de s'être abstenue de tout effort sous l'influence d'idées préconçues et fausses, ou d'un amour immodéré de l'aveugle routine ! — On s'était efforcé de fonder dans son sein, une société qui aurait pu rendre les plus grands services, car elle répondait à des besoins certains et permanents, d'en assurer, un fonctionnement pratique en en prévoyant pour les aplanir les moindres difficultés : La population de Marseille ne s'est pas donné la peine de comprendre, ou n'a pas voulu comprendre.

Le Comité avait le choix entre les deux types principaux qu'on peut, pour la commodité du langage, désigner sous le nom de types italiens et de types anglo-saxons : Coopérative de construction ou coopérative de prêts en vue de la construction. Nous en avons déjà pesé les bons et mauvais côtés respectifs. Il s'est prononcé en faveur du premier, qui demande moins à l'ouvrier, dans lequel l'opération une fois commencée peut plus facilement s'interrompre, et qui convient mieux que l'autre, à une période de début et d'apprentissage.

M. Cheysson approuva ce choix à la condition que la Société future s'imposât la règle de construire uniquement des types de maisons usuels convenant à la généralité des cas.

Mais de cette maison ainsi construite par la Société comment le locataire en acquerra t-il la propriété ? Ici encore deux systèmes : On peut rendre le coopérateur propriétaire dès son entrée en échange d'une hypothèque et à charge d'annuités successives ; — On peut, au contraire, ne lui conférer la propriété que le jour où il en aura acquitté le prix intégral.

Dans le premier système l'acquéreur est plus fortement intéressé à la conservation de la maison qui devient aussitôt sa chose, mais il doit payer des frais immédiats d'hypothèque et de transmission et pour le cas où il se verra dans l'obligation de résilier le contrat, les frais d'éviction seront encore à sa charge ; enfin il est exposé aux tentations des spéculateurs qui lui offriront un léger bénéfice pour racheter sa maison et la détourner ainsi de sa destination sociale.

Le second système qui se résout en somme en une location avec promesse de vente, peut prendre lui-même deux formes distinctes :

1º L'amortissement contenu dans le loyer est inscrit à un compte courant ouvert par la Société au locataire. Quand le solde créditeur de ce compte courant est égal au montant de la maison, c'est-à-dire lors du paiement de la dernière annuité qui en achève la libération, la promesse de vente est réalisée. C'est le système des Habitations de Mulhouse, du Havre, d'Auteuil.

2º Cet amortissement est affecté à la libération graduelle d'actions de la Société elle-même. Le locataire n'entre dans la maison qu'après avoir acquis et libéré en partie — du dixième par exemple — un nombre d'actions tel, qu'une fois entièrement soldées ou parvenues suivant l'expression américaine, à leur "maturité" elles représentent la valeur intégrale de l'immeuble. Il les transfèrent en garantie de ses engagements et, le jour où elles sont "mûres" il les retrocède à la Société qui lui confère en échange la propriété de sa maison.

C'est le deuxième mode de ce dernier système à la fois commode et pratique n'imposant aucuns frais préalables et permettant d'interrompre l'opération, à un moment quelconque par le simple remboursement des avances, ou la restitution des actions qui fut adopté par le Comité de Marseille, après avis conforme de la Société française des Habitations à bon marché.

Le Comité procéda sur place à une enquête sur le taux des salaires et le coût de l'existence ; il conclut que l'ouvrier pouvait payer 150 à 200 francs de loyer, et épargner 50 à 100 francs, soit en prenant une moyenne, que l'ouvrier pouvait verser une annuité de 250 à 300 francs, pour acquérir la propriété de son habitation.

Il admit en outre 4 0/0 pour le taux de l'intérêt et 2 0/0 pour les frais généraux, y compris les redevances annuelles et les frais d'entretien, enfin il supposa, et c'était là l'hypothèse la plus difficile à réaliser, que ces maisons pourraient, terrain compris, revenir en moyenne à 3,000 francs.

Avec de telles données, le mécanisme de l'opération réduite à une maison et à un locataire, a été calculé et établi de la façon suivante :

« La maison est construite (1), un ouvrier se présente pour l'acquérir. A cet effet, il commence à s'affilier à la « Pierre du Foyer », en qualité de simple adhérent. — L'adhérent est un aspirant coopérateur. — D'abord déposant avec un versement minimum de 1 franc par semaine, il devient ensuite associé en effectuant un premier versement du dixième, ou de 5 francs par action de 50 francs et en s'engageant à des versements mensuels de 1 franc par chaque action souscrite.

« Quand l'ensemble de ses versements aura atteint 300

---

(1) Extrait du Rapport présenté au Conseil d'Administration de la Société Française des Habitations à Bon Marché, sur la « Pierre du Foyer. » Société coopérative de construction à Marseille, par M. E. Cheysson, le 8 juillet 1891.

francs, c'est-à-dire la valeur de 6 actions, il les échangera contre 60 actions libérées d'un dixième et les transférera à la Société, en garantie du compte courant qu'elle va lui ouvrir. Il sera tenu de verser au moins 10 centimes par mois et par action, c'est-à-dire 60 × 1,20 ou 72 francs par an, pendant une période suffisante pour que l'amortissement de sa dette de 2,700 francs (3,000 francs, 300 francs), soit complet. La durée de cette période sera, par conséquent, variable avec le versement mensuel et le rendement des actions. Il paiera en outre pour son loyer une somme de 180 francs qui se décompose ainsi. »

Loyer proprement dit 4 0/0............. F.	120 »
Frais généraux 2 0/0...................	60 »
Loyer....................................	180 »
A raison d'un versement mensuel de 0 fr. 10 par action, l'amortissement annuel sera de...................................	72 »
Somme qui éteint une dette de 2.700 fr. en 25 ans à 3 0/0.	
Annuité totale.......... F.	252 »

« Ainsi moyennant une annuité de 252 francs, comprenant un loyer fixe de 180 fr. et un amortissement de 72 fr. le locataire deviendra graduellement propriétaire de sa maison, qui sera totalement libérée entre ses mains au bout de vingt-cinq ans (avec des dividendes de 3 0/0). A ce moment, il transfère ses actions à la Société coopérative qui les annule, il cesse désormais d'appartenir à cette Société et d'être tenu de ses engagements. Elle n'a plus à s'occuper de lui, son but social étant atteint en ce qui le concerne.

« Si, au lieu d'être de 10 centimes par mois, le versement était de 15 centimes, soit par an, pour les soixante actions, de 108 francs, l'annuité totale serait portée à 288 francs et la période de libération réduite à dix-huit ans ». M. Cheysson ajoute : « On voit la simplicité et la commodité de ce mécanisme. Il présente autant de netteté dans les comptes que de souplesse pour les résiliations. Il sépare à chaque instant la situation des parties en présence et permet de la liquider sans contestation ni calculs difficiles. La Société coopérative joue, au regard de ses clients, à la fois le rôle d'un propriétaire qui leur loue sa maison à loyer simple et à prix fixe, et d'un banquier qui fait fructifier leurs dépôts jusqu'à ce que le montant avec les intérêts composés, atteigne le prix de l'immeuble. Quant au locataire, il paie régulièrement le loyer à son taux normal, pendant que grandit parallèlement dans une caisse distincte le compte d'amortissement. Sans barême, sans complication, il peut, si bon lui semble, augmenter ses versements pour hâter sa libération définitive ; le loyer n'en n'est pas modifié, le compte seul d'amortissement en est crédité et marche plus vite vers sa maturité complète. »

A l'imitation de certaines coopératives italiennes, le Comité inséra en outre dans les statuts que « La Pierre du Foyer » pourrait construire des maisons collectives destinées uniquement à la location, mais à la condition que des constructions pareilles fussent réclamées par des groupes d'actionnaires qui devaient, en outre, s'engager à les habiter eux-mêmes et consentir à être solidairement responsables vis-à-vis de la Société.

Si beaucoup de coopérateurs venaient à se présenter simultanément pour l'acquisition d'une même maison, comment choisir entre eux ?

Après de nombreuses hésitations, on se prononça pour la voie du tirage au sort.

Reste la question de la résiliation du contrat d'acquisition. Nous l'avons déjà étudiée à un point de vue général et nous nous sommes efforcés d'indiquer les écueils que les sociétés devaient s'ingénier à éviter en inclinant trop, ni dans le sens de trop grandes facilités à accorder, ni dans celui d'obstacles excessifs à élever. Nous croyons que les statuts de la « Pierre du Foyer » ont rendu le contrat d'acquisition trop peu stable, en ne sachant pas procéder à des distinctions utiles et en mettant d'une façon générale la résiliation du contrat à la merci d'un simple caprice du coopérateur ; ils prévoient, en effet, le remboursement des versements effectués sur ses actions à tout sociétaire qui manifestera l'intention de se retirer ou qui se sera mis en retard pour le paiement de ses échéances.

L'assemblée générale constitutive de « La Pierre du Foyer » eut lieu le 18 décembre 1891. Pendant que le Comité d'études poursuivait l'élaboration des statuts, sous la direction éclairée de la « Société Française des Habitations à bon marché, cette dernière lui accordait une subvention de 300 fr. pour pouvoir les faire imprimer et créer autour d'eux un petit mouvement de propagande. De son côté, la Caisse d'Epargne des Bouches-du-Rhône, autorisée par une décision ministérielle en date du 16 décembre 1889, à disposer « du dixième de son boni annuel en faveur des œuvres utiles au progrès économique et moral du plus grand nombre » souscrivait 80 actions, soit 4.000 fr.

La Société Marseillaise des Habitations à Bon Marché louait au Comité une partie de son local situé rue Montgrand, 32 bis pour qu'il puisse y établir le siège social de " La Pierre du Foyer". Le prix de cette location, d'abord de 150 f. fut quelque temps après, réduite gracieusement à 100 fr.

MM. J. Simon et Eugène Rostand adressèrent de chaleureux appels à la population et grâce à tous ces concours dévoués, le comité put réunir un capital initial de 55.000 fr., sur lequel 17.485 fr. furent immédiatement versés.

La Société ainsi constituée se mit à l'œuvre et construisit les premières maisons.

Au 31 décembre 1893 le capital atteignait 61.500 fr. et les versements s'étaient élevés à 30.736 fr. 72.

Au 1er janvier 1897, le capital atteignait 76.750 et les maisons construites représentaient 50.886 fr.

L'intérêt distribué avait été pour 1892 de 4 0/0, pour 1893-1894 de 3.50 0/0, pour 1895-1896 de 3.25 0/0. Il n'est pas douteux que cette marche progressive de la "Pierre du Foyer" mais encore très lente ne s'accélère dans l'avenir.

Le public intéressé finira tôt ou tard par mieux connaître

cette possibilité où il se trouve de concourir, d'une façon essentiellement efficace et pratique, au soulagement de ses souffrances, à son propre relèvement matériel et moral et le nombre des associés coopérateurs s'accroîtra, nous en avons la conviction, de plus en plus rapidement pour l'encouragement et la satisfaction morale de ceux à qui revient l'honneur de la première et courageuse initiative.

Si donc à Marseille nous ne nous trouvons pas encore en présence d'une œuvre aussi puissante que celle qui a été menée à bonne fin par la Société Lyonnaise, et si nous n'y pouvons constater des succès matériels aussi certains, aussi considérables que ceux qui ont couronné les efforts des frères Mangini, nous pouvons tout au moins y étudier des expériences variées tentées avec intelligence et générosité et, en présence de ces efforts, de ces initiatives des classes dirigeantes, on ne peut qu'une fois de plus regretter la coupable inertie de la population ouvrière qui n'a pas su, comme il convenait, profiter des bonnes volontés qui s'étaient manifestées en sa faveur et les pousser à d'autres entreprises, en assurant d'abord le succès de celles qui étaient déjà réalisées.

CHAPITRE IX

LÉGISLATION FRANÇAISE
CONCERNANT L'ŒUVRE DES HABITATIONS A BON MARCHÉ
APERÇU DE DROIT COMPARÉ

La loi du 30 novembre 1894.

Il est temps que nous examinions dans quelle mesure le législateur en France a cru devoir intervenir dans l'œuvre de l'amélioration des logements à bon marché. Nous l'avons dit et nous le répétons, telle que nous la comprenons, cette œuvre est essentiellement d'initiative privée ; elle doit demeurer telle. Mais l'initiative privée a besoin d'être suscitée, renseignée et dirigée, et à ce point de vue et dans ce but, le législateur a parfaitement le droit d'édicter les dispositions qui lui paraissent convenables. Il doit s'efforcer d'aplanir les difficultés et les obstacles qui gênent son libre essor et se préoccuper des encouragements et des guides qu'il convient de lui fournir.

Au point où nous en sommes, dans le long exposé critique et historique de la question qui précède, nous avons fait connaître les diverses doctrines émises, les souhaits formulés, et, parmi eux tous, ceux qui avaient notre préférence et notre approbation ; aussi nous sera-t-il facile, après avoir énuméré les dispositions essentielles de la loi française, de procéder à une critique sommaire de ces mêmes dispositions à laquelle nous nous sommes déjà livrés par avance.

Nous laisserons de côté la loi de 1850 sur les logements insalubres que nous avons déjà étudiée et qui ne se rattache qu'indirectement à notre question : Il est certain que faire la guerre aux logements malsains, en ordonner la réfection, l'interdiction ou même la démolition, c'est d'une façon détournée favoriser l'édification de logements salubres. Mais ce qui nous a préoccupés d'une façon plus immédiate, et ce que nous avons surtout recherché, ce sont les moyens directs qui ont été employés, ou qui peuvent l'être, en vue de la construction de maisons à bon marché améliorées et saines.

Une seule loi en France, celle du 30 novembre 1894 (1), a fait de ce sujet sa préoccupation exclusive. Nous connaissons son élaboration par la Société française des Habitations à bon marché, et son éminent président, M. Siegfried, qui, après en avoir rédigé un magistral et complet exposé des motifs, avec le courage et la persévérance de l'apôtre l'a expliquée et défendue au sein de toutes les commissions.

Pour rendre plus claire son étude, nous l'avons divisée en quatre parties distinctes ; dans chacune d'elles, nous avons rejeté des dispositions qui peuvent se grouper sous le même titre et appartenant à quatre ordres d'idées différents. La loi française, en effet, a créé des organes d'exécution, de propagande et de direction ; elle a indiqué les personnes, les Sociétés, les constructions à qui elle devait s'appliquer ; elle a créé certains avantages, avantages fiscaux, facilités de prêts, facilités d'assurance temporaire ; enfin, toujours dans l'intérêt de l'œuvre de l'habitation à bon marché, elle a apporté certaines modifications au régime successoral de notre Code civil.

§ 1. — Organes d'Exécution, de Propagande et de Direction.

A) *Comités locaux de Patronage.*

Leur création, leur organisation, leur fonctionnement, leur rôle et leurs attributions font l'objet des articles 1, 2, 3, 4 de

---

(1). Qui a eu d'importantes annexes sous forme de décret, arrêté, règlement d'administration publique, loi modificative, la loi et des articles 1 à 8 du décret d'administration publique; ils sont minutieusement réglementés. Les auteurs de la loi ont calqué, avec plus ou moins de fidélité, ces dispositions dans la loi belge (art. 1, 2, 3, 4) que l'on pourra lire dans nos annexes. Les différences les plus importantes à noter sont, d'une part, dans la création de ces Comités, de l'autre, dans leurs attributions. Tandis que la loi belge dispose d'une façon générale et absolue qu'il sera établi dans chaque arrondissement administratif un ou plusieurs Comités, la loi française dit « qu'il pourra être établi » dans chaque département un ou plusieurs Comités et subordonne cet établissement qui a lieu par décret du Président de la République, à l'avis préalable du Conseil général du département et à celui du Conseil supérieur des Habitations à bon marché dont nous allons bientôt parler. Quant aux attributions, les Comités belges ont les leurs plus étendues : Dans l'esprit de la loi qui les a institués, ils doivent s'efforcer non seulement d'être des foyers de propagande en vue de l'amélioration du logement à bon marché, des guides dévoués pour toutes les institutions qui se proposent ce but, mais d'une façon générale « d'encourager le développement de l'épargne et de l'assurance, ainsi que des institutions de crédit, de secours mutuels et de retraite ».

Le Congrès international de 1889, avait repoussé une résolution ainsi conçue : « Le législateur doit créer des Comités locaux de patronage tendant à multiplier les habitations à bon marché, à faciliter leur vente, leur location ou leur assainissement : » — Malgré cet avis, cette institution avait passé dans la loi belge, et son fonctionnement avait été normal et satisfaisant : Les Comités de patronage conseillaient toutes les Sociétés de crédit ou de construction, lors de leur formation et de leur débuts ; ils faisaient connaître la loi et ses avantages, se constituaient les intermédiaires utiles entre les Sociétés locales et la Caisse générale d'épargne, et surtout procédaient à des travaux d'enquêtes dont, en ces sortes de questions, l'importance est primordiale. La loi de 1894 a voulu introduire en France un organisme, dont l'utilité en théorie et en principe paraissait indiscutable, et qui avait fait ses preuves chez nos voisins. On peut même se convaincre en consultant les travaux préparatoires, que dans l'esprit de ses auteurs, cette institution devait être la véritable "cheville ouvrière" de son mécanisme tout entier.

Les Comités de patronage locaux, recouverts d'un caractère officiel devaient être des agents d'impulsion, et des offices désintéressés de renseignements ; ils devaient faire connaître cette importante question du logement à bon marché, stimuler les efforts de l'initiative privée, procéder à des enquêtes destinées à dévoiler l'étendue du mal, émouvoir l'opinion publique, par les renseignements qu'elles leur fourniraient, susciter des dévouements pour ensuite les protéger et les éclairer. Ils devaient, en outre, et ce n'était pas là leur rôle le moins important, adresser chaque année au Conseil supérieur, un rapport détaillé, dans lequel ils devaient mentionner leurs travaux, l'état des logements pauvres dans leurs circonscriptions, les efforts tentés pour les améliorer, ou au contraire l'absence de toute initiative, et, dans ce cas, les raisons d'après eux de cette abstention ou de cette indifférence, et les obstacles qui s'opposaient à l'éclosion des dévoûments et des œuvres. Le Conseil supérieur devait pouvoir ainsi centraliser tous ces documents, être renseigné d'une façon très exacte, et, en l'état, agir en parfaite connaissance de cause en vue d'un nouveau concours éventuel à réclamer aux pouvoirs publics et de mesures générales à leur faire édicter.

Malheureusement, ces sortes d'institutions ne valent que par l'intelligence et le dévoûment des hommes qui sont appelés à en faire partie et à les mettre en action.

Après le vote de la loi et les décret et arrêté du 20 février 1895 instituant et organisant le Conseil supérieur des Habitations à bon marché en conformité des dispositions de l'art. 14, avant même l'élaboration définitive du règlement d'administration publique, le 12 août 1895, le ministre du Commerce et de l'Industrie faisait parvenir aux préfets de nos 90 départements (Algérie comprise), une circulaire leur prescrivant de prendre l'avis des Conseils généraux sur l'utilité que pourrait présenter la création de Comités locaux, et de les engager, le cas échéant, à désigner les personnes que l'art. 4 de la loi leur attribue le droit de nommer et qui seraient éventuellement appelées à faire partie de ces Comités.

En décembre 1895, c'est-à-dire plusieurs mois après la session officielle des Conseils généraux, 33 départements n'avaient absolument rien répondu à cette communication ; dans dix autres le Préfet avait fait connaître que le Conseil général consulté par lui avait gardé le silence ; dans 28 le conseil général avait conclu à un ajournement ; cinq avaient déclaré que ces Comités étaient inutiles ; 14 départements seulement avaient émis un avis favorable, mais la plupart sans enquête préalable, ou après une enquête des plus sommaires, c'est-à-dire sans s'être sérieusement occupés de la question qui leur était soumise.

A la fin de 1896, 38 comités avaient été créés et répartis entre 24 départements. En août 1897, le chiffre des comités s'est élevé à 51, répartis dans 31 départements ; enfin, en mars 1898, il existait 87 comités répartis entre 48 départements. Mais ce n'est là qu'un résultat apparent. Pour juger du rôle bienfaisant de l'institution, il faut connaître les résultats effectifs de son fonctionnement. Les travaux du Conseil supérieur et notamment les remarquables rapports de M. Challamel publiés à leur date dans le *Journal officiel* et dans le *Bulletin de la Société française des Habitations à bon marché* les indiquent en détail.

Les Comités de patronage jusqu'à présent n'ont pas, d'une façon générale, accompli la mission qu'on leur avait confiée ; ils ont déçu les espérances qu'on s'était cru permis de fonder sur eux. Soit de leur part indifférence ou ignorance, ils sont demeurés pour la plupart dans une inaction absolue. Sur les 51 Comités institués en 1897, vingt seulement se sont conformés à la loi en adressant un rapport au Conseil supérieur et parmi ces derniers, les uns se bornent à parler de la constitution de leur bureau, un autre constate simplement qu'il n'existe dans son arrondissement aucune habitation à bon marché établie conformément à la loi de 1894, que d'ailleurs, il n'a reçu aucune subvention, qu'il ne possède aucune ressource et qu'il considère sa tâche comme terminée : Comme si ce n'est pas précisément dans les départements où l'opinion publique est la plus indifférente, que le rôle des Comités locaux dans la pensée du législateur doit avoir le plus d'importance ! D'autres Comités déclarent qu'en l'état actuel des choses, ils ne voient rien à faire ; un autre, dans son rapport, se borne à demander un règlement. En un mot, seuls ont eu de l'initiative les Comités qui ont eu la bonne fortune de compter parmi leurs membres des apôtres dévoués, des promoteurs de la première heure, tels que MM. Rostand, à Marseille ; Siegfried, Cheysson, Picot, etc., etc., tous membres du Conseil supérieur, et qui, d'ailleurs, n'avaient pas besoin de faire partie d'un Comité de patronage pour continuer à employer leur activité intelligente et leur dévouement au triomphe d'une cause dont ils avaient depuis longtemps pris la défense à cœur, ou bien les Comités institués dans des villes comme Bordeaux ou le Havre, où s'étaient manifestées déjà de nombreuses initiatives et où par conséquent le besoin de cette institution nouvelle se faisait le moins ressentir.

Il ne faut pourtant pas désespérer encore ; il est même probable que l'opinion publique, plus et mieux renseignée, secouera bientôt sa nonchalante indifférence et que les Comités locaux, sous l'impulsion patiente et éclairée que ne cesse de leur donner le Conseil supérieur, finiront par s'engager résolument dans la voie qui leur avait été assignée (1).

---

(1) Le dernier rapport de M. Challamel, présenté au Conseil supérieur des Habitations à bon marché, au nom du Comité permanent, sur les travaux des Comités d'habitations à bon marché pendant l'année 1898 (*Journal Officiel* du 19 mai 1899), ne modifie pas notre opinion sur le rôle de ces Comités jusqu'à l'heure actuelle ; ceux qui ont compris leur mission et qui se sont efforcés de la remplir, constituent une petite minorité. Mais nous sortirions du cadre de cette étude, à laquelle nous avons donné le caractère d'étude générale, si nous voulions entrer dans le détail minutieux de leurs diverses initiatives plus ou moins dignes d'éloges.

B) *Conseil supérieur des Habitations à bon marché.*

Prévu par l'art. 14 de la loi du 30 novembre 1894, institué et organisé par un décret et un arrêté du 20 février 1895 que l'on trouvera ci-après, sa composition devait empêcher que l'on eût à son sujet les mêmes déboires qu'ont donnés les Comités locaux de patronage.

Après avoir consacré ses premiers travaux à l'élaboration du règlement d'administration publique qui devait former le complément indispensable de la loi de 1894, il a régulièrement et complètement rempli la haute mission qui lui avait été réservée. Toutes les questions nées de l'application de la loi, ou même ayant trait d'une façon générale à l'œuvre de l'amélioration du logement pauvre, ont été par lui abordées et discutées. Résolutions, vœux, circulaires, il n'a rien négligé de ce qui pouvait intéresser l'opinion publique ; il s'est adressé aux Caisses d'épargne, aux Comités de patronage ; il a répondu avec bienveillance à toutes les demandes des Sociétés désireuses de faire approuver leurs statuts, ne leur ménageant ni les indications utiles, ni même de sages conseils.

Dès sa création, persuadé que le meilleur moyen de pousser à l'action était de faire connaître très exactement l'étendue et la gravité du mal auquel il s'agissait de remédier, il exprima aux pouvoirs publics combien il serait utile de faire procéder à une enquête générale et complète sur l'état de l'habitation pauvre dans les villes ; eux seuls, d'après lui, grâce à leur armée de fonctionnaires hiérarchiquement organisés, pouvaient mener à bien une telle entreprise aussi vaste et aussi compliquée. L'idée fut acceptée et l'on se mit de part et d'autre à l'œuvre : tandis que le ministre du commerce et de l'industrie préparait une longue et très explicative circulaire à l'usage des préfets, qui leur fut adressée le 2 juillet 1895, le Conseil supérieur des habitations à bon marché dressait un questionnaire d'enquête très complet, très précis, qui devait pouvoir guider, dans leurs recherches, les commissaires enquêteurs.

Il en a été pour cette enquête comme pour le rôle des Comités de patronage ; elle n'a pas eu les résultats qu'on espérait. Malgré tous les avis, toutes les exhortations possibles de sa part, les rapports qui ont été adressés au Conseil supérieur, à part quelques très rares exceptions, ont été tout à fait incomplets ou même rédigés par des gens qui paraissaient n'avoir rien compris à ce qu'on leur demandait. Parmi ces rapports, les uns, par exemple, se plaisaient à n'énumérer que les demeures saines et confortables, à les décrire avec soin, puis constataient tout à fait *in fine*, qu'elles ne constituaient que la très petite minorité ; d'autres répondaient que le questionnaire ne s'appliquait pas à leur ville, aucune habitation n'y étant spécialement affectée aux ouvriers et construite par des sociétés du genre de celles que mentionnait la loi, comme si on avait demandé une statistique des efforts antérieurs et des réalisations qui en avaient été le fruit !

Très peu ont compris que c'était la description minutieuse des logements actuels de la population pauvre des villes qu'on sollicitait, description faite surtout au point de vue de la nature et de l'étendue des imperfections à guérir et des maux à corriger ; la plupart ont été rédigées à la hâte par des gens pressés d'en finir avec des visites ou des constatations qu'il leur répugnait de faire eux-mêmes, jugeant leur besogne ingrate et désagréable et ne voulant point en comprendre la haute portée sociale.

C'est une œuvre très importante à recommencer en choisissant avec plus de discernement les bonnes volontés et les dévoûments seuls capables de la mener à bonne fin.

Quoi qu'il en soit de cet échec presque total de cette grande enquête dont il avait eu l'idée et l'initiative, le Conseil supérieur ne mérite aucun reproche, il ne s'est rendu coupable d'aucun oubli ; c'est une institution appelée à être des plus fécondes à la fois délibérante et agissante, étudiant les questions pour en proposer des solutions pratiques, et nous avons pleine foi en ceux que l'éclat de leurs travaux antérieurs ont placé à sa direction.

§ 2. — Bénéficiaires de la Loi.

(Loi modificative du 31 Mars 1896).

Le législateur n'a pas voulu conserver à la loi le titre de "Loi relative aux habitations ouvrières", qu'elle portait dans le projet primitif ; il l'a dénommée : "Loi relative aux habitations à bon marché", avec l'intention bien arrêtée de lui donner une portée plus générale, et ce, contrairement à ce qu'avait décidé le législateur belge : il a bien fait. Il est toujours dangereux de légiférer pour une classe spécialement déterminée d'individus, et souvent même il est difficile d'obtenir, à l'aide d'une seule dénomination, une délimitation suffisamment exacte et précise. Ainsi d'après la loi belge elle-même, quand le travailleur manuel cessera-t-il d'être ouvrier pour devenir artisan ? S'il travaille chez lui à façon, mais pour le compte unique d'un industriel, que décidera-t-on ? Et dans ce cas, comme dans beaucoup d'autres analogues, on pourra bien avoir un avis et une décision, mais on n'arrivera ni à expliquer ni à légitimer la loi : la Partialité, c'est l'Injustice. La loi française s'est bien montrée partiale, — et beaucoup d'ailleurs le lui reprochent, — mais elle s'est efforcée de rendre sa partialité moins apparente et moins irritante, en élargissant le cercle de son application. Elle a été faite pour toutes les petites gens, aux revenus modestes, qui dans la plupart des villes, se voient forcés de s'entasser dans des logements exigus et malsains : ouvriers, artisans, employés, retraités, petits rentiers eux-mêmes : à quoi bon, en effet, opérer des distinctions, quand le sort de chacun est digne de la même sollicitude ?

Et d'autre part il est certain que présentée de la sorte, la loi française apparaît sous un jour plus favorable et sa raison d'être, mieux et plus solidement établie.

La loi s'applique (art. 1) :

1º A toute personne voulant construire une habitation pour son usage personnel.

2° Aux « particuliers » ou aux « sociétés » qui désirent construire des maisons à bon marché, pour les louer ou les vendre.

En dehors des Sociétés qui font l'objet de dispositions particulières, elles ne met que deux conditions à son application :

1° Il faut que les acheteurs, les locataires ou les constructeurs pour eux-mêmes, ne soient propriétaires d'aucune autre maison (art. 1).

2° Il faut que les maisons dont il s'agit ne dépassent pas une certaine valeur (art. 5 de la loi et art. 50 du règlement).

Au demeurant aucune distinction n'est faite entre les maisons individuelles et les maisons collectives. Quant à ces dernières, la loi se préoccupe non plus de leur valeur globale, mais de la valeur de chacun de leurs logements et leur impose le même maximum qu'aux maisons individuelles.

Quant aux Sociétés de construction, et aux Sociétés de crédit qui, ne construisant pas elles-mêmes, ont pour but de faciliter l'achat ou la construction de maisons à bon marché, elles doivent pour bénéficier des avantages de la loi, faire approuver leurs statuts par le Ministre compétent qui prendra l'avis du Conseil supérieur ; ceux-ci devront indiquer le but exclusif des Sociétés, et limiter les dividendes à distribuer aux actionnaires, à un chiffre maximum (art. 2 de la loi et art. 9 du règlement).

(LOI DU 31 MARS 1896)

Une première difficulté naquit de l'art. 9 § 5 du règlement d'administration publique, qui imposait aux Sociétés de construction et de crédit l'obligation d'insérer dans leurs statuts, que lors de l'expiration de la Société, l'Assemblée générale appelée à statuer sur la liquidation « ne pourra attribuer l'actif net» restant, qu'à une Société constituée conformément à la loi du 30 novembre 1894. Cette disposition avait été introduite dans le règlement sur l'avis du Conseil d'État contraire à celui du Conseil supérieur, elle offrait de graves inconvénients pour les Sociétés déjà existantes qui auraient voulu se conformer à la loi et faire approuver leurs statuts après les avoir modifiés au besoin, et même pour les Sociétés en voie de formation ; elle était peut-être d'accord avec la lettre même de l'art. 2 de la loi de 1894, mais elle en dépassait certainement l'esprit.

La question fut soulevée par M. Eugène Rostand, d'abord au sein du Conseil d'administration de la Société française des Habitations à bon marché, qui, à l'unanimité, sur la proposition de M. Rostand, émit le vœu suivant :

« Considérant que cette disposition (art. 9 § 5 du règlement) introduite dans le règlement contrairement à l'avis du Conseil supérieur des Habitations à bon marché, constitue une aggravation des conditions prescrites par la loi ;

« Considérant qu'aux termes de l'art. 13 de la dite loi, les Sociétés actuellement existantes doivent jouir, au même titre que celles qui se fonderont après sa promulgation, des dépenses et immunités qu'elle concède, à la condition de modifier leurs statuts le cas échéant, conformément à ses prescriptions.

« Que par le fait de la disposition visée du règlement d'administration publique, le bénéfice du dit article 13 deviendra complètement illusoire, les clauses des statuts qui sont relatifs à la répartition de l'actif en cas de liquidation, constituant une des bases essentielles du pacte social, et ne pouvant dès lors être modifiées, pour les sociétés actuellement existantes, que par l'assentiment unanime des associés, ce qui équivaut à une impossibilité de fait absolue.

« Qu'en ce qui concerne les Sociétés nouvelles, cette même disposition est de nature à réduire l'apport des capitaux aux souscriptions de pure charité, et par suite à stériliser le bienfait de la loi ;

« Le Conseil émet le vœu que le règlement d'administration publique du 21 septembre 1895 soit modifié par la suppression du § 5 de l'art. 9. »

Le Conseil supérieur des Habitations à bon marché, saisi à

son tour de cette demande, l'examina avec la plus grande attention.

Entre temps une nouvelle difficulté surgissait : L'art. 5 de la loi de 1894 était ainsi conçu :

« Les avantages concédés par la présente loi s'appliquent exclusivement :

« En ce qui concerne les maisons individuelles....... Aux immeubles dont le revenu net imposable à la Contribution foncière déterminé conformément à l'art. 5 de la loi du 8 août 1890 ne dépasse pas de plus d'un dixième ;

« Dans les communes au dessous de 1.000 habitants, 90 francs ;

« Dans les communes de 1.001 à 5.000 habitants, 150 francs ; etc., etc.

Le règlement d'administration publique du 21 septembre 1895 avait traduit ces limites en valeurs locatives en les majorant d'un tiers, puis en ajoutant à ce premier total un dixième, et de la sorte la limite 90 francs était remplacée par la limite 132, 150 par 220, et ainsi de suite. C'était une traduction commode qui respectait la loi en mettant ses prescriptions sous une forme plus usuelle et plus intelligible. Mais le règlement avait ajouté (art. 50) que ces limites s'appliquaient à « la valeur locative augmentée des charges incombant aux propriétaires et mises par le bail au compte du locataire » et alors se posait la question suivante :

Dans le cas d'une société anonyme de construction, qui loue ses maisons à des ouvriers avec promesse de vente, ses locataires auront à payer pendant vingt ans, par exemple, une annuité qui doit les rendre, au bout de cette période, propriétaires de leur immeuble et qui se compose des éléments ci-dessous :

1º L'intérêt du capital, valeur de la maisonnette ;

2º Les frais généraux d'entretien, d'administration, d'impôts, de non valeurs supportés par la Société ;

3º Les charges accessoires incombant aux locataires, mais avancées par le propriétaire, telles que : frais de vidange, d'eau, de voirie, d'assurance contre l'incendie ;

4º La charge d'assurance temporaire en cas de décès, dans les conditions prévues par l'art. 7 de la loi du 30 novembre 1894 ;

5º La prime d'amortissement pour reconstituer le capital de la maison à l'expiration du bail.

Comment le règlement avait-il interprété « le revenu net » dont il était question à l'art. 5 de la loi ? De quels éléments parmi tous ceux-ci devait-il se composer ? Pour les deux derniers, pas de difficultés ; ils sont en dehors du revenu net ; les deux premiers, au contraire, en font incontestablement partie ; mais le troisième, celui des charges accessoires de salubrité ? — Il paraissait certain que le règlement avait compris ces charges dans les valeurs locatives telles qu'il les avait définies et dès lors qu'il refusait les faveurs de la loi à toutes les maisons dont le loyer, par suite de cette addition, dépassait les limites légales.

En présence de cette exclusion et pour y échapper, il était à craindre que les sociétés de construction soient conduites à retirer de l'annuité ces divers services et à laisser à leurs locataires le soin d'y pourvoir sans son intervention directe, au grand détriment de l'hygiène et de la salubrité, et qu'ainsi elles se missent en outre dans l'impossibilité de faire l'éducation de ces mêmes locataires pendant la période d'amortissement et de leur donner des habitudes et des besoins de propreté qui auraient sans doute persisté chez eux après que les sociétés eussent disparu...

Le Conseil supérieur convaincu que le législateur devait revenir sur son œuvre pour la corriger, dans ces deux détails de ses dispositions, eut la bonne fortune de faire partager sa conviction au Gouvernement qui présenta un projet de loi modificative le 28 février 1896. Un mois après, le 31 mars, la loi avait été votée par les deux Chambres et promulguée sans modification, mais avec une addition (art. 3) destinée à éviter toute controverse sur la rétroactivité ou la non rétroactivité de l'article 8 de la loi du 30 novembre 1894.

Le dernier rapport de M. Challamel au Conseil Supérieur

des Habitations à bon marché (mars 1899), nous apprend qu'une nouvelle difficulté a surgi au sujet de l'interprétation de ce même article 5 de la loi de 1894 : A l'occasion d'une demande d'exonération formée par la Société coopérative "Le Foyer Villeneuvois", l'administration des contributions directes a soutenu que le revenu net imposable à la contribution foncière, auquel se réfère l'article 5 de la loi du 30 novembre 1894, doit être déterminé, non par le chiffre du loyer des habitations à bon marché, mais par comparaison de leur valeur locative avec la valeur locative des autres immeubles de la localité. D'après elle, cet article dit d'une façon formelle que les avantages concédés par loi s'appliquent exclusivement aux immeubles dont le revenu net imposable déterminé cft à l'art. 5 de la loi du 8 août 1890 ne dépasse pas un certain chiffre. Or, il est de jurisprudence en matière de contribution foncière que la valeur locative qui sert de base à l'impôt est la valeur locative vraie, c'est-à-dire celle qui révèle l'importance des locaux par rapport aux conditions générales de l'habitation dans la commune et non celle qui résulte du bail. S'il plait au propriétaire de louer trop bon marché, le fisc ne doit pas en souffrir et l'administration est fondée à majorer le chiffre du loyer pour rétablir l'égalité proportionnelle des citoyens devant l'impôt. Ainsi l'administration veut taxer les habitations à bon marché d'autant plus cher qu'elles sont plus salubres et que le loyer en est plus réduit.

Cette interprétation est absolument contraire à la lettre et à l'esprit de toute la loi du 30 Novembre 1894 ; elle en détruirait les effets les plus pratiques et les plus immédiats. D'ailleurs, d'après la jurisprudence elle-même du Conseil d'Etat, la valeur locative des propriétés bâties est en principe déterminée par les baux ; l'administration ne peut refuser d'en tenir compte qu'à la condition de prouver qu'ils ne sont pas sincères ou qu'ils ont été faits dans des conditions anormales.

Au sujet du "Foyer Villeneuvois", l'administration ne conteste pas la sincérité des baux ; elle soutient seulement qu'ils ont été passés dans des conditions anormales :
« Comment soutenir, s'écrie M. Challamel, que le bail est

dans des conditions anormales quand il est justement ce que la loi elle-même a voulu qu'il fût ? » Puis il ajoute : « Sur la foi du tarif légal et aussi sur la foi des interprètes les plus autorisés de la loi, les Sociétés d'Habitations à bon marché sont entrées en campagne ; elles avaient à remplir ce programme : construire des maisons aussi parfaites que possible au point de vue de l'hygiène et ne pas excéder cependant le chiffre de valeur locative fixé par la loi. Tous leurs calculs ont été faits en conséquence, tous leurs types et tous leurs barêmes ont été dressés. Comment admettre que l'administration puisse répondre : je n'accepte pas vos calculs, ce que vous avez fait est trop beau et trop bon marché ; il fallait vous baser sur la valeur locative ambiante, c'est-à-dire sur le loyer des maisons jugées insuffisantes auxquelles vous avez mission de faire concurrence. »

A la suite de ce remarquable rapport le Conseil supérieur a émis l'avis : « Que la base unique d'estimation de la valeur locative des Habitations à bon marché, pour l'application de l'article 5 de la loi du 30 Novembre 1894, est le chiffre réel du loyer des dites habitations, à l'exclusion de toute comparaison avec d'autres locaux. » Il est à souhaiter que l'administration des contributions directes mieux renseignée s'incline devant cette décision et surtout devant les motifs qui l'ont inspirée.

§ 3. — **Avantages de la loi.**

A) Avantages fiscaux.

Les avantages fiscaux, privilèges et exemptions, que comportait la loi, ont été, d'une façon générale, considérablement diminués, au cours de la discussion au Sénat des articles du projet. Le législateur eût pu se montrer peut-être plus généreux, et au besoin insérer dans la loi une disposition analogue à celle de la loi autrichienne, destinée à rendre temporaire ses faveurs et à lui permettre ainsi de juger par les résultats leur application pratique avant de les établir à titre définitif. Tels qu'ils ont été édictés, ils peuvent être rangés en deux catégories :

a) *Avantages fiscaux au point de vue foncier.*

Les maisons à bon marché, répondant aux conditions exigées que nous avons énumérées plus haut, sont affranchies :

1° Des Contributions foncières et des portes et fenêtres pendant une durée de cinq ans du jour de leur achèvement (Art. 9 § 1 et 2 de la loi et art. 50 à 58 du règlement).

L'exemption comprend à la fois le principal de l'impôt et les centimes additionnels de toute nature (Art. 56 du règlement). Cette faveur ne constitue d'ailleurs qu'un élargissement restreint du principe d'exemption consacré par la loi pour tous les immeubles nouvellement bâtis (La durée de l'exemption, en effet, était déjà de trois ans) ;

2° Les droits de mutations en vigueur seront appliqués aux maisons à bon marché en cas de vente ; le projet portait une suppression de la moitié ; toutefois, une légère faveur est consentie : Quand ces maisons seront payables par annuités, la perception des droits pourra être fractionnée en cinq années (Art. 10 de la loi).

En fait, ceci ne concerne que les maisons individuelles, et leur vulgarisation devait au plus haut point attirer l'attention du législateur. L'ouvrier qui veut devenir acquéreur est digne du plus grand intérêt. Sous l'empire de la loi fiscale antérieure, tandis qu'il s'efforçait d'économiser peu à peu, pensant pouvoir atteindre son but en acceptant avec courage une augmentation de loyer déjà lourde pour lui, un beau jour, brusquement, l'enregistrement lui réclamait sur l'heure le paiement d'une somme pouvant s'élever à plusieurs centaines de francs ! C'était là un obstacle des plus sérieux qui devait éloigner les ouvriers de cette sorte d'opération, car bien peu parmi eux, étant donné le paiement continu d'une annuité d'amortissement, pouvaient réaliser assez vite une aussi grosse épargne. La loi apporte-t-elle un remède suffisant ? Ce n'est pas notre avis.

3° Les Sociétés sont exemptées de la taxe de main-morte lorsqu'elles ont pour objet exclusif, la construction et la vente des maisons auxquelles s'applique la loi ; mais la taxe est perçue pour les maisons exploitées par la Société, ou mises en location par elle (art. 9 § 5 et 6 de la loi). — C'est le moins que l'on était en droit d'attendre du législateur ; et en effet, pour les immeubles que les Sociétés vendent au moyen d'annuités, la taxe de main-morte est-elle justifiée ? Les maisons construites sont dans ce cas, essentiellement destinées à être mises dans la circulation ; elles sont vendues ; il est accordé aux acquéreurs quelques facilités pour le paiement, mais c'est tout ; et la loi elle-même le reconnaît bien dans une autre de ses dispositions puisqu'elle décide que l'enregistrement devra être payé au plus tard, dans les cinq ans qui suivront le contrat, de toutes les sommes qui lui sont dues, à raison des droits de mutation, alors même que le paiement des annuités devra se prolonger pendant longtemps encore.

b) *Avantages fiscaux au point de vue des droits mobiliers.*

1° Les actes nécessaires à la constitution et à la dissolution des Sociétés de construction ou de crédit dont les statuts auront été approuvés conformément à la loi, sont dispensés du timbre et enregistrés gratis, ainsi que les pouvoirs en vue de la représentation aux Assemblées générales. — Toutefois, les droits de timbre sont maintenus pour les titres d'actions et d'obligations (art. 11 de la loi).

2° Les Sociétés elles-mêmes répondant aux conditions prescrites, sont dispensées de toute patente (art. 13 de la loi).

3°. Elles sont exonérées de l'impôt sur le revenu à condition que leurs actions soient nominatives ; cette exemption en outre ne s'applique qu'aux associés dont le capital versé ne dépasse pas 2.000 francs.

B) Facilités de prêts.

1° La Caisse des dépôts et consignations est autorisée à employer jusqu'à concurrence du cinquième, la réserve provenant de l'emploi des fonds des Caisses d'épargne qu'elle a constituée en obligations négociables de Sociétés de construction ou de crédit (art. 6 § 2 de la loi).

Nous connaissons déjà cette disposition pour l'avoir étudiée à propos de l'intervention des Caisses d'épargne ; elle est d'ailleurs complétée par l'art. 10 de la loi organique du 20 juillet 1895 sur ces mêmes Caisses d'épargne que nous ne rappellerons pas.

Il est bien entendu que seules, peuvent obtenir ces prêts, les Sociétés réunissant les conditions prescrites ; et que, d'autre part, c'est une simple faculté qui est donnée à la Caisse des Dépôts et Consignations et non pas une obligation qui lui est imposée : Son Conseil de surveillance se prononce sur les demandes qui lui sont transmises en premier et en dernier ressort.

Dès 1895, cette Caisse publiait trois documents importants destinés à faire connaître les conditions qu'elle mettait à son concours.

Par le premier contenant des renseignements généraux, elle faisait savoir notamment :

1° Que le montant de ses avances ne serait pas supérieur à huit fois le capital appelé, sans dépasser le double du capital actions, et en tenant compte, s'il y a lieu, des emprunts en cours d'amortissement ;

2° Que les obligations négociables devraient être du type des obligations du chemin de fer, au capital de 500 francs, émises au pair ;

3° Que l'intérêt qu'elle demanderait serait de 3 fr. 25 0/0 net de tous frais accessoires et impôts, lesquels resteraient à la charge des Sociétés ;

4° Que les sociétés qui emprunteraient à la Caisse devraient s'interdire la faculté d'emprunter sur hypothèque jusqu'au complet amortissement des obligations émises en garantie du prêt consenti par la Caisse ;

5° Comment l'amortissement des obligations devait s'effectuer, etc., etc.

Dans le deuxième document, elle énumérait les pièces à produire à l'appui d'une demande d'emprunt ; enfin, elle donnait un modèle de la délibération à prendre par le Conseil d'administration d'une Société pour la réalisation à la Caisse d'un emprunt sur obligations.

Mais jusqu'à cette heure, la Caisse des dépôts et consignations a borné son action à la publication de ces documents. Toutes les demandes d'emprunt qui lui ont été adressées sont demeurées sans solution. Sa Commission de surveillance paraissait désirer l'interposition d'une société centrale de crédit dont le rôle devait consister à recevoir en connaissance plus exacte de cause les obligations des sociétés locales pour les lui négocier. L'existence de ce rouage intermédiaire n'avait été ni prévue, ni exigée par l'art. 6 de la loi du 30 novembre 1894, qui règlementait l'intervention de la Caisse des dépôts et consignations. Mais, d'autre part, le législateur n'avait pas imposé cette intervention, il avait donné à cette caisse une simple faculté et en l'absence de tout moyen de coercition qui eût pu permettre de vaincre la résistance opposée, il fallut se plier aux exigences de la Commission de surveillance. Grâce à M. F. Siegfried une « Société de Crédit des Habitations à bon marché », société anonyme au capital de 500.000 francs, a été fondée, sous la présidence de M. Siegfried lui-même. Elle a pour objet : 1° de consentir aux Sociétés d'Habitations à bon marché, constituées en conformité des lois du 30 novembre 1894 et 31 mars 1896, des prêts avec ou sans garantie hypothécaire et dont le montant totalisé ne pourra excéder 10 fois le montant du capital social ; 2° de recevoir en représentation de ces prêts des obligations négociables avec ou sans garantie hypothécaire ; 3° de négocier sous sa garantie, à la Caisse des dépôts et consignations, les obligations ainsi reçues. Son capital social doit rester affecté à garantir les escomptes d'obligations faits à la Caisse des dépôts, il ne pourra être engagé dans aucune autre opération et devra demeurer déposé à cette caisse. Le siège de cette Société est à Paris, 15, rue de la Ville-L'Evêque, au siège du Secrétariat de la Société française des Habitations à bon marché. Elle a commencé ses opérations et consent actuellement ses prêts au taux de 3 0/0. Nous pensons que la constitution de cet organe qui ne s'est pas réalisée sans difficultés et sans obstacles aura une influence décisive et qu'en brisant la résistance de la Caisse des dépôts à promouvoir l'œuvre de l'amélioration de l'habitation pauvre, elle aura rendu à cette œuvre les plus grands services (1).

II. — Les bureaux de bienfaisance, les hospices et hôpitaux peuvent employer une fraction de leur patrimoine, qui ne dépassera pas le cinquième, à la construction de maisons à bon marché, dans les limites de leurs circonscriptions charitables, en prêts hypothécaires aux Sociétés de construction ou de crédit et en obligations de ces Sociétés.

Néanmoins, dans aucun cas, ils ne pourront disposer ainsi d'une somme dépassant le montant de leur fortune mobilière (art. 6, § 1er de la loi et art. 10 du règlement).

(1) Dans le dernier rapport de M. Siegfried, présenté au Conseil supérieur des Habitations à bon marché au nom du Comité permanent, sur les ressources affectées aux constructions d'habitations à bon marché (*Journal Officiel* du 19 mai 1899), sont énumérées toutes les conditions auxquelles la nouvelle Société consent ses prêts et toutes les pièces que les Sociétés locales doivent fournir à l'appui de leur demande. Nous y lisons aussi cette constatation du plus haut intérêt à savoir que déjà 700.000 fr. d'obligations appartenant à quatre Sociétés locales distinctes ont été négociés à la Caisse des dépôts et consignations par l'intermédiaire et avec l'aval de la Société de crédit.

Certes, on ne peut constater en France encore rien de comparable à ce qui s'est fait en Belgique, où, en 1897, la Caisse générale d'Epargne et de retraite était créancière de sociétés de construction ou de sociétés de prêts, en vue de la construction pour une somme totale de fr. 19.697.059.30, et où sur 9.067 débiteurs hypothécaires depuis l'origine, 34 seulement avaient été expropriés et 445 en retard sur le payement des mensualités. Ajoutons que les garanties offertes par les Sociétés ont été largement suffisantes et que la Caisse d'Epargne n'a pas eu encore la moindre perte à subir. Que les Caisses d'épargne françaises et la Caisse des dépôts et consignations étudient ces chiffres et recueillent l'enseignement qui s'en dégage.

C'est encore une disposition imitée de la loi belge. Bien antérieurement, d'ailleurs, nous avons vu que les bureaux de bienfaisance de Mons, du Havre, de Nivelles, d'Anvers avaient obtenu des autorisations particulières et pratiqué avec succès cette sorte d'assistance préventive.

Il a paru utile de donner en France à ces établissements la possibilité d'un essai qui peut être fructueux. Etant donné l'esprit de prudence et d'économie qui anime généralement leurs administrateurs et les limites que la loi elle-même impose, il n'y a pas lieu de redouter des abus auxquels, d'ailleurs, le gouvernement aura toujours le pouvoir de s'opposer, les délibérations des Commissions administratives placées à la tête de ces établissements étant soumises à l'approbation du Préfet.

C) FACILITÉS D'ASSURANCES TEMPORAIRES.

Nous savons quels services l'assurance temporaire, en cas de décès, peut rendre à la cause de l'amélioration de l'habitation à bon marché en facilitant à l'ouvrier l'acquisition de sa maisonnette. Nous avons vu, d'autre part, que les Compagnies d'assurance privées n'avaient pas jusqu'à présent cherché à s'attirer une aussi misérable clientèle qui, en Angleterre cependant, fait à elle seule la puissance et la prospérité de très grandes Compagnies.

En l'état de cette abstention, on a demandé au législateur d'intervenir et de permettre à une Caisse d'Etat de contracter de pareilles assurances. La Caisse d'assurances en cas de décès créée par la loi du 16 juillet 1868 et gérée par la Caisse des dépôts et consignations est autorisée à signer avec les acquéreurs, les locataires avec promesse de vente ou les constructeurs pour eux-mêmes de maisons à bon marché, des contrats d'assurance temporaire ayant pour but de garantir, à la mort de l'assuré, si elle survient dans la période d'années déterminée, le paiement des annuités restant à échoir. Le montant de l'assurance ne pourra pas dépasser une certaine somme calculée suivant l'importance de la commune et représentant la valeur de la maisonnette (art. 7 de la loi et art. 11 à 37 du règlement).

Au cours de la discussion au Sénat de cette disposition, sur les remarques judicieuses de M. F. Martin, on s'aperçut que la loi de 1868 devait subir d'importantes modifications sans lesquelles le règlement d'administration publique, qui devait intervenir pour prescrire les détails de l'application d'un principe que la loi se contentait de poser, eût été lié par les dispositions législatives antérieures et incapable de rendre abordable et pratique cette faculté d'assurance reconnue nécessaire. C'est ainsi que la loi de 1868, n'obligeait pas l'assuré à se soumettre à une constatation médicale, mais que par contre elle décidait d'une façon absolue que l'assurance ne prendrait son effet que deux ans après la signature du contrat. Cette double disposition présentait des inconvénients très réels, tant au point de vue de la marche et de la sécurité de la Caisse, que pour l'assuré lui-même : L'ouvrier qui veut acheter ou construire une habitation et qui contracte une assurance, en vue de faire cette opération en pleine sécurité, ne consentirait jamais à demeurer deux ans sans savoir si son contrat est valable ou non. Cette même loi organique de la Caisse d'assurance disposait, en outre, que les polices seraient incessibles et insaisissables et leur imposait un maximum qui ne pouvait s'accorder avec la valeur des maisons dont il s'agissait de faciliter l'acquisition.

C'est en l'état de ses considérations, que l'article 7 modifié a été complété par un amendement de M. F. Martin, accepté par la Commission et ainsi conçu : « Tout signataire d'une proposition d'assurance devra répondre aux questions et se soumettre aux constatations médicales qui seront prescrites par les Polices. En cas de rejet de la proposition, la décision ne devra pas être motivée.

« L'assurance produira son effet dès la signature de la Police.

« La somme assurée sera, dans le cas du présent article, cessible en totalité dans les conditions fixées par les polices.

« La durée du contrat devra être fixée de manière à ne reporter aucun payement éventuel de prime après l'âge de 65 ans. »

La loi belge avait donné à la Caisse générale d'épargne cette faculté de contracter des assurances sur la vie dans le même but et les mêmes cas, avec cependant une légère variante :

Tandis que la loi française parle « d'Assurances temporaires » en cas de décès, la loi belge vise « l'Assurance mixte » dans laquelle le cas de vie et celui de mort sont prévus. Dans l'assurance mixte, le capital stipulé est toujours payé : Au moment de la mort de l'assuré, si elle survient dans un certain laps de temps, à l'expiration même du terme, si l'assuré vit toujours. Dans l'organisation créée par la loi belge, la Caisse générale d'épargne remplira le plus souvent la double fonction de prêteur et d'assureur et la prime qu'alors elle fera payer comprendra la prime d'assurance proprement dite et l'amortissement de l'argent qui lui est dû. Quand elle ne sera pas prêteur elle rendra service aux sociétés de construction ou de crédit, en prenant la charge de gérer les annuités d'amortissement, de les faire fructifier, et de reconstituer ainsi pour elles le capital qu'elle leur versera soit en cas de vie, soit en cas de mort de l'assuré, plus tôt ou plus tard suivant les évènements, mais sans que dans aucun cas elles aient eu la préoccupation d'employer au fur et à mesure les sommes successivement amorties. La loi française ne permet à la Caisse d'assurance d'Etat de n'être qu'assureur ; elle n'a pas voulu greffer sur l'assurance une opération d'amortissement et donner ainsi à la Caisse, en même temps que plus de capitaux à gérer et à faire fructifier, une plus grande responsabilité.

Quant au règlement d'administration publique, il s'est préoccupé avant tout de la sécurité et de la régularité des opérations effectuées par une Caisse d'Etat qui n'a pas le droit de courir des dangers, et des règles administratives. De là, des complications peut-être inévitables, mais qu'il est permis de déplorer, car le public français n'est pas encore familiarisé avec les opérations d'assurance et en les hérissant de formalités décourageantes, on ne s'emploie pas à lui en faciliter l'accès.

Les auteurs eux-mêmes du Règlement ont compris le défaut qu'il pouvait avoir et heureusement, en fait, ils ont mis à la disposition des intéressés un moyen qui permet de simplifier les choses et leur rend abordable l'assurance : C'est l'interposition des sociétés de construction et de crédit entre les assurés et la Caisse d'Etat. L'article 7, § 4, stipule que la somme assurée pourra être cessible en totalité dans les conditions fixées par les polices et l'art. 36 du règlement ajoute : « La cession du bénéfice de la police d'assurance ne pourra être faite qu'au profit de la société de construction ou de crédit, lorsque cette clause sera insérée dans l'acte de promesse de vente joint à la proposition d'assurance ».

Cette disposition complète heureusement et corrige la loi ; et, grâce à elle, il sera possible d'éviter un écueil dangereux : la tentation que dans un moment de gêne l'ouvrier acquéreur eût pu avoir de céder à vil prix, à un usurier quelconque, le bénéfice de son assurance ; mais la cessibilité de l'assurance ainsi restreinte au profit de la Société quand elle aura pris les précautions suffisantes (1), n'offre plus que de réels avantages ; elle procure réciproquement de la sécurité aux deux parties en présence, et elle va permettre à la Société cessionnaire d'assumer la charge des formalités et de les éviter aux acquéreurs assurés eux-mêmes.

Celles-ci pouvaient être gênantes pour chacuns d'eux en particulier, alors qu'ils n'auraient peut-être eu ni le temps, ni la capacité de procéder aux démarches, et de se livrer aux écritures prescrites ; elles deviennent aisées à une Société organisée qui agira comme mandataire de tous ; aussi ne peut-on qu'approuver l'art. 11 § 9 du règlement, qui autorise expressément les Sociétés à transmettre les propositions d'assurances, et à servir d'intermédiaires entre la Caisse et les assurés pour toutes les opérations ultérieures ; la même faculté est accordée aux Comités locaux de patronage.

(1) Cette clause dont il est fait mention à l'art. 56 du règlement, et dont il est aisé de comprendre l'importance est contenue dans les statuts modèles préparés à l'usage des Sociétés en formation par la Société française des habitations à bon marché.

M. Cheysson, au Congrès de Bordeaux, a savamment expliqué comment cette intervention des Sociétés offre encore deux avantages, en permettant de résoudre deux problèmes embarrassants : l'un relatif à l'espacement d'échéance, l'autre à leur nivellement.

La Caisse d'assurance a intérêt à n'avoir qu'une échéance par an ; l'ouvrier, au contraire, a intérêt à payer par fractions aussi nombreuses que possible : à cause de son imprévoyance ; le morcellement de l'annuité lui en facilite l'épargne et le paiement. — La Société intervenant peut facilement combiner des encaissements trimestriels ou même mensuels avec un paiement annuel à la Caisse.

La question du nivellement des primes est plus compliquée. Dans l'assurance temporaire, les risques de la Compagnie assureur sont décroissants et normalement la prime doit suivre une marche analogue ; elle débute par son maximum et doit décroître pour s'annuler à la fin du contrat. Il n'est scientifiquement pas possible de la niveler pendant toute la durée de l'opération, sans faire courir à la Caisse le risque d'un découvert, qu'en langage technique on appelle une « réserve négative » et que, dans l'intérêt de sa sécurité, elle ne peut accepter. La Société de construction ou de crédit peut encore intervenir pour résoudre cette difficulté : Pendant que la Caisse d'Etat se fera payer une prime décroissante, la Société au lieu de prélever un amortissement constant, prélèvera un amortissement croissant qui, superposé à la prime décroissante, constituera une annuité constante.

Certes, les calculs pour cette substitution de l'amortissement croissant à l'amortissement constant, sont laborieux et compliqués et dépasseraient, sans doute, les forces des sociétés de construction. Mais, le Musée social, présidé par M. Siegfried, a mis son service d'actuaires à leur disposition.

§ 4. — Modifications apportées par la loi au régime successoral du Code civil

(Article 8 de la loi et articles 38 à 49 du règlement)

Nous ne reviendrons pas sur ce que nous avons dit quand nous avons examiné la question de savoir s'il pouvait convenir à l'ouvrier de devenir propriétaire. Nous avons, à ce propos, constaté les graves inconvénients que présentaient les dispositions du Code civil, réglant notre régime successoral, dispositions qui prescrivaient l'égalité parfaite dans le partage des successions, rendaient la licitation obligatoire comme étant le seul moyen d'y parvenir, et le maintien de l'indivision impossible en présence de mineurs ou contre la volonté d'un seul.

C'est pour essayer de corriger dans ses fâcheuses conséquences l'absolutisme de ces règles, et dans le but de maintenir, autant que possible, dans la famille la maisonnette acquise par le défunt, au prix de tant d'efforts et de privations que l'art. 8 a été inscrit dans la loi du 30 novembre 1894, laissant au règlement d'administration publique qui devait être décrété, le soin de préciser dans ses détails l'application des règles nouvelles dont il se contentait de tracer les grandes lignes.

Au Congrès de Bordeaux de 1895, M. Challamel, avocat à la Cour d'appel de Paris, docteur en droit, qui en sa double qualité de membre du Conseil supérieur des habitations à bon marché et de sa commission permanente, avait pris une part active à l'élaboration du règlement d'administration publique, a fait de ces dispositions législatives, avec une compétence toute particulière, une étude des plus approfondies. Son rapport nous servira de guide dans l'exposé sommaire que nous allons faire des réformes qui ont été prescrites par elles et des diverses questions et difficultés qu'elles soulèvent.

Hâtons-nous de dire qu'en cette matière la France peut revendiquer l'honneur de la première initiative. C'est la Belgique qui veut à son tour nous imiter et compléter dans cet ordre d'idées sa loi de 1889. Le projet de loi « van der Bruggen », que nous croyons encore à l'étude, poursuit ce but.

A) *Conditions générales d'application de l'art. 8.*

Il est nécessaire de bien spécifier tout d'abord, avant d'entrer dans le détail de ses dispositions, quelles sont les hypothèses que notre article 8 prévoit et dans lesquelles seules il doit recevoir son application. Son caractère de loi d'exception, une fois mis de la sorte en relief, nous examinerons les modifications qu'il a introduites dans notre droit successoral.

L'art. 8, qui contient à lui seul toute la matière de notre sujet, ne vise que les successions dans lesquelles il s'agira du partage d'une maisonnette individuelle, répondant aux conditions de valeur prévues par les autres articles de la loi, ayant appartenu à quelqu'un dont elle constituait l'unique propriété immobilière et, par conséquent, constituant l'unique actif immobilier de la succession. Mais, nous le répétons, il n'est pas nécessaire que le défunt ait été ouvrier ; le législateur n'a pas voulu légiférer pour une catégorie étroitement délimitée ; peu importe la profession du défunt pourvu qu'il ait été d'une condition peu aisée, ce que la loi admet comme prouvé quand il a été uniquement propriétaire de sa maisonnette et que celle-ci — c'est là une condition d'application spéciale que nous n'avons pas rencontré dans les conditions d'application générale de la loi — *au moment de sa mort était occupée soit par lui-même, soit par sa femme, soit par l'un de ses enfants* (art. 8, § 1). Dans la généralité des cas, d'ailleurs, c'est le défunt propriétaire qui aura occupé la maison.

Une controverse s'était élevée sur le point de savoir si l'art. 8 aurait un effet rétroactif et s'appliquerait aux maisons construites antérieurement qui répondraient d'ailleurs aux conditions prévues. Les principes généraux du droit et les travaux préparatoires permettaient de répondre par l'affirmative ; mais le législateur a profité de la loi modificative que le gouvernement lui demandait de voter pour trancher lui-même toute difficulté et dans l'art. 3 indiquer qu'il n'entendait faire aucune différence entre les immeubles déjà construits ou à construire.

Mais ce point d'interrogation supprimé, les conditions spéciales de l'application de cet article 8 doivent donner lieu encore à certaines difficultés d'interprétation.

Le texte ne prévoit d'une manière expresse que le décès de l'acquéreur ou du constructeur de la maison. Que faudra-t-il décider si ce n'est pas l'acquéreur mais son conjoint qui meurt le premier, lorsque l'immeuble fera partie de la communauté légale ayant existée entre les deux époux, ce qui sera d'ailleurs le cas le plus fréquent ? D'après M. Challamel dont nous partageons entièrement l'opinion, il n'y a pas lieu de distinguer entre l'une et l'autre hypothèse. Les intérêts à sauvegarder sont identiquement les mêmes dans les deux cas ; en outre, le mari peut-il légitimement être considéré seul comme l'acquéreur ? C'est lui il est vrai qui aura signé le contrat, mais il n'a pas acheté pour lui seul, la femme a sur l'immeuble un droit de copropriété, droit d'autant plus justifié que dans l'espèce c'est bien grâce à des économies, à des efforts communs que l'acquisition aura pu être faite.

Une autre controverse plus sérieuse et plus difficile à trancher peut naître sur la question de savoir si le bénéfice des dispositions de l'art. 8 doit appartenir aux successeurs irréguliers du défunt, légataires universels ou enfants naturels ? Le texte, à ce point de vue, est loin d'avoir été rédigé avec clarté, il emploie indistinctement les termes d'enfants, descendants, héritiers, intéressés qui n'ont pourtant pas la même signification. — Sur cette délicate question, M. Challamel s'exprime ainsi :

« Sans doute pour l'affirmative, on dira qu'il y a même raison juridique, quelle que soit la personne appelée au partage, de lui donner les moyens de le réaliser de la façon la plus conforme à ses intérêts ; on dira, en outre, qu'il suffit aux successeurs irréguliers de n'avoir pas été formellement exclus, pour avoir droit de participer aux faveurs légales, car il est de principe qu'on ne peut distinguer, lorsque la loi elle-même ne distingue pas ; on fera valoir enfin des raisons de sentiment.

« L'opinion contraire nous paraît cependant mieux fondée.

« L'intérêt essentiel dont le législateur a voulu prendre souci est, comme nous l'avons déjà rappelé, l'intérêt familial ; cet intérêt n'est point en jeu lorsque les requérants sont des successeurs irréguliers. Dans chacune de ses dispositions, l'art. 8, place le conjoint sur le même rang que les héritiers, il ne les sépare jamais. Dès lors comment admettre que le législateur ait entendu conférer les mêmes droits aux enfants naturels ? A vrai dire, il ne s'est pas occupé d'eux ; il n'a pas voulu déroger au droit commun, et dès lors il n'y a dérogé qu'au profit de la famille légitime.

« On pourrait encore objecter que l'art. 39 du règlement d'administration publique dispose que la déclaration par laquelle s'introduit la demande, à fin d'attribution ou d'indivision forcée, doit contenir les noms de chacun des héritiers ou « successeurs à titre universel. » Mais ceux-ci ne sont pris ici qu'en qualité de défendeurs, et il est bien évident que la présence d'enfants naturels, ou de légataires universels, ou à titre universel ne saurait empêcher les héritiers légitimes et le conjoint de se prévaloir des dispositions de l'art. 8. »

Nous avons examiné à quel genre de succession s'applique l'art 8 ; voyons maintenant ce qu'il décide.

B) *Indivision forcée*

C'est d'abord à l'art. 815 du Code civil que l'art. 8 vient apporter une dérogation.

Il prévoit trois hypothèses :

1º Si le défunt laisse des descendants tous majeurs, l'indivision peut être maintenue, contre la volonté contraire des autres co-héritiers, à la requête, soit du conjoint survivant, soit de l'un des descendants (1), et ce pour une durée de cinq ans.

2° Si parmi les descendants, il en est de mineurs, elle peut être maintenue pendant cinq ans « à partir de la majorité de l'aîné des mineurs » sans que sa durée totale puisse, à moins d'un consentement unanime, dépasser dix ans. Dans le cas de la présence de mineurs (1), le Conseil de famille doit être appelé à donner son avis avant qu'il soit statué par le Juge de paix.

3° Lorsque le défunt ne laisse pas de descendants, l'indivision peut être maintenue pendant cinq ans à compter du décès, mais seulement à la demande et en faveur de l'époux survivant, s'il habite la maison au moment du décès et s'il en est copropriétaire au moins pour moitié.

Dans tous ces cas, l'indivision pourra-t-elle être maintenue s'il y a des créanciers? Il est probable que la jurisprudence qui sera appelée à trancher cette question adoptera la solution déjà admise au cas d'un pacte d'indivision conforme à l'art. 815 du Code civil : le jugement qui maintient l'indivision ne sera pas opposable aux seuls créanciers qui auront une hypothèque antérieure ou qui auront déjà introduit une action en partage.

Dans la deuxième hypothèse prévue par la loi, si les cohéritiers se mettent d'accord pourront-ils convenir d'une indivision d'une durée illimitée? Telle n'a pas pu être la pensée du législateur. M. Challamel propose d'admettre en ce cas, comme extrême limite, l'époque de la majorité du plus jeune

---

(1) M. Challamel fait très justement remarquer que la rédaction de la loi est fautive. Elle dit, en effet « à la demande du conjoint ou de l'un de ses enfants. » Mais il ne peut être question évidemment que des enfants du défunt, même nés d'un mariage antérieur, à l'exclusion de ceux que le conjoint survivant aurait eus d'un lit précédent.

(1) La loi, fait encore remarquer M. Challamel, dit : « dans ces divers cas » ce qui conduirait à exiger la réunion d'un Conseil de famille, même lorsqu'il n'y a que des héritiers majeurs, ce qui n'a pu être la pensée du législateur. L'erreur, d'après lui, provient de ce que le texte a été plusieurs fois remanié au sein des commissions parlementaires.

des héritiers, et il se fonde sur les travaux préparatoires. Dans un premier projet, le paragraphe en question était en effet ainsi rédigé : « Si parmi les ayants droit se trouvent un ou plusieurs mineurs, l'indivision peut être maintenue jusqu'à leur majorité ». L'intention de la Commission du Sénat qui a modifié ce texte primitif a été de rapprocher ce terme, en cas de désaccord, et non de le reculer en cas de consentement unanime.

Quoi qu'il en soit de ces controverses, dont la jurisprudence saura bien trouver la solution quand elles seront soulevées en pratique, la loi dit expressément que dans toutes les hypothèses qu'elle énumère, l'indivision peut être maintenue, et non pas qu'elle sera obligatoirement maintenue.

C'est le Juge de paix du lieu où la succession se sera ouverte qui décidera si la demande de maintien de l'indivision, qui lui sera formulée, est légitimée par les circonstances ; il pèsera dans ce but, tous les éléments d'information qui lui seront soumis. L'indivision doit-elle être avantageuse ? Doit-elle offrir de réels inconvénients ? Ce sont là, de pures questions de fait que le Juge devra trancher après les avoir consciencieusement appréciées ; et de la façon même dont il comprendra et remplira son rôle d'arbitre bienveillant et conciliateur, dépendent le succès de la loi et l'efficacité de ses dispositions.

c) *Attribution sur estimation.*

Ici la dérogation apportée par la loi du 30 novembre 1894, est plus importante peut-être, car elle concerne le partage proprement dit.

Le principe posé dont nous allons voir les applications détaillées, est celui-ci : Chaque co-héritier aura le droit de garder la maison sur simple estimation. La licitation ne sera donc plus la formalité inévitable, qui doit précéder un partage lorsqu'il ne peut s'opérer en nature et que soit à cause de la présence de mineurs, soit parce qu'un seul co-héritier s'y oppose, une entente amiable ne peut avoir lieu.

D'ailleurs l'égalité sera tout aussi respectée ; l'estimation ne devra pas se faire à la légère. Si tous les héritiers sont d'accord, pas de difficultés ; mais si la valeur de la maisonnette est par eux discutée, c'est le Juge de paix, qui devra encore trancher le différend après s'être fait adresser un rapport par le Comité de patronage local, ou bien, s'il n'en existe pas, après avoir commis un expert (art. 46 et 47 du règlement), les éléments d'appréciation ne manqueront pas : Prix d'achat, âge de la construction, état d'entretien, etc., etc.

Si l'attribution est demandée par plusieurs ayants droits, la loi fixe elle-même l'ordre des préférences : ce sera d'abord parmi les héritiers celui que le défunt aura désigné. (La loi ne s'explique pas, mais il est certain que cette désignation devra être faite dans la forme des testaments) ; à son défaut l'époux survivant s'il est co-propriétaire au moins pour moitié. Toutes choses égales, c'est la majorité des intéressés qui décide (les héritiers qui viennent par représentation d'une même personne, n'ayant ensemble qu'un suffrage) ; à défaut de majorité, le Juge de paix procède au tirage au sort (art. 45 du règlement § 2, 3, 4).

Maintenant, si parmi les ayants droits, les uns demandent l'attribution, les autres le maintien de l'indivision, que décidera-t-on ?

La loi n'avait pas prévu expressément le cas ; le règlement a comblé cette lacune et a décidé que la question devrait être résolue en faveur de l'attribution qui a paru à ses auteurs offrir plus d'avantages que le maintien d'une indivision, non acceptée par tout le monde, qui pourrait devenir la source de difficultés et de chicanes et qui ne devait être, d'ailleurs, considérée que comme une mesure temporaire et de transition.

Il est certain que l'attributaire devra à ses co-héritiers le paiement d'une soulte ; comment la payera-t-il ? C'est bien le cas de répondre : comme il pourra. Les cohéritiers pourront accepter des paiements partiels et échelonnés qui faciliteront à l'attributaire l'acquittement de sa dette ; c'est à ces sortes d'arrangements que le règlement fait allusion lorsqu'au dernier alinéa de l'art. 45 il invite le Juge de paix à dresser sur le champ procès-verbal de l'attribution « ainsi que des conventions relatives aux paiements des soultes et autres conditions accessoires ».

Si les parties ne se mettent pas d'accord, le Juge pourrait faire application de l'art. 1244 du Code civil et accorder d'office des délais ; il le pourrait d'après nous dans son jugement même d'attribution, après que les cohéritiers auraient manifesté leur volonté arrêtée d'exiger un paiement immédiat et sans attendre qu'ils eussent entamé des poursuites judiciaires; l'interprétation contraire de l'art. 1244 nous paraîtrait faite trop à la lettre, et ne tenant pas compte de l'esprit indéniable de la loi : Les conclusions prises par ceux-ci devant le Juge de paix ne pourraient-elles pas d'ailleurs, être considérées comme de veritables poursuites dans le sens strict du mot ?

Le plus souvent l'attributaire pourra s'entendre avec la société qui avait construit la maison et l'avait vendue à son auteur; elle lui consentira un prêt remboursable par annuités, et prendra hypothèque ou se fera simplement subroger dans le privilège des copartageants désintéressés avec ses fonds. Si enfin l'attributaire ne peut pas payer, s'il n'obtient ni délais, ni crédit, il pourra céder son droit à un autre cohéritier ; si personne n'en veut, ce sera la licitation ; mais la loi aura fait tout son possible pour l'éviter.

D) *Procédure.*

La loi avait uniquement dit que le Juge de paix serait compétent pour toutes les questions que soulèverait l'application de l'art. 8 ; elle n'était entrée dans aucun détail de procédure ; c'est seulement le décret du 21 septembre 1895, qui l'a réglementée.

Nous ne dirons rien de ses dispositions qui sont par elles-mêmes suffisamment claires, et qui n'ont par conséquent pas besoin d'être analysées ou commentées ; mais, malgré le soin que ses rédacteurs ont paru prendre de régler minutieusement les moindres détails, bien des lacunes peuvent être constatées, et des questions posées auxquelles il n'est pas possible de répondre le texte de la loi en mains.

C'est ainsi notamment, qu'au cas où le maintien de l'indivision est prononcé, les héritiers qui n'habitent pas ou ne continueront pas à habiter la maison, seront forcément en droit de réclamer au possesseur une indemnité d'occupation. Dans le silence de la loi, pour régler de semblables difficultés, le Juge de paix sera-t-il ou ne sera-t-il pas compétent ?

Les décisions contentieuses rendues par le Juge de paix seront-elles susceptibles d'appel ?

Ni la loi, ni le règlement d'administration publique ne se sont expliqués, et nous nous permettrons sur cette grave interrogation, de citer à nouveau l'opinion de M. Challamel :

« Lorsque la question, a-t-il écrit, se posera devant les tribunaux, il est évident qu'on invoquera le silence des textes en faveur de la négative ; on fera valoir également le caractère exceptionnel de leurs dispositions, l'utilité de hâter la solution d'un litige qui intéresse à un si haut degré la famille toute entière, la nécessité d'épargner les frais.

« Selon nous ce serait une erreur. Plus la question est importante, — et ce peut être en effet tout l'actif de la succession qui est engagé dans le débat, — moins il est admissible que les parties soient privées de garanties que leur assure le droit d'appel. Et cette garantie ne saurait être mise en balance avec l'avantage qui résulte de l'économie des frais de procédure.

« D'ailleurs il ne s'agit point de faire la loi, mais simplement de l'interpréter, et c'est un raisonnement vicieux que de conclure du silence du texte, à la nouvelle application d'un principe d'ordre public.

« L'appel des décisions de justice de paix, est recevable devant le Tribunal civil, sauf dérogation expresse de la loi, dès que l'objet du litige est supérieur à 100 fr., ou d'une valeur indéterminée. Comment peut-on soutenir qu'il en sera différemment, lorsqu'il s'agit d'attribuer la propriété d'un immeuble, et de fixer l'équivalent en argent que recevront les héritiers non attributaires ?

« Le maintien de l'indivision contre le gré de certains ayants droit n'est pas non plus une question secondaire. La décision rendue à cet effet ne réalise pas, il est vrai, un déplacement de propriété; mais elle suspend l'exercice du droit libre de disposition qui appartient à chacun des copropriétaires. Un tel sacrifice ne peut leur être imposé que si l'intérêt collectif le réclame. L'erreur d'appréciation qui serait ici commise ne porterait pas une atteinte moins grave aux droits des parties que ne ferait l'erreur d'estimation de l'immeuble. Et plus le pouvoir du Juge est étendu, plus il est nécessaire, que l'usage qu'il en fait, soit soumis au contrôle d'une juridiction d'appel. Cette juridiction, par application du droit commun, sera le Tribunal civil. »

Il est encore un point sur lequel le législateur a négligé de s'expliquer expressément : Quand une demande d'attribution est formulée doit-elle être considérée comme une offre ferme que son auteur ne pourra plus retirer quelle que soit la valeur qu'après rapport ou expertise le Juge attribuera à la maisonnette ? La négative nous paraît néanmoins certaine : Il n'est pas admissible que celui qui requiert l'attribution puisse être obligé de prendre l'immeuble à un prix supérieur au chiffre qu'il offrait; il doit être libre, dans ce cas, de renoncer à sa demande d'attribution. Cette solution est préférable encore à un autre point de vue : L'attribution sur estimation est la meilleure façon de régler le partage, la plus normale, celle que la loi a préférée et favorisée, comment admettre, dès lors, qu'il faille considérer comme irrévocablement engagé celui qui a réclamé cette attribution, alors que la valeur de l'immeuble n'avait pas été encore déterminée ? Ne serait-ce pas le meilleur moyen d'empêcher toute offre, et de contraindre les héritiers à se maintenir dans une réserve prudente que dans l'espoir d'une solution amiable ou judiciaire mais définitive l'on a tout intérêt à rompre ?

§ 5. — Conclusion.

Telle est la loi du 30 novembre 1894; certes, elle renferme tantôt des lacunes totales, tantôt des dispositions incomplètes, tantôt des défauts de rédaction qui peuvent rendre difficile son interprétation; mais, à tout prendre, elle a fait preuve d'une bonne volonté à laquelle il convient de rendre hommage.

Le plus grand tort qu'elle a eu, et vraiment de celui-ci elle n'est pas responsable, c'est de passer inaperçue, de ne soulever aucune discussion bruyante qui l'eut fait plus largement connaître et commenter. Mais, si dès son apparition, elle n'a pas eu l'honneur et la réclame de polémiques publiques; si jusqu'à ce jour elle a été peu appliquée, surtout dans ses dispositions destinées à modifier notre droit successoral, il est certain que, sous une impulsion toujours plus vive, donnée à l'opinion par des organes puissants et bien dirigés, tels que la Société française ou le Conseil supérieur des Habitations à bon marché, son avenir différera sensiblement de son court passé.

En France, dans cette œuvre de l'amélioration du logement à bon marché, sur l'importance et l'intérêt de laquelle nous ne reviendrons pas, la tâche la plus difficile et la plus ingrate, grâce au dévoûment de ses infatigables promoteurs, est à l'heure actuelle accomplie.

Des essais glorieux ont été couronnés par le succès.

Les pouvoirs publics ont été intéressés à la question; ils ont mis toute l'organisation administrative à la tête de laquelle ils sont placés, au service de l'œuvre; ils la mettront à nouveau, quand on le leur redemandera; ils ont accepté de stimuler l'initiative privée, de l'encourager dans une certaine mesure, et ils ont auprès d'eux pour leur rappeler leur rôle et leurs obligations, pour réveiller à tout instant leur attention, un conseil haut placé, recouvert du caractère officiel, composé d'une élite aussi intelligente que dévouée à la tâche qu'elle a volontairement assumée.

En pareille matière, comme en bien d'autres, le premier pas est le plus difficile, le premier obstacle le plus haut et le plus long à franchir ; c'est la première initiative, la création de la première société qui coûte les plus patients et les plus laborieux efforts ; mais l'exemple est une force morale puissante qui fait défaut au début pour agir de plus en plus dans l'avenir ; les premières créations en font surgir d'autres et l'œuvre, comme la boule de neige activement roulée, est destinée à s'accroître dans des proportions d'abord lentes, puis toujours plus rapides.

Parmi les Caisses d'épargne elles-mêmes, plusieurs qui avaient manifesté tant d'hésitations et de scrupules au début, gagnées par l'exemple, ont commencé depuis hier à agir à leur tour ; elles auront sans doute de premières initiatives timides, peu importe ; elles s'enhardiront par la suite. Du reste, c'est surtout au point de vue de l'éducation à faire, de la direction à donner qu'elles devront avoir un rôle efficace et bienfaisant.

La nouvelle exposition internationale se prépare et l'on se préoccupe déjà de réserver, dans la section consacrée à l'Economie sociale, une place importante à l'œuvre de l'habitation à bon marché. Nous souhaitons, de grand cœur, que cette exposition future soit aussi intéressante que la précédente ; réveillant la curiosité publique, contribuant à la création d'un autre mouvement d'opinion, qu'elle soit aussi féconde qu'elle en heureux et nouveaux résultats.

Puis, avec la baisse constante du taux de l'intérêt, il va devenir de plus en plus difficile aux travailleurs économes d'amasser un pécule dont les arrérages leur permettent de vivre, et alors ils seront bien forcés de se préoccuper de plus en plus du meilleur emploi à faire de leur petite épargne ; ils comprendront de mieux en mieux que la propriété d'une petite maisonnette et la suppression qu'elle entraîne de tout loyer à payer à l'âge de la vieillesse, leur offrent de précieux avantages qu'ils ne peuvent rencontrer nulle part ailleurs. Chaque jour mieux renseignés, ils se rendront compte que par l'acquisition du *home*, c'est une véritable pension de retraite qu'ils s'assurent, mais une pension de retraite qui ne doit pas s'éteindre à leur mort et dont leurs enfants pourront jouir.

Il n'est pas donné aux hommes de connaître avec l'exactitude de la véritable science leur avenir, celui de leurs institutions ou de leurs sociétés. Trop d'éléments multiples et complexes rentrent ici dans la composition des causes pour qu'on puisse tous les connaître et les analyser, et, avec une rigueur mathématique, en déduire les effets précis et certains. Mais, il n'est pas défendu en pareille matière d'étudier les données même incomplètes que l'on a, et si l'on ne peut connaître le vrai absolu, rechercher tout au moins le probable : Dans l'avenir de l'œuvre qui nous intéresse, le Probable est rassurant...

Et si maintenant, sans se préoccuper de l'avenir, on jette un coup d'œil général sur le passé et sur le présent, il est possible qu'en présence des maux qui existent encore, et sans se préoccuper peut-être suffisamment de ceux qui ont été déjà guéris, on proclame l'œuvre entreprise modeste dans ses résultats.

Quant à nous, nous ne voulons pas la juger au point de vue exclusif de ses succès pour ainsi dire concrets ; les efforts et les dévoûments nous intéressent alors même qu'ils n'ont pas complètement et définitivement abouti, et dans son ensemble nous trouvons l'œuvre poursuivie essentiellement utile et réconfortante.

Lorsque dans un pays, on rencontre des gens occupant de hautes situations, tous aisés et pouvant vivre égoïstes mais heureux dans la préoccupation unique de leurs intérêts individuels, consacrer leur temps, leur intelligence, tous leurs efforts dévoués, à la réalisation d'une œuvre philanthropique qui les passionne ; lorsque ces gens-là agissent avec un courage opiniâtre que ni les indifférences, ni les sarcasmes, ni les hostilités ne peuvent abattre, chassant toute pensée de profits à faire ou d'honneurs à recevoir, mais avec l'unique souci dans leur cœur bon et généreux de misères à soulager, peu importe qu'ils n'aient pas pu sur l'heure remédier à tous les maux, et transformer intégralement l'état de la Société ; ils permettent de dire de ce pays, où leur activité éclairée et désintéressée se manifeste, qu'il n'est pas en décadence......

Aperçu de droit comparé.

Belgique.

Ce serait sans profit que nous entrerions, au sujet de la Belgique, dans plus de détails.

La loi belge de 1889, qui a directement inspiré la loi française de 1894, a été par nous suffisamment analysée dans ses dispositions essentielles quand nous avons étudié les dispositions analogues que le législateur a édictées chez nous. Nous avons longuement comparé les deux lois soit à propos de la question de l'intervention des Caisses d'épargne, soit à propos de la question de l'assurance sur la vie, et nous ne pourrions tomber que dans des redites inutiles.

La loi belge, que l'on trouvera d'ailleurs ci-après, comme la loi française, a organisé des modes de propagande destinés à susciter l'initiative privée et s'est efforcée de favoriser l'œuvre de l'amélioration du logement pauvre soit par des exemptions fiscales, soit par des facilités de prêts ou d'assurance sur la vie, sans toutefois modifier jusqu'à présent le régime successoral de son Code civil pareil au nôtre, en vue du maintien dans la famille de la maisonnette individuelle.

Angleterre.

Il ne nous est pas possible de nous livrer à une analyse complète des 103 très volumineux articles que comprend la loi anglaise du 18 août 1890 et de nous égarer au milieu des innombrables détails qui la surchargent. Nous avons dû même renoncer à l'insérer dans nos annexes : elle constitue un véritable code.

C'est au premier chef une loi d'hygiène dans laquelle le législateur a réuni, pour les ordonner, les généraliser ou les amender, toutes les dispositions successivement édictées par lui depuis un demi-siècle, en vue de la salubrité publique. A ce point de vue elle pourrait être avec intérêt comparée à notre loi du 13 avril 1850, mais elle s'écarte quelque peu de notre sujet immédiat.

Ses deux premières parties ont trait, en effet, l'une à la démolition et à la reconstruction d'un quartier insalubre, l'autre aux maisons isolées qui sont défectueuses au point de vue de l'hygiène. Disons simplement que la procédure de l'expropriation, qui n'est d'ailleurs pas la même dans les deux cas, est minutieusement réglée par la loi anglaise.

Pour les maisons isolées, la loi française de 1850 permet d'en prononcer l'interdiction, mais elle n'en ordonne pas la démolition. La loi anglaise, moins scrupuleuse, décide, quant aux maisons qui sont reconnues être impropres par elles-mêmes à l'habitation, qu'elles seront démolies sans indemnité pour leur propriétaire ; et si les travaux sont exécutés d'office, l'autorité locale a même le droit de prélever ses débours sur le prix des matériaux provenant de la démolition. Seules les maisons qui, sans avoir ce caractère, seront démolies parce qu'elles gênent l'aération ou la ventilation des maisons voisines, donnent droit à une indemnité.

En ce qui concerne la démolition des îlots insalubres et leur reconstruction, comme la loi française, la loi anglaise exige que les travaux soient exécutés d'après un plan d'ensemble ; mais où la loi anglaise se montre plus prévoyante, c'est lorsqu'elle décide qu'en principe tout projet, concernant un îlot de maisons, devra pourvoir au logement d'un aussi grand nombre de personnes de la classe ouvrière qu'il en sera déplacé dans les travaux. Elle permet, toutefois, suivant les circonstances, à l'autorité supérieure, d'apporter certains tempéraments à cette obligation, lorsque les conséquences en seraient trop graves. L'idée est heureuse, et si l'autorité locale, comme la loi lui en donne le pouvoir, aliène ou loue l'îlot exproprié en imposant, à l'acquéreur ou au locataire, un cahier des charges qui garantira la rigoureuse exécution du plan officiel, ou si elle concède les travaux sous des conditions déterminées à des Sociétés ou même à de simples particuliers, le résultat obtenu sera excellent. Mais où nous n'approuvons plus le législateur anglais, c'est lorsqu'il autorise l'autorité locale à devenir entrepreneur et à construire elle-même. Notons que la loi anglaise permet à l'autorité supérieure gouvernementale de contraindre, lorsque la nécessité lui en aura été démontrée et dans le cas de son inertie volontaire, l'autorité municipale à agir. La loi française ne contient aucune disposition semblable et nous avons déjà regretté cette lacune.

La loi anglaise s'est montrée, à un autre point de vue, encore plus pratique et plus prévoyante que la loi de 1850, car elle a pourvu avec soin aux voies et moyens qui dans les questions d'assainissement et d'hygiène prennent une importance toute spéciale. Sous ce titre : « fonds sur lesquels sont imputées les dépenses occasionnées par l'application de notre loi » elle a créé une caisse spéciale, alimentée par une taxe et des emprunts spéciaux et destinée à pourvoir aux dépenses d'expropriation par zone. Les dépenses faites en vue de l'assainissement des maisons isolées sont couvertes par d'autres taxes locales et d'autres emprunts : toutes ses ressources sont prévues et spécifiées avec les plus grands détails.

La troisième partie de la loi nous intéresse plus directement.

La construction de maisons ouvrières n'apparaît, dans les deux premières parties, que comme la suite et la conséquence de l'assainissement d'un quartier par voie de destruction ; elle constitue le but unique des dispositions de la troisième. Résumons-les succinctement.

L'Etat est autorisé à faire des avances remboursables en 40 ans, en vue de l'amélioration et de la construction de logements ouvriers. Pourront s'adresser directement à lui et obtenir des prêts : Les Compagnies de chemins de fer, de Docks, les Sociétés constituées spécialement pour édifier des maisons ouvrières, les simples patrons eux-mêmes qui désirent loger leur personnel.

La loi anglaise va encore plus loin : Elle permet aux autorités locales d'acquérir ou de louer des maisons déjà occupées par des ouvriers, soit d'autres maisons, en vue de les réédifier et de les aménager pour les ouvriers ; sur tout terrain acheté ou aménagé par elles, de construire des maisons propres à recevoir des ménages ouvriers. Le texte même de la loi leur permet de meubler ces locaux, de les garnir de tout le mobilier, des accessoires et des commodités désirables.

Dans le but d'éviter que de semblables dispositions fassent dégénérer la loi en pure loi d'assistance, le législateur a décidé que l'on devrait exclure des maisons ouvrières ainsi construites toute personne qui, durant son séjour, aura reçu un secours en vertu des lois sur l'assistance publique. Est-ce une précaution suffisante ? Nous sommes bien loin de le croire. En tout cas, cette loi implique une intervention directe de l'Etat la plus complète qu'on puisse imaginer. Les préoccupations d'hygiène publique dont elle se prévaut suffisent-elles à légitimer ses dispositions ? Nous ne le pensons pas davantage.

Nous ne voulons pas réexprimer les arguments que nous avons développés quand nous avons, d'une façon particulière, étudié cette théorie de l'intervention directe de l'Etat, chère aux socialistes. Ce qui peut, à bon droit, étonner c'est que ce soit l'Angleterre qui se soit, la première, engagée d'une façon aussi franche dans cette voie dangereuse, alors que, dans sa population toute entière, le *Self help* avait toujours été en grand honneur et que, chez elle, les initiatives individuelles ou collectives, agissant sous la forme de sociétés anonymes ou coopératives avaient enfanté tant d'œuvres utiles et importantes. Elle aurait dû consacrer toute son attention à conserver chez elle ce merveilleux élan, à le favoriser, même par de nouveaux et pratiques encouragements. Elle l'a, au contraire, arrêté net ; et pendant que, sous le prétexte de faire plus vite et mieux, elle mettait à la charge de l'Etat et des communes des travaux, dont l'initiative privée s'était, jusqu'à ce jour, parfaitement acquittée, par une contradiction inexplicable elle trouvait trop hardi de déroger au principe de l'égalité de l'impôt et se gardait bien de consentir aucune faveur fiscale en faveur des habitations ouvrières.

Il est vrai, d'autre part, que du moment que l'Etat a la charge de loger sainement, dans d'excellentes conditions d'hygiène et de bon marché, toute la population ouvrière, il n'est pas indispensable, à propos des maisons qu'il construira ou achètera à cet effet, de le dispenser de se payer à lui-même des impôts : On peut même sans inconvénient en augmenter le nombre et la valeur !

Il faut simplement retenir de la loi anglaise l'indication qu'elle fournit de l'intérêt puissant qui s'est attaché dans ce pays à la qustion des Habitations à bon marché, et de la préoccupation générale qu'elle a su faire naître.

Le 24 août 1894 a été publiée, en Angleterre, une nouvelle loi sur les *Building Sociéties* destinée, elle aussi, à coordonner et à codifier toute la législation antérieure ; elle ne craint pas de rentrer comme la précédente dans les plus grands détails ; il est certain que la brièveté précise et claire n'est pas la qualité que le législateur anglais recherche.

Autriche.

Des 1886, la Chambre des députés autrichienne s'est préoccupée des moyens à employer en vue d'obtenir une amélioration du logement ouvrier ; le député Mauthner et plusieurs de ses collègues présentèrent, à cette date, un projet qui successivement et longuement étudié par plusieurs commissions. après de nombreuses modifications est devenue la loi du 9 février 1892, C'est par des exemptions fiscales que le législateur Autrichien a pensé qu'il était possible de favoriser les constructions ouvrières, mais indirectement il poursuit un but hygiénique, en n'accordant le bénéfice des exemptions qu'aux logements réunissant certaines conditions au point de vue de la salubrité. On pourrait peut-être lui reprocher d'avoir fait une loi s'appliquant uniquement aux ouvriers; ces derniers ne sont pas les seuls à souffrir de l'exiguité et de l'insalubrité des logements ; bien d'autres catégories de gens peu aisés; en dehors des salariés proprement dits, se trouvent dans des situations semblables et dignes du même intérêt. Néanmoins grâce aux conditions expresses que le fisc met à ses faveurs, il est permis d'espérer que d'une façon générale les logements trop petits et malsains tendront à disparaître et le moyen employé nous paraît être des plus heureux.

Pour rendre l'art. I de la loi que l'on trouvera à la fin de nos annexes, plus compréhensible, il nous paraît utile de fournir les explications suivantes : Il existe en Autriche une loi d'après laquelle certaines catégories de constructions, sinon toutes les nouvelles, jouissent pendant douze années de l'exemption des contributions locatives établies par patente impériale du 23 février 1820, mais sont, par contre, frappées pendant cette période d'une taxe exceptionnelle de 5 0/0. La loi de 1892 accorde aux maisons ouvrières à construire une durée double d'exemption, c'est-à-dire 24 années, tout en les dispensant de la susdite taxe exceptionnelle établie sur les bâtiments libres d'impôt.

Quant à la limitation à dix années de la mise en vigueur de la loi stipulée par l'art. 7, elle a été inscrite pour qu'on puisse se rendre compte de son efficacité ; mais il n'est pas douteux qu'on en prolongera le terme.

Les travaux préparatoires de cette loi sont importants ; ils font connaître les préoccupations du législateur et les motifs de son intervention dans une question aussi grave et aussi délicate, et nous croyons à la fois intéressant et utile de citer un passage du rapport fait et présenté à la Chambre des députés, au nom de la Commission chargée d'examiner le projet par MM. Mauthner et Poklukar :

« Ce serait mal comprendre, dit en substance ce rapport, la question du logement ouvrier que de la considérer comme devant être résolue entièrement par les patrons et les ouvriers. Elle est d'intérêt public, et, de même que l'Etat pourvoit par l'instruction gratuite et obligatoire à l'éducation intellectuelle du peuple, ainsi est-il de son devoir d'alléger les lourdes charges qui, en pesant sur l'ouvrier, l'empêchent de satisfaire au besoin si naturel de se donner un gîte convenable. Ce besoin ne joue pas, dans la vie des peuples, un rôle moins important que celui de la nourriture ; de même que les pouvoirs publics y pourvoient par des mesures telles que tarifs réduits pour l'expédition des matières alimentaires, établissements de marchés et de halles à bestiaux, une réglementation sévère pour empêcher la vente d'aliments nuisibles ou falsifiés, etc., de même qu'ils interposent leur autorité là où la défense personnelle est insuffisante, ainsi l'Etat est-il obligé dans son propre intérêt et dans celui du maintien d'une population morale et saine de corps, d'apporter toute son attention à la question de l'habitation.

« S'il est fait par la loi présentée un premier pas, un essai de résoudre cette grave question sociale, le sacrifice à fournir par l'Etat doit sembler minime quand on songe que la moindre amélioration dans les mauvaises conditions d'existence de l'ouvrier aura pour résultat de compenser une légère diminution de recettes par des économies notables sur l'assistance des pauvres et des malades et sur le budget des prisons. Partout où la question a été étudiée, on a constaté, jusqu'à l'évidence, l'influence bienfaisante d'une habitation spacieuse et salubre sur la moralité, sur la santé, sur la mortalité de la population.

« Ce serait une grande faute dans un Etat qui a commencé la réforme des questions sociales, en établissant des caisses d'accidents et de malades. en fixant le travail quotidien à onze heures, en défendant le travail du dimanche, que de négliger l'une des questions principales ; et les espérances qu'on est en droit de fonder sur ces lois bienfaisantes ne se réaliseraient que dans une bien médiocre mesure, si l'on négligeait le problème du logement.

« On sait combien de maladies, doivent être attribuées dans les classes ouvrières, aux habitations insalubres ou exiguës. Les charges résultant pour le patron et pour l'ouvrier de la construction de maisons, dans de bonnes conditions sanitaires, trouveront une compensation dans la suppression des foyers d'infection et dans une réduction de la durée des maladies.

« Et à quoi servirait la réduction des heures de travail si l'ouvrier, ne trouvant pas de repos dans une pièce exiguë, encombrée par la famille entière, servant à la cuisine et à tous les travaux de ménage, allait passer ses heures libres au cabaret. »

Allemagne.

Ce pays comme tous les autres a dû se préoccuper de la question des logements ouvriers dans les centres industriels et dans les villes. L'initiative patronale s'est manifestée par des créations intéressantes. A noter d'une façon plus spéciale les 4 à 5.000 maisons construites depuis 1891 par la maison Krupp, dans la ville d'Essen abritant plus de 30.000 personnes.

Plusieurs municipalités sont intervenues pécuniairement dans la construction des petits logements.

La municipalité de Gütersloh vend des lots de terrain à un prix inférieur à leur valeur, aux acquéreurs qui s'engagent à les payer comptant et elle met à leur disposition au taux d'intérêt de 4 0/0 l'an, la somme entière nécessaire pour construire une habitation.

La municipalité de Quisbourg a vendu à prix réduit du terrain à la Société d'épargne et de la construction de la ville et elle a souscrit trois parts de la Société.

La ville de Bochum a souscrit pour 50.000 francs d'actions de la Société des Habitations à bon marché de cette ville.

Les municipalités de Worms et d'Ulm ont construit des maisons à bon marché ; la ville de Carslruhe a mis à la disposition de ses ouvriers de petits logements.

Nous avons vu d'autre part que certaines Caisses d'épargne allemandes ont donné l'exemple d'une intervention utile et légitime. Les ouvriers eux-mêmes ont fondé quelques associations coopératives. Mais, somme toute, nous ne trouvons rien en Allemagne de particulièrement remarquable. Notamment au point de vue plus spécial d'un aperçu de droit comparé, nous ne connaissons aucun texte allemand qui puisse être approché de notre loi de 1894 et offrir avec elle des similitudes ou des divergences utiles à constater.

Néanmoins nous pouvons citer une loi du 13 août 1895 : Loin d'avoir une portée générale, c'est une simple initiative patronale prise par l'Etat en sa qualité d'entrepreneur de transports dans l'intérêt de ses propres ouvriers, mais sûrement destinée à servir d'exemple, elle offre un intérêt particulier.

Un fonds de 5.000.000 de marks (6.250.000 francs) a été affecté par cette loi à la construction d'habitations économiques pour les ouvriers et petits employés de chemins de fer de l'Etat Prussien. Sur ces ressources, on a construit jusqu'à ce jour dans 37 localités 812 logements, dont 277 à 4 pièces, 363 à 3 pièces et 172 à 2 pièces seulement. Ces logements sont répartis :

296 dans des maisons à 2 étages contenant chacune 4 logements
468   »   »   à 3 étages et à 6 logements
 48   »   »   à 4   »   à 8   »

La plupart des maisons ont une entrée commune aux divers logements qu'elles renferment ; dans 48 seulement il y a un accès spécial pour chaque domicile. Chaque habitation a sa case et ses cabinets d'aisances spéciaux ; elle est en outre pourvue généralement d'un lavoir et d'une étable, quelquefois d'un petit jardin. On a renoncé à construire des petites maisons distinctes par famille à cause de la dépense élevée qui en serait résultée et de l'impossibilité dans laquelle on se serait trouvé de satisfaire aux dispositions financières de la loi de 1895. Celle-ci exige, en effet, que l'on perçoive un prix de location assurant un intérêt de 3 0/0 du capital, l'amortissement de celui-ci au taux de 0.5 0/0 et les frais d'administration et d'entretien à raison de 1 0/0 soit en tout 4,5 0/0.

En fait on évalue comme suit les résultats de l'entreprise :

Dépense de construction proprement dite, y compris les frais généraux........................	Marks	2.687.040
Valeurs des terrains achetés par l'Etat ou possédés antérieurement par lui......	»	159.673
Total des dépenses...	Marks	2.846.713
Produit des locations par an............	»	123.820

Dont à déduire :

Amortissement du capital (0,50 %)..... 13.435 }
Frais d'administration et entretien (1 %. 28.467 } 41.902

Reste comme produit net.... Marks 81.918

soit 2,88 % du capital engagé.

En outre de ces constructions faites directement par l'État, celui-ci a avancé sur le fonds de 5,000,000 de marks une somme totale de 839,000, à diverses Sociétés de construction, composées en totalité ou en partie d'agents de chemin de fer de l'État, savoir : 25,000 marks, à l'Union de construction de Karthaus, pour 8 logements, répartis dans 4 maisons, à 2 étages ; 70,000 marks, à la Société de construction de Saint-Johann, pour 6 logements, dans 2 maisons, à 3 étages ; 200,000 marks, à l'Union des employés de Munster, pour 39 logements, contenus dans 13 maisons, à 2 étages ; 120,000 marks, à l'Union d'Épargne et de construction de Wilhelmsbourg (travaux non commencés) ; 94,000 marks, à l'Union d'épargne et de construction de Greifswald (40 logements, dans 7 maisons, à 3 étages); 130,000 marks, à l'Union de construction de Stralsund (48 logements, dans 4 maisons, à 3 étages) ; 200,000 marks, à l'Union d'épargne et de construction de Breslau (76 logements, dans 3 maisons, à 3 étages).

En outre de ces prêts déjà consentis, il est question d'en accorder d'autres pour une somme de 560,000 marks.

Aussi le crédit primitif de 5 millions de marks ne devant pas tarder à être épuisé, un projet de loi vient d'être déposé pour en allouer un autre de pareille somme. L'intérêt demandé sera fixé comme aujourd'hui à 3 %, mais on ne prélèvera plus que 1 % pour l'amortissement du capital et les frais d'administration réunis, le taux de 1,5 % ayant été trouvé exagéré.

Ajoutons que de son côté la Caisse de retraite pour les ouvriers des chemins de fer de l'État Prussien, a prêté de 1893 à 1895, pour environ 5 millions de marks à des sociétés coopératives de constructions, composées principalement d'agents de chemins de fer. Les conditions de ces prêts sont les mêmes que celles de l'État, sauf que le taux d'intérêt est fixé à 3.25 %.

ANNEXES

ANNEXES

Loi relative à l'assainissement des logements insalubres du 13 Avril 1850.

Article premier. — Dans toute commune où le Conseil municipal l'aura déclaré nécessaire par une délibération spéciale, il nommera une Commission chargée de rechercher et indiquer les mesures indispensables d'assainissement, des logements et dépendances insalubres, mis en location, ou occupés par d'autres que le propriétaire, l'usufruitier ou l'usager.

Sont réputés insalubres les logements qui se trouvent dans des conditions de nature à porter atteinte à la vie ou à la santé de leurs habitants.

Art. 2. — La Commission se composera de neuf membres au plus et de cinq au moins.

En feront nécessairement partie un médecin et un architecte ou tout autre homme de l'art, ainsi qu'un membre du bureau de bienfaisance et du Conseil des prud'hommes, si ces institutions existent dans la Commune.

La présidence appartient au Maire ou à l'Adjoint.

Le médecin et l'architecte pourront être choisis hors de la Commune.

La Commission se renouvelle tous les deux ans par tiers ; les membres sortant sont indéfiniment rééligibles.

A Paris, la Commission se compose de douze membres.

Art. 3. — La Commission visitera les lieux signalés comme insalubres. Elle déterminera l'état d'insalubrité ; et en indiquera les causes ainsi que les moyens d'y remédier. Elle désignera les logements qui ne seraient pas susceptibles d'assainissement.

Art. 4. — Les rapports de la Commission seront déposés au secrétariat de la Mairie, et les parties intéressées mises en demeure d'en prendre communication et de produire leurs observations dans le délai d'un mois.

Art. 5. — A l'expiration de ce délai, les rapports et observations seront soumis au Conseil municipal, qui déterminera :

1º Les travaux d'assainissement et les lieux où il devront être entièrement ou partiellement exécutés, ainsi que les délais de leur achèvement ;

2º Les habitations qui ne sont pas susceptibles d'assainissement.

Art. 6. — Un recours est ouvert aux intéressés contre ces décisions devant le Conseil de préfecture, dans le délai d'un mois, à dater de la notification de l'arrêté municipal. Ce recours sera suspensif.

Art. 7. — En vertu de la décision du Conseil municipal, ou de celle du Conseil de préfecture, en cas de recours, s'il a été reconnu que les causes d'insalubrité sont dépendantes du fait du propriétaire ou de l'usufruitier, l'autorité municipale lui enjoindra, par mesure d'ordre et de police, d'exécuter les travaux jugés nécessaires.

Art. 8. — Les ouvertures pratiquées pour l'exécution des travaux d'assainissement seront exemptées pendans trois ans de la contribution des portes et fenêtres.

Art. 9. — En cas d'inexécution, dans les délais déterminés des travaux jugés nécessaires, et si le logement continue d'être occupé par un tiers, le propriétaire ou l'usufruitier sera passible d'une amende de 16 francs à 100 francs. Si les travaux n'ont pas été exécutés dans l'année qui aura suivi la condamnation, et si le logement insalubre, a continué d'être occupé par un tiers, le propriétaire ou l'usufruitier sera passible d'une amende égale à la valeur des travaux, et pouvant être élevée au double.

Art. 10. — S'il est reconnu que le logement n'est pas susceptible d'assainissement, et que les causes d'insalubrité sont dépendantes de l'habitation elle-même, l'autorité municipale pourra, dans le délai qu'elle fixera, en interdire provisoirement la location à titre d'habitation.

L'interdiction absolue ne pourra être prononcée que par le

Conseil de préfecture, et, dans ce cas, il y aura recours de sa décision devant le Conseil d'Etat. Le propriétaire ou l'usufruitier qui aura contrevenu à l'interdiction prononcée, sera condamné à une amende de seize à cent francs, et en cas de récidive dans l'année, à une amende égale au double de la valeur locative du logement interdit.

Art. 11. — Lorsque, par suite de l'exécution de la présente loi, il y aura lieu à la réalisation des baux, cette résiliation n'emportera en faveur du locataire aucun dommages-intérêts.

Art. 12. — L'art. 463 du Code pénal, sera applicable à toutes les contraventions ci-dessus indiquées.

Art. 13. — Lorsque l'insalubrité est le résultat de causes extérieures et permanentes ou lorsque ces causes ne peuvent être détruites que par des travaux d'ensemble, la commune pourra acquérir, suivant les formes et après l'accomplissement des formalités prescrites par la loi du 3 mai 1841, la totalité des propriétés comprises dans le périmètre des travaux.

Les portions de ces propriétés qui, après l'assainissement opéré, resteraient en dehors des alignements arrêtés pour les nouvelles constructions, pourront être revendues aux enchères publiques, sans que, dans ce cas, les anciens propriétaires ou leurs ayants droit puissent demander l'application des art. 60 et 61 de la loi du 3 mai 1841.

Art. 14. — Les amendes prononcées en vertu de la présente loi seront attribuées en entier au bureau ou établissement de bienfaisance de la localité où sont situées les habitations à raison desquelles ces amendes auront été encourues.

Décret relatif aux Rues de Paris, du 26 Mars 1852.

Louis Napoléon, président de la République française, sur le rapport du Ministre de l'Intérieur, de l'Agriculture et du Commerce, décrète :

ARTICLE PREMIER. — Les rues de Paris, continueront d'être soumises au régime de la grande voirie.

ART. 2. — Dans tout projet d'expropriation, pour l'élargissement, le redressement ou la formation des rues de Paris, l'administration aura la faculté de comprendre la totalité des immeubles atteints, lorsqu'elle jugera que les parties restantes, ne sont pas d'une étendue ou d'une forme qui permette d'y élever des constructions salubres. Elle pourra pareillement comprendre dans l'expropriation, des immeubles en dehors des alignements, lorsque leur acquisition sera nécessaire pour la suppression d'anciennes voies publiques jugées inutiles. Les parcelles de terrain acquises en dehors des alignements, et non susceptibles de recevoir des constructions salubres, seront réunies aux propriétés contiguës, soit à l'amiable, soit par l'expropriation de ces propriétés, conformément à l'art. 53 de la loi du 16 septembre 1807. La fixation du prix de ces terrains, sera faite suivant les mêmes formes, et devant la même juridiction que celle des expropriations ordinaires. L'art. 58, de la loi du 3 mai 1841, est applicable à tous les actes et contrats relatifs aux terrains acquis pour la voie publique par simple mesure de voirie.

ART. 3 — A l'avenir, l'étude de tout plan d'alignement de rue devra nécessairement comprendre le nivellement ; celui-ci sera soumis à toutes les formalités qui régissent l'alignement. Tout constructeur de maisons, avant de se mettre à l'œuvre, devra demander l'alignement et le nivellement de la voie publique au devant de son terrain et s'y conformer.

ART. 4 — Il devra pareillement adresser à l'administration un plan et des coupes côtés des constructions qu'il projette et se soumettre aux prescriptions qui lui seront faites, dans l'intérêt de la sûreté publique et de la salubrité. Vingt jours après le dépôt de ces plans et coupes au secrétariat de la préfecture de la Seine, le constructeur pourra commencer ses travaux d'après son plan, s'il ne lui a été notifié aucune injonction. Une coupe géologique des feuilles pour fondation de bâtiment sera dressée par tout architecte constructeur et remise à la Préfecture de la Seine.

Art. 5 — La façade des maisons sera constamment tenue en bon état de propreté. Elles seront grattées, repeintes ou badigeonnées, au moins une fois tous les dix ans, sur l'injonction qui sera faite au propriétaire par l'autorité municipalité. Les contrevenants seront passibles d'une amende qui ne pourra excéder cent francs.

Art. 6 — Toute construction nouvelle dans une rue pourvue d'égouts devra être disposée de manière à y conduire ses eaux pluviales et ménagères. La même disposition sera prise pour toute maison ancienne en cas de grosses réparations, et en tout cas, avant dix ans.

Art. 7 — Il sera statué par un décret ultérieur, rendu dans la forme des règlements d'administration publique, en ce qui concerne la hauteur des maisons, les combles et les lucarnes.

Art. 8 — Les propriétaires riverains des voies publiques empierrées supporteront les frais du premier établissement des travaux d'après les règles qui existent à l'égard des propriétaires riverains des rues pavées.

Art. 9 — Les dispositions du présent décret pourront être appliquées à toutes les villes qui en feront la demande par des décrets spéciaux rendus dans la forme des règlements d'administration publique.

Art. 10 — Le Ministre de l'Intérieur, de l'Agriculture et du Commerce (M. de Persigny) est chargé etc.

Loi du 30 novembre 1894
relative aux Habitations à bon marché.

Le Sénat et la Chambre des Députés ont adopté,
Le Président de la République promulgue la loi dont la teneur suit :

ARTICLE PREMIER. — Il pourra être établi dans chaque département un ou plusieurs Comités des habitations à bon marché.

Ces Comités ont pour mission d'encourager la construction de maisons salubres et à bon marché, soit par des particuliers ou des sociétés, en vue de les louer ou de les vendre à échéance fixe ou par payements fractionnés à des personnes n'étant propriétaires d'aucune maison, notamment à des ouvriers ou employés vivant principalement de leur travail ou de leur salaire, soit par les intéressés eux-mêmes pour leur usage personnel.

ART. 2. — Ces Comités peuvent recevoir des subventions de l'Etat, des départements et des communes, ainsi que des dons et legs, aux conditions prescrites par l'article 910 du Code civil pour les établissements d'utilité publique.

Toutefois, ils ne peuvent posséder d'autres immeubles que celui qui est nécessaire à leurs réunions.

Ils peuvent faire des enquêtes, ouvrir des concours d'architecture, distribuer des prix d'ordre et de propreté, accorder des encouragements pécuniaires, et plus généralement employer les moyens de nature à provoquer l'initiative en faveur de la construction et de l'amélioration des maisons à bon marché.

Dans le cas où ces Comités cesseraient d'exister, leur actif après liquidation pourra être dévolu sur avis du Conseil supérieur, institué à l'article 14 ci-après, aux Sociétés de construction des habitations à bon marché, aux associations de prévoyance et aux bureaux de bienfaisance de la circonscription.

ART. 3. — Les frais de local et de bureau, l'allocation au secrétaire du Comité et les jetons de présence qui pourront être alloués, à titre d'indemnité et de déplacement, aux membres des Comités n'habitant pas la localité où se tiendraient les réunions, pourront être mis par le Conseil général à la charge du budget départemental.

Art. 4. — Ces Comités sont institués par décret du Président de la République, après avis du Conseil général et du Conseil supérieur des Habitations à bon marché. Le même décret détermine l'étendue de leur circonscription et fixe le nombre de leurs membres, dans la limite de neuf au moins et de douze au plus.

Le tiers des membres du Comité est nommé par le Conseil général, qui le choisit parmi les Conseillers généraux, les maires et les membres des Chambres de commerce ou des Chambres consultatives des arts et manufactures de la circonscription du Comité.

Les deux autres tiers sont nommés par le préfet : l'un parmi les personnes spécialement versées dans les questions d'hygiène, de construction et d'économie sociale ; l'autre parmi les membres des Sociétés de construction d'habitations à bon marché, des Sociétés mutuelles de prévoyance et d'épargne et des Syndicats professionnels constitués conformément à la loi.

Ces Comités, ainsi constitués, font leur règlement, qui est soumis à l'approbation du préfet. Ils désignent leur président et leur secrétaire. Ce dernier peut être pris en dehors du Comité.

Ces Comités sont nommés pour trois ans.

Leur mandat peut être renouvelé.

Art. 5. — Les avantages concédés par la présente loi s'appliquent exclusivement :

En ce qui concerne les maisons individuelles destinées à être acquises par les personnes visées à l'art. 1er, ou construites par elles, aux immeubles dont le revenu net imposable à la contribution foncière, déterminé conformément à l'art. 5 de la loi du 8 août 1890, ne dépasse pas de plus d'un dixième :

Dans les communes au-dessous de 1.000 habitants, 90 francs ;

De 1.001 à 5.000 habitants, 150 francs ;

De 5.001 à 30.000 habitants, 170 francs ;

De 30.001 à 200.000 habitants et dans celles qui sont situées dans un rayon de 40 kilomètres autour de Paris, 220 francs ;

Dans les communes de 200.001 habitants et au-dessus, 300 francs ;

A Paris, 375 fr.

En ce qui a trait aux maisons individuelles ou collectives destinées à être louées, à celles dont le revenu net imposable, pour leur intégralité ou pour chacun des logements les composant et destinés à être loués séparément, ne comporte pas un chiffre supérieur à ceux qui sont indiqués ci-dessus pour chaque catégorie de communes.

Art. 6. — Les bureaux de bienfaisance, hospices et hôpitaux peuvent, avec l'autorisation du Préfet, employer une fraction de leur patrimoine qui ne pourra excéder un cinquième, à la construction de maisons à bon marché, dans les limites de leur circonscription charitable, ainsi qu'en prêts hypothécaires aux Sociétés de construction de maisons à bon marché et aux Sociétés de crédit qui, ne construisant pas elles-mêmes, ont pour objet de faciliter l'achat ou la construction de ces maisons et en obligations de ces Sociétés.

La Caisse des dépôts et consignations est autorisée à employer, jusqu'à concurrence du cinquième, la réserve provenant de l'emploi des fonds des Caisses d'Épargne qu'elle a constituée, en obligations négociables des Sociétés de construction et de crédit indiquées au paragraphe précédent.

Art. 7. — La Caisse d'assurances en cas de décès, instituée par la loi du 11 juillet 1868, est autorisée à passer, avec les acquéreurs ou les constructeurs de maisons à bon marché, qui se libèrent du prix de leur habitation au moyen d'annuités, des contrats d'assurances temporaires ayant pour but de garantir, à la mort de l'assuré, si elle survient dans la période d'années déterminée, le paiement des annuités restant à échoir.

Le chiffre maximum du capital assuré ne pourra pas dépasser la somme déduite du taux de capitalisation de 4.27 0/0, appliqué au revenu net énoncé à l'art. 5.

Tout signataire d'une proposition d'assurance faite dans les conditions du paragraphe 1er du présent article, devra répondre aux questions et se soumettre aux constatations médicales qui seront prescrites par les polices. En cas de rejet de la proposition, la décision ne devra pas être motivée. L'assurance produira son effet dès la signature de la police, nonobstant toute clause contraire.

La somme assurée sera, dans le cas du présent article, cessible en totalité dans les conditions fixées par les polices.

La durée du contrat devra être fixée de manière à ne reporter aucun payement éventuel de prime après l'âge de soixante-cinq ans,

ART. 8. — Lorsqu'une maison individuelle, construite dans les conditions édictées par la présente loi, figure dans une succession, et que cette maison est occupée au moment du décès de l'acquéreur ou du constructeur, par le défunt, son conjoint, ou l'un de ses enfants, il est dérogé aux dispositions du Code civil ainsi qu'il est dit ci-après :

1º Si le défunt laisse des descendants, l'indivision peut être maintenue, à la demande du conjoint ou de l'un de ses enfants, pendant cinq années à partir du décès.

Dans le cas où il se trouverait des mineurs parmi les descendants, l'indivision pourra être continuée pendant cinq années à partir de la majorité de l'un des mineurs, sans que sa durée totale puisse, à moins d'un consentement unanime, excéder dix ans.

Si le défunt ne laisse pas de descendants, l'indivision pourra être maintenue pendant cinq ans à compter du décès, à la demande en faveur de l'époux survivant, s'il en est copropriétaire au moins pour moitié et s'il habite la maison au moment du décès.

Dans ces divers cas, le maintien de l'indivision est prononcé par le juge de paix, après avis du Conseil de famille.

2º Chacun des héritiers et le conjoint survivant, s'il a un droit de copropriété, a la faculté de reprendre la maison sur estimation. Lorsque plusieurs intéressés veulent user de cette faculté, la préférence est accordée d'abord à celui que le défunt a désigné, puis à l'époux s'il est copropriétaire pour moitié au moins. Toutes choses égales, la majorité des intéressés décide. A défaut de majorité, il est procédé par voie de tirage au sort. S'il y a contestation sur l'estimation de la maison, cette estimation est faite par le comité des habitations à bon marché et homologuée par le juge de paix. Si l'attribution de la maison doit être faite par la majorité ou par le sort, les intéressés y procèdent sous la présidence du juge de paix, qui dresse procès-verbal des opérations.

ART. 9 — Sont affranchies des contributions foncières et des portes et fenêtres, les maisons individuelles ou collectives destinées à être louées ou vendues, et celles qui sont construites par les intéressés eux-mêmes, pourvu qu'elles réunissent les conditions exigées par les Art. 1 et 5.

Cette exemption sera annuelle et d'une durée de cinq années à partir de l'achèvement de la maison. Elle cesserait de plein droit, si, par suite de transformations ou d'agrandissements, l'immeuble perdait le caractère d'une habitation à bon marché et acquérait une valeur sensiblement supérieure au maximum légal.

Pour être admis à jouir du bénéfice de la présente loi, on devra produire, dans les formes et les délais fixés par l'Art. 9, paragraphe 3, de la loi du 8 août 1890, une demande qui sera instruite et jugée comme les réclamations pour décharge ou réduction de contributions directes. Cette demande pourra être formulée dans la déclaration exigée par le même article de ladite loi, de tout propriétaire ayant l'intention d'élever une construction passible de l'impôt foncier.

Les parties des bâtiments dont il est question au présent article, destinées à l'habitation personnelle, donneront lieu conformément à l'article 2 de la loi du 4 août 1844, à l'augmentation du contingent départemental dans la contribution personnelle mobilière, à raison du vingtième de leur valeur locative réelle, à dater de la troisième année de l'achèvement des bâtiments, comme si ces bâtiments ne jouissaient que de l'immunité ordinaire d'impôt foncier, accordé par l'art. 88 de la loi du 3 frimaire an VII aux maisons nouvellement construites ou reconstruites.

Sont exemptées de la taxe établie par l'art. 1er de la loi du 20 février 1849 dans les termes de la loi du 29 décembre 1875, les sociétés, quelle qu'en soit la forme, qui ont pour objet exclusif la construction et la vente des maisons auxquelles s'applique la présente loi.

La taxe continuera à être perçue pour les maisons exploitées par la société ou mises en location par elle.

Art. 10. — Les actes constatant la vente de maisons individuelles à bon marché, construites par les bureaux de bienfaisance, hospices ou hôpitaux, les sociétés de construction ou par des particuliers, soit avec leurs propres ressources, soit avec le concours des sociétés de crédit, mentionnées aux art. 6 et 11, sont soumis aux droits de mutation établis par les lois en vigueur.

Toutefois, lorsque le prix aura été stipulé payable par annuités, la perception de ce droit pourra, sur la demande des parties, être effectuée en plusieurs fractions égales, sans que le nombre de ces fractions puisse excéder celui des annuités prévues au contrat ni être supérieur à cinq. Il sera justifié de la qualité de l'acquéreur par un certificat du maire de sa résidence. Il sera également justifié par un certificat du maire de la commune de la situation que l'immeuble a été reconnu exempt de l'impôt foncier par application des art. 5 et 9, ou que tout au moins, une demande d'exemption a été formée dans les conditions prévues par ces articles. Ces deux certificats seront délivrés sans frais, chacun en double original, dont l'un sera annexé au contrat de vente, et l'autre déposé au bureau de l'enregistrement, lors de l'accomplissement de la formalité.

Le payement de la première fraction du droit aura lieu au moment où le contrat sera enregistré ; les autres fractions seront exigibles d'année en année et seront acquittées dans le trimestre qui suivra l'échéance de chaque année, de manière que la totalité du droit soit acquittée dans l'espace de quatre ans et trois mois au maximum, à partir du jour de l'enregistrement du contrat.

Si la demande d'exemption d'impôt foncier qui a motivé le fonctionnement de la perception vient à être définitivement rejetée, les droits non encore acquittés seront immédiatement recouvrés.

Dans le cas ou, par anticipation, l'acquéreur se libérerait entièrement du prix avant le payement intégral du droit, la portion restant due deviendrait exigible dans les trois mois du règlement définitif. Les droits seront dus solidairement par l'acquéreur et par le vendeur.

L'enregistrement des actes visés au présent article sera effectué dans les délais fixés et, le cas échant, sous les peines édictées par les lois en vigueur. Tout retard dans le payement de la seconde fraction ou des fractions subséquentes des droits rendra immédiatement exigible la totalité des sommes restant dues au trésor. Si la vente est résolue avant le payement complet des droits, les termes acquittés ou échus depuis plus de trois mois demeureront acquis au trésor ; les autres tomberont en non-valeur.

La résolution volontaire ou judiciaire du contrat ne donnera ouverture qu'au droit fixe de 3 francs.

ART. 11. — Les actes nécessaires à la constitution et à la dissolution des associations de construction ou de crédit actuellement existantes, ou à créer, telles qu'elles sont définies dans la présente loi, sont dispensés du timbre et enregistrés gratis, s'ils remplissent les conditions prévues par l'art. 68, paragraphe 3, n° 4, de la loi du 22 frimaire an VII. Les pouvoirs en vue de la représentation aux assemblées générales sont dispensés du timbre. Toutefois, ces Sociétés restent soumises aux droits de timbre pour leurs titres d'actions et obligations, ainsi qu'au droit de timbre-quittance établi par l'art. 18 de la loi du 23 août 1871.

Ces sociétés ne seront admises au bénéfice de ces exonérations et des autres faveurs concédées par la loi qu'autant que leurs statuts, approuvés par le ministre compétent, sur l'avis du Conseil supérieur institué par l'art. 14, limiteront leurs dividendes à un chiffre maximum.

Art. 12. — L'abonnement au timbre souscrit pour leurs actions par ces sociétés ne subira aucune réduction, quelle que soit la diminution du capital social ; mais, en cas d'émissions nouvelles, les droits de timbre resteront les mêmes tant que le capital social précédemment soumis à l'abonnement ne sera pas dépassé.

Art. 13. — Les mêmes sociétés sont dispensées de toute patente.

Elles sont également exonérées de l'impôt sur le revenu attribué aux actions et aux parts d'intérêt, à la condition que les statuts imposent pour ces titres la forme nominative, mais seulement pour les associés dont le capital versé, constaté par le dernier inventaire, ne dépassera pas 2.000 francs.

Les sociétés actuellement existantes jouiront, au même titre que celles qui se fonderont après la promulgation de la loi, de cette dispense et des autres faveurs ou immunités qu'elle concède, à la condition de modifier leurs statuts, le cas échéant, conformément à ses prescriptions.

Art. 14. — Il sera constitué auprès du ministre du commerce et de l'industrie un conseil supérieur des habitations à bon marché auquel devront être soumis tous les règlements à faire en vertu de la présente loi, et d'une façon générale toutes les questions concernant les logements économiques.

Les comités locaux lui adresseront chaque année, dans le courant de janvier, un rapport détaillé sur leurs travaux. Le Conseil supérieur en donnera le résumé, avec ses observations, dans un rapport d'ensemble adressé au Président de la République.

Art. 15. — Un règlement d'administration publique déterminera les mesures propres à assurer l'application des dispositions qui précèdent, et notamment : 1º L'organisation et le fonctionnement du Conseil supérieur des habitations à bon marché et des comités locaux ; 2º les dispositions que devront contenir les statuts des sociétés de construction et de crédit, pour que ces sociétés puissent bénéficier des faveurs de la loi ; 3º les conditions dans lesquelles la Caisse d'assurances en cas de décès pourra organiser des assurances temporaires ; 4º la procédure à suivre pour l'application de l'art. 8.

Art. 16. — La présente loi est applicable à l'Algérie.

La présente loi, délibérée et adoptée par le Sénat et par la Chambre des députés, sera exécutée comme loi de l'Etat.

Fait à Paris le 30 novembre 1894.

Casimir Périer.

Par le Président de la République :

*Le Ministre du Commerce, de l'Industrie,
des Postes et des Télégraphes,*

V. Lourties.

Le Ministre des Finances,

Poincaré.

Décret du 20 Février 1895
relatif à la Loi du 30 Novembre 1894.

Le Président de la République française,

Sur le rapport du Ministre du Commerce, de l'Industrie, des Postes et des Télégraphes,

Vu les articles 14 et 15 de la loi du 30 novembre 1894 sur les habitations à bon marché,

Le Conseil d'Etat entendu,

Décrète :

ARTICLE PREMIER. — Le Conseil supérieur des habitations à bon marché, institué auprès du Ministre du Commerce, de l'Industrie, des Postes et des Télégraphes, par l'article 14 de la loi du 30 novembre 1894, se compose de quarante membres,

Savoir :

MEMBRES NOMMÉS PAR LE MINISTRE

Membres du Sénat...	4
Membres de la Chambre des députés...................	6
Membres du Conseil d'Etat.................................	2
Personnes spécialement versées dans les questions d'hygiène, de construction et d'économies sociales..	5
Membres des sociétés de construction d'habitations à bon marché, des sociétés mutuelles de prévoyance et d'épargne et des syndicats professionnels institués conformément à la loi...	5
Membres des comités locaux d'habitations à bon marché..	5
Membre de l'Académie des sciences morales et politiques...	1
Membre de l'Académie des Beaux-Arts, section d'architecture..	1
Membre de l'Académie de Médecine.....................	1
Membre de la Société française des habitations à bon marché..	1

Membre de la Ligue nationale de la prévoyance et de la mutualité.................................... 1
Membre de la Société d'hygiène publique et de médecine professionnelle........................ 1
Membre de l'Institut des actuaires français............ 1

MEMBRES DE DROIT

Le directeur général de la Caisse des dépôts et consignations.. 1
Le directeur de la prévoyance et de l'assurance sociales 1
Le directeur de l'assistance et de l'hygiène publiques au ministère de l'Intérieur................ 1
Le directeur général des Contributions directes..... 1
Le directeur de l'enregistrement et du timbre......... 1
Le directeur des affaires civiles et du sceau au ministère de la Justice................................ 1

Total........... 40

Ce Conseil est placé sous la présidence du Ministre, qui désigne parmi ses membres deux vice-présidents.

Les secrétaires du Conseil supérieur sont nommés par arrêté ministériel.

ART. 2. — Les membres à la désignation du Ministre sont nommés pour quatre ans.

Un renouvellement par moitié a lieu tous les deux ans. La première série sortante sera désignée par le sort.

Sont remplacés immédiatement, les membres du Conseil qui perdent la qualité en raison de laquelle ils avaient été nommés.

ART. 3. — Le Conseil supérieur s'occupe d'une façon générale de toutes les questions concernant les logements économiques. L'ordre du jour des séances est arrêté par le Ministre.

Le Conseil peut, avec l'autorisation spéciale du Ministre, procéder à des enquêtes et entendre les personnes qu'il jugerait en état de l'éclairer sur les questions qui lui sont soumises.

Il prend connaissance des rapports présentés par les comités locaux, en exécution de l'article 14 de la loi du 30 novembre 1894, émet son avis sur les questions qu'ils soulèvent et en donne annuellement le résumé, avec ses observations, dans un rapport d'ensemble adressé au Président de la République.

Art. 4. — Le Conseil tient au moins une session dans les trois premiers mois de chaque année.

Art. 5. — Un comité permanent de dix membres, choisis dans le sein du Conseil et désignés par le Ministre, se réunit, sous la présidence de l'un des vice-présidents, chaque fois que les besoins du service l'exigent. Il délibère sur les affaires d'importance secondaire et instruit les questions à soumettre au Conseil supérieur.

Art. 6. — Le ministre du Commerce, de l'Industrie, des Postes et des Télégraphes est chargé de l'exécution du présent décret.

Fait à Paris, le 20 février 1895.

Félix FAURE.

Par le Président de la République :

*Le Ministre du Commerce, de l'Industrie,
des Postes et des Télégraphes,*

André LEBON.

Arrêté du 20 Février 1895
relatif à la loi du 30 Novembre 1894

Le Ministre du Commerce, de l'Industrie, des Postes et des Telégraphes,

Vu la loi du 30 novembre 1894, relative aux habitations ouvrières à bon marché ;

Vu le décret du 20 février 1895, portant règlement d'administration publique sur l'organisation et le fonctionnement du Conseil supérieur des habitations à bon marché ;

Sur la proposition du Directeur de la prévoyance et de l'assurance sociales,

Arrête :

Article premier.— Sont nommés membres du Conseil supérieur des habitations à bon marché :

MM. Jules Simon, sénateur; Diancourt, sénateur ; Eugène Gouin, sénateur ; Tolain, sénateur ; Jules Siegfried, député ; Léon Bourgeois, député ; Mesureur, député; Aynard, député ; Fanien, député; Gruet, député ; F. Mangini, ingénieur à Lyon ; Emile Trélat, député, directeur de l'école d'architecture ; docteur du Mesnil, secrétaire du comité consultatif d'hygiène de France ; Jules Challamel, avocat près la Cour d'appel de Paris, docteur en droit ; docteur Levraud, conseiller municipal de Paris ; Emile Cheysson, inspecteur général des ponts et chaussées, président de la société des habitations ouvrières de Passy-Auteuil ; Bouteloup, trésorier de l'Association fraternelle des employés et ouvriers des chemins de fer français, président de la société de construction des maisons à bon marché, le Cottage d'Athis ; prince d'Arenberg, député, président de la société philantrophique de Paris ; Emile Cacheux, ingénieur civil à Paris ; Louis Favaron, directeur de la société des charpentiers de la Villette, président de la Chambre consultative des associations ouvrières de production ; Maurice Lebon, député, président de la Société rouennaise des logements à bon marché ; Frédéric Mallet, président honoraire de la Chambre de Commerce du Havre, administrateur délégué de la Société havraise des cités ouvrières ;

Eugène Rostand, président de la Caisse d'épargne et de prévoyance des Bouches-du-Rhône, président de la Société des habitations salubres et à bon marché de Marseille ; A. Hausser, ingénieur en chef des ponts et chaussées, à Bordeaux, président de la Société bordelaise des habitations à bon marché ; Julliard, maire d'Epinal, membre de la Société anonyme des habitations ouvrières ; Georges Picot, membre de l'Académie des sciences morales et politiques ; Pascal, membre de l'Académie des Beaux-Arts, section d'architecture ; docteur Rochard, membre de l'Académie de Médecine ; Fleury Ravarin, député, secrétaire général de la Société française des habitations à bon marché ; Lourties, sénateur, président de la ligue de prévoyance et de la mutualité ; docteur A.-J. Martin, inspecteur général de l'assainissement de la Seine, secrétaire général, adjoint de la Société d'hygiène publique et de médecine professionnelle ; Guieysse, député, président de l'Institut des actuaires français ; Cotelle, conseiller d'Etat ; Auburtin, maître des requêtes au Conseil d'Etat.

Art. 2. — Sont nommés membres du Comité permanent du Conseil supérieur des habitations à bon marché :

MM. Jules Siegfried ; Eugène Gouin ; Diancourt ; Trélat ; docteur du Mesnil ; Cheysson ; Maurice Lebon ; Jules Challamel ; Georges Picot ; Auburtin.

Art. 3. — MM. Jules Simon, sénateur, et Siegfried, député, sont nommés vice-présidents du Conseil supérieur des habitations à bon marché.

Art. 4. — MM. Breton, chargé des fonctions de sous-directeur de la prévoyance et de l'assurance sociales, et Girod-Jordan, chef-adjoint du Cabinet du Ministre du Commerce, de l'Industrie, des Postes et des Télégraphes, rempliront les fonctions de secrétaires.

Fait à Paris, le 28 février 1895.

André LEBON.

Règlement d'administration publique pour l'exécution de la loi du 30 Novembre 1894, relative aux Habitations à bon marché.

Le Président de la République Française,

Sur le rapport du Ministre du Commerce, de l'Industrie, des Postes et des Télégraphes ;

Vu la loi du 30 novembre 1894, relative aux habitations à bon marché et notamment l'article 15 :

Vu l'avis du Conseil supérieur des habitations à bon marché ;

Vu l'avis de la Commission supérieure des caisses d'assurances en cas de décès et d'accidents ;

Vu les avis du Garde des Sceaux, Ministre de la Justice, du Ministre de l'Intérieur et du Ministre des Finances ;

Le Conseil d'Etat entendu,

Décrète :

TITRE PREMIER

DES COMITÉS LOCAUX

ARTICLE PREMIER. — Les comités locaux, institués par décret du Président de la République et composés, suivant les formes prescrites par l'article 4 de la loi du 30 novembre 1894, sont installés par le préfet dans l'arrondissement chef-lieu, et par les sous-préfets dans les autres arrondissements.

ART. 2. - Dans sa première séance, le Comité désigne son président et, s'il y a lieu, un vice-président.

Il nomme aussi, soit un secrétaire-trésorier, soit un secrétaire et un trésorier qui peuvent être pris en dehors du Comité.

ART. 3. — Le Comité délibère valablement lorsque la moitié plus un des membres qui le composent sont présents.

Les délibérations sont prises à la majorité absolue des votants.

S'il y a partage, la voie du président est prépondérante.

En cas de vacance provenant de démission ou de décès, il y est pourvu, selon les catégories, par le préfet, dans un délai de trois mois, et par le Conseil général, dans la session qui suivra.

Art. 4. — Le Comité se réunit, sur convocation du président, quand les besoins l'exigent ou lorsque trois membres le demandent par écrit.

Il doit au moins se réunir une fois par trimestre. A défaut de convocation pendant plus de six mois, le préfet devra convoquer le Comité.

Tout membre qui s'abstiendra de se rendre à trois convocations successives, sans motif reconnu légitime par le Comité, sera déclaré démissionnaire par le préfet.

Art. 5. — Dans le courant de janvier, le Comité adresse au ministre du Commerce, par l'intermédiaire du préfet, un rapport détaillé sur ses travaux et l'état de sa situation financière, avec les comptes de l'exercice écoulé et le budget de l'exercice courant.

Art. 6. — Pour l'exécution des dispositions prévues aux articles 1er et 2 de la loi, le Comité pourra, s'il y a lieu, déléguer à une ou plusieurs personnes, telle mission spéciale à laquelle ses membres ne seraient pas en mesure de procéder par eux-mêmes.

Art. 7. — L'indemnité de déplacement qui pourra être allouée, en vertu de l'article 3 de la loi, aux membres du Comité n'habitant pas la localité où se tiendraient les réunions, ne dépassera pas 2 fr. 50 par myriamètre parcouru en allant et revenant.

Art. 8. — En cas de démission simultanée de plus de la moitié des membres du Comité, le Conseil supérieur, saisi par un rapport du préfet au ministre, émettra son avis sur la reconstitution ou la dissolution du Comité.

Il en sera de même si, après deux convocations successives, la seconde par lettre recommandée, le Comité ne se trouvait pas en nombre pour délibérer, ou s'il commettait des abus graves dans l'exercice de ses fonctions.

La dissolution est prononcée par décret du Président de la République qui statue sur la dévolution de l'actif, conformément au paragraphe 4 de l'art. 2 de la loi.

TITRE II

DES DISPOSITIONS QUE DEVRONT CONTENIR LES STATUTS DES SOCIÉTÉS DE CONSTRUCTION ET DE CRÉDIT.

Art. 9. — Les sociétés de construction de maisons à bon marché et les sociétés de crédit qui, ne construisant pas elles-mêmes, ont pour but de faciliter l'achat ou la construction de ces maisons doivent, pour bénéficier des faveurs de la loi, indiquer dans leurs statuts :

1º Qu'elles ont pour objet exclusif, soit de procurer l'acquisition d'habitations salubres et à bon marché à des personnes qui ne sont déjà propriétaires d'aucune maison, soit de mettre en location des habitations de cette nature, soit d'améliorer des habitations déjà existantes ;

2º Que les dividendes sont limités à 4 0/0 au plus ;

3º Que les statuts ainsi que toute modification qui y serait apportée, doivent être approuvés par le Ministre du Commerce, sur l'avis du Comité permanent du Conseil supérieur des habitations à bon marché ;

4º Que, dans les six mois qui suivent la clôture de chaque exercice, le compte-rendu de l'Assemblée générale de la Société, accompagné du bilan, sera adressé, par l'intermédiaire du préfet, au Ministre du Commerce pour être soumis au Comité permanent ;

6º Que lors de l'expiration de la Société, ou en cas de dissolution anticipée, l'Assemblée générale appelée à statuer sur la liquidation ne pourra attribuer l'actif qui resterait, après paiement du passif et remboursement du capital-actions versé, qu'à une Société constituée conformément aux prescriptions de la loi du 30 novembre 1894, la délibération dont il s'agit devant être approuvée par le Ministre, sur l'avis du Conseil supérieur.

TITRE III

DÉTERMINATION DU CINQUIÈME DU PATRIMOINE DES BUREAUX DE BIENFAISANCE, HOSPICES ET HOPITAUX

Art. 10. — Le cinquième du patrimoine des établissements de bienfaisance qui pourra être employé, conformément aux dispositions du paragraphe 1er de l'art. 6 de la loi, devra être calculé d'après le cours de la bourse, pour les valeurs mobilières, et pour les immeubles, d'après l'évaluation qui en sera faite par un expert nommé par le préfet.

Les immeubles affectés aux services d'assistance ne seront pas compris dans cette évaluation et n'entreront pas en ligne de compte.

Les biens mobiliers ou immobiliers, provenant de fondations et grevés d'une charge spéciale, n'entreront en ligne de compte que sous déduction de la somme nécessaire pour faire face à ces charges.

En aucun cas, la somme dont les bureaux de bienfaisance, hospices et hôpitaux pourront ainsi disposer, ne dépassera le montant de leur fortune mobilière.

TITRE IV

DES ASSURANCES TEMPORAIRES EN CAS DE DÉCÈS

ART. 11. — L'acquéreur, le locataire avec promesse de vente, ou le constructeur d'une maison à bon marché, qui veut garantir par une assurance le paiement des annuités d'amortissement restant à échoir au moment de son décès, adresse une proposition au directeur général de la Caisse des dépôts et consignations.

Le montant de l'assurance ne pourra dépasser :

Pour les immeubles situés dans une commune de 1.000 habitants et au-dessous.	F. 2.300
De 1.001 à 5.000 habitants.	3.900
De 5.001 à 30.000 habitants.	4.400
De 30.001 à 200.000 habitants, ou dans une des communes situées dans un rayon de 40 kilomètres autour de Paris.	5.700
Dans une commune de 200.001 habitants et au-dessus.	7.700
A Paris.	9.700

Les propositions d'assurance peuvent être transmises soit par les Comités des Habitations à bon marché, soit par les Sociétés de construction ou de crédit. Ces Comités ou Sociétés pourront également servir d'intermédiaires entre les assurés et la Caisse d'assurance, pour toutes les opérations ultérieures.

Art. 12. — Les propositions d'assurances, les polices définitives et les versements de primes sont reçus à la direction générale de la Caisse des dépôts et consignations, à Paris ; chez les trésoriers-payeurs généraux et les receveurs particuliers des finances, dans les départements ; chez les trésoriers-payeurs et les payeurs particuliers, en Algérie.

Les propositions d'assurances sont également reçues par les percepteurs des contributions directes.

Sur la demande faite par l'assuré au directeur général de la Caisse des dépôts et consignations, les percepteurs peuvent être autorisés à recevoir les polices définitives et à encaisser les primes.

Art. 13. — Le proposant produit à l'appui de sa demande :
1° Un extrait de naissance ;
2° L'engagement de répondre aux questions et de se soumettre aux constatations médicales qui seront prescrites par les polices ;
3° Une déclaration affirmant qu'il ne possède aucune autre maison que celle en vue de laquelle il veut contracter une assurance, dans les limites prévues à l'art. 5 de la loi ;
4° Le contrat d'acquisition ou de prêt passé soit avec une Société de construction ou de crédit, soit avec un particulier.

Le contrat d'acquisition ou de prêt devra indiquer le nombre, les dates d'échéance et le montant des annuités d'amortissement dont l'assurance devra garantir le paiement en cas de décès, ainsi que le taux de l'intérêt.

La proposition est datée et signée par le proposant, ou revêtue par le préposé de la Caisse des dépôts et consignations d'une mention énonçant que le proposant ne sait ou ne peut signer.

Art. 14. — La proposition d'assurance, accompagnée des pièces produites à l'appui, est transmise, sans délai, par le préposé qui l'a reçue, à la direction générale des dépôts et consignations. Après les vérifications nécessaires, le proposant reçoit avis du montant de la prime unique ou des primes annuelles au moyen desquelles il pourra garantir le paiement des annuités d'amortissement mentionnées dans le contrat et l'autorisation de se présenter chez le médecin qui devra procéder à l'examen médical.

Avis de cette autorisation est donné en même temps au médecin.

Art. 15. — Dans chaque canton où des habitations à bon marché seront construites, il sera désigné, par le préfet, un ou plusieurs médecins-visiteurs assermentés et chargés d'examiner les proposants.

Leur serment sera reçu, soit par le préfet ou le sous-préfet, soit par le juge de paix du canton où résidera le médecin.

Le tarif de la visite médicale sera fixé par un arrêté du préfet du département.

Art. 16. — Le proposant, s'il n'est pas personnellement connu du médecin-visiteur, doit se présenter chez celui-ci, assisté d'un délégué de la Société de construction ou de crédit, ou de deux témoins imposés au rôle des contributions directes de la commune, qui attesteront l'identité du proposant sur le questionnaire destiné à recevoir les résultats de l'examen du médecin.

Art. 17. — Après que les témoins se sont retirés, le médecin-visiteur adresse au proposant les questions contenues dans la première partie du questionnaire et il y consigne les réponses qui lui sont faites ; il fait signer cette première partie par le proposant après lui en avoir donné connaissance. Si ce dernier ne peut ou ne sait signer, le médecin en fait mention. Il procède ensuite à l'examen médical, inscrit le résultat de ses observations dans la seconde partie du questionnaire, signe et adresse le tout au directeur général de la Caisse des dépôts et consignations.

Art. 18. — Le directeur général de la Caisse des dépôts et consignations déclare, s'il y a lieu, de refuser l'assurance ou de l'accepter.

Dans le premier cas, il informe le proposant de son refus, qui ne doit jamais être motivé.

Dans le second cas, il transmet au comptable qui a reçu la proposition d'assurance la police définitive en double expédition et un extrait de cette police qui servira au paiement des primes.

Art. 19. — La police d'assurance énonce les nom, prénoms, profession et domicile de l'assuré, ainsi que le lieu et la date de sa naissance.

Elle mentionne la durée de l'assurance, la prime unique ou les primes annuelles que l'assuré devra payer aux dates fixées par le contrat et le montant, après chaque échéance, d'amortissement de la somme que la Caisse aurait à payer en cas de décès de l'assuré. Elle indique que l'assurance doit profiter, soit aux ayants-droit de l'assuré, soit à un bénéficiaire désigné.

Enfin elle porte l'engagement réciproque pris par l'assuré d'acquitter les primes aux dates convenues, et par la caisse d'assurance en cas de décès, représentée par le directeur général de la Caisse des dépôts et consignations, d'effectuer le paiement des sommes assurées en se conformant, de part et d'autre, aux conditions particulières du contrat et aux conditions générales imprimées dans la police.

Les deux expéditions de la police sont signées par l'assuré qui devra faire élection de domicile à Paris.

Si l'assuré ne peut ou ne sait signer, il en est fait mention sur les deux expéditions de la police par le préposé de la Caisse des dépôts et consignations.

Si un bénéficiaire est désigné, il peut donner son acceptation au moment de la signature de la police en inscrivant sur les deux expéditions de cet acte la mention : «Vu et accepté, le bénéficiaire», suivie de sa signature.

Le contrat d'assurance produit son effet à partir du paiement de la première prime ou de la prime unique suivi de la signature de la police par l'assuré ou par son mandataire spécial, alors même que l'assuré viendrait à décéder dans les deux ans du contrat.

Art. 20 — L'assurance peut être contractée soit au moyen d'une prime unique, soit au moyen de primes annuelles décroissantes, proportionnelles au risque de chaque année, soit au moyen de primes constantes à payer pendant une partie de l'assurance et dont le montant ne devra pas être inférieur au risque de la première année. Dans tous les cas, l'échéance des primes devra être fixée de manière à ne reporter le paiement d'aucune d'elles après l'âge de soixante-cinq ans.

Art. 21. — Les primes annuelles autres que la première sont acquittées, chaque année, à l'échéance fixée dans la police.

Art. 22. — A toute époque l'assuré peut convertir ses primes annuelles décroissantes ou constantes en une prime unique.

Il peut également convertir ses primes décroissantes en primes constantes, dont le montant ne devra pas être inférieur au risque de l'année dans laquelle aura lieu la modification du contrat,

Ces modifications sont constatées par un avenant à la police d'assurance.

Art. 23. — Dans l'application des tarifs, la prime est fixée d'après l'âge de l'assuré à l'échéance de la prime. L'assuré est considéré comme ayant à cette échéance son année d'âge accomplie plus une demi-année.

Art. 24. — Les primes peuvent être acquittées par les sociétés de construction ou de crédit bénéficiaires de l'assurance et par toute personne munie de l'extrait de la police remis à l'assuré en vue du paiement des primes.

La société ou le mandataire verbal qui effectue simultanément des versements de primes ultérieures pour le compte de plusieurs assurés, produit un bordereau nominatif donnant le détail des primes versées.

Art. 25 — Le versement de chaque prime, effectué soit à la Caisse des dépôts et consignations, soit chez les trésoriers-payeurs généraux et les receveurs particuliers en France, soit chez les trésoriers-payeurs et payeurs particuliers, en Algérie, est constaté par un récépissé à talon délivré par le comptable qui reçoit le versement.

Art. 26. — Lorsque le versement doit être effectué entre les mains d'un percepteur autorisé à cet effet, conformément à l'article 12, ci-dessus, le directeur général de la Caisse des dépôts et consignations transmet un titre de perception à ce comptable.

Le percepteur ne peut faire aucun encaissement de prime sans être nanti de ce titre de perception.

Le versement de chaque prime effectué dans ces conditions est constaté par une quittance extraite du journal à souche.

Art. 27. — Le paiement des primes peut également être opéré à la Caisse des dépôts et consignations au moyen de mandats-postes transmis par les intéressés. Il en est délivré un récépissé à talon.

Art. 28. — A défaut de paiement d'une prime annuelle dans les trente jours, il est dû des intérêts de retard, au taux de 4 0/0 à partir de l'échéance.

Art. 29. — Si la prime n'est pas acquittée dans les trois mois qui suivent l'échéance, le contrat est résolu de plein droit, quinze jours après une mise en demeure restée sans effet.

Dans ce cas, lorsque l'assurance a été contractée au moyen de primes annuelles constantes les versements effectués, déduction faite de la part afférente aux risques courus, sont ramenés à une prime unique garantissant le paiement d'une somme dont le montant est calculé d'après les bases du tarif en vigueur, à la date de la signature du contrat primitif, et pour la période du temps restant à courir.

Art. 30. — Toute réticence, toute fausse déclaration de la part de l'assuré, soit dans la proposition d'assurance, soit dans les réponses faites au médecin visiteur et qui seraient de nature à atténuer l'importance du risque ou à tromper sur l'identité de l'assuré, entraînent l'annulation de l'assurance, sans préjudice des poursuites qui pourraient être exercées conformément aux lois pénales.

Dans le cas ou l'assurance est annulée pour les motifs énoncés dans le paragraphe précédent, la portion des primes versées afférentes aux risques postérieurs, à la date d'annulation du contrat est remboursée sans intérêts à l'assuré en présence du bénéficiaire de l'assurance s'il y a lieu.

Art. 31. — En cas de résiliation du contrat de vente ou de libération anticipée des annuités souscrites, l'assuré peut obtenir la résiliation de son assurance et le paiement d'une somme égale à la valeur de la portion des primes antérieurement payées qui étaient afférentes aux risques postérieurs de la date de la résiliation.

Ce paiement est effectué sur la quittance collective de l'assuré et s'il y a un bénéficiaire désigné du bénéficiaire de l'assurance ou de ses ayants droit.

Art. 32. — En cas de décès de l'assuré, les annuités à échoir sont payées à ses ayants droit ou au bénéficiaire désigné, sur la production du double de la police, de l'acte de décès de l'assuré et d'un certificat de médecin constatant le genre de maladie ou d'accident auquel l'assuré aura succombé.

Outre les pièces énumérées au paragraphe précédent, les ayants droit de l'assuré ont à produire un certificat de propriété délivré dans les formes et suivant les règles prescrites par l'art. 6 de la loi du 28 floréal an VII.

Art. 33. — Dans le cas où le décès de l'assuré résulte du suicide, de duel ou de condamnation judiciaire, l'assurance demeure sans effet et les primes versées, augmentées des intérêts simples calculés au taux du tarif, sont remboursées aux ayants droit dans les conditions indiquées à l'article précédent.

Art. 34. — Les sommes dues par la Caisse d'assurance sont payables : à Paris, à la Caisse des dépôts et consignations ; dans les départements, chez les trésoriers-payeurs généraux et receveurs particuliers des finances, et en Algérie, chez les trésoriers payeurs et payeurs particuliers.

Le paiement a lieu, sur une autorisation donnée par le Directeur général de la Caisse des dépôts et consignations, à qui la demande doit être adressée soit directement, soit par l'intermédiaire des préposés et agents désignés à l'article 12, ci-dessus.

Art. 35. — Les cessions ou transports de tout ou partie du capital assuré, consentis par l'assuré ou le bénéficiaire, en vertu de l'art. 7, paragraphe 4, de la loi du 30 novembre 1894, ne pourront être faits que par acte notarié.

Les actes de cession ou transport, ou tous autres actes ayant pour objet de mettre opposition au paiement des sommes assurées, doivent être signifiées au directeur général de la Caisse des dépôts et consignations, à Paris.

Art. 36. — La cession du bénéfice de la police d'assurance ne pourra être faite qu'au profit de la Société de construction et de crédit, lorsque cette clause sera insérée dans l'acte de promesse de vente, joint à la proposition d'assurance en vertu de l'art. 13, ci-dessus.

Art. 37. — Les registres matricules et les comptes individuels des assurés, sont tenus à la direction générale de la Caisse des dépôts et consignations, qui conserve le double des polices d'assurances et les pièces produites à l'appui, soit des propositions, soit des polices.

TITRE V

DE L'INDIVISION OU DE L'ATTRIBUTION DES MAISONS A BON MARCHÉ.

Art. 38. — Lorsqu'une maison individuelle, construite dans les conditions édictées par la loi du 30 novembre 1894, figure dans une succession et que cette maison est occupée, au moment du décès de l'acquéreur ou du constructeur, par le défunt, son conjoint, ou l'un de ses enfants, il est pourvu à l'exécution de l'article 8 de la loi, conformément aux dispositions ci-après, sous l'autorité du Juge de paix, au lieu de l'ouverture de la succession.

Art. 39. — Le conjoint survivant ou l'héritier qui veut faire prononcer le maintien de l'indivision, ou l'attribution de la maison à son profit, en forme la demande, par voie de déclaration au greffe de la justice de paix.

La déclaration doit contenir : 1° Les nom, prénoms, profession et domicile du requérant et la qualité en laquelle il agit ;

2° Les nom, prénoms, profession et domicile du conjoint survivant et de chacun des héritiers ou successeurs, à titre universel, ainsi que de leurs représentants légaux.

Elle est signée par le requérant et contresignée par le greffier.

Il est joint un extrait du rôle de la contribution foncière ou un certificat du directeur des contributions directes, attestant que la valeur locative de la maison ne dépasse pas les maxima déterminés par l'art. 50 ci-après.

Le requérant, doit, en outre, consigner comme suffisante pour couvrir les frais immédiats de procédure. Le Juge de paix en détermine, s'il y a lieu le montant.

Art. 40. — Lorsque le défunt aura laissé des héritiers mineurs ayant au moment du décès, leur domicile dans le canton où la succession est ouverte, le Conseil de famille, réuni comme il est dit a l'art. 406 du Code civil, sera invité par le Juge de paix à donner son avis sur le maintien de l'indivision, si ce maintien est demandé et si l'attribution de la maison n'est pas réclamée.

Si tous les intéressés sont présents, il pourra être procédé immédiatement et sans convocation spéciale de la façon prescrite par les art. 44 et suivants du présent règlement.

Art. 41. — Lorsque la succession s'ouvrira dans un canton autre que celui où les héritiers mineurs ont leur domicile, le Juge de paix du lieu de l'ouverture de la succession transmettra au Juge de paix du lieu où la tutelle s'est ouverte, ainsi qu'au tuteur s'il y en a un, copie de la déclaration à l'effet d'appeler le Conseil de famille à en délibérer.

Art. 42. — Le Juge de paix saisi de la demande convoque tous les intéressés, ou leurs représentants, par lettres recommandées expédiées par le greffier.

L'avis de réception de la poste est joint au dossier de l'affaire.

Les délais et formes de la comparution sont fixés conformément aux art. 411 et 412 du Code civil.

Art. 43. — Si l'un des intéressés est sans domicile ni résidence connus, le Juge de paix, à la requête de la partie la plus diligente, lui nomme un mandataire spécial, à moins que le tribunal, en vertu de l'art. 113 du Code civil, n'ait déjà commis un notaire pour le représenter.

Art. 44. — Au jour fixé, si toutes les parties sont d'avis de maintenir l'indivision pour un temps déterminé, il leur en est donné acte par le Juge de paix. Le pacte d'indivision ainsi conclu est définitif, même au regard des mineurs et interdits, sans qu'il soit besoin d'homologation.

En cas de désaccord, le Juge de paix statue, d'après les circonstances, en vue du plus grand intérêt de la famille, et, s'il y a lieu, prononce le maintien de l'indivision dans les limites fixées par la loi, à moins que l'attribution de la maison ne soit demandée par quelqu'un des héritiers ou le conjoint survivant.

Art. 45. — S'il n'y a pas de contestation sur la valeur de l'immeuble et que toutes les parties soient présentes ou dûment averties, conformément à l'art. 42 ci-dessus, majeures et maîtresses de leurs droits, le Juge de paix prononce l'attribution à celle des parties qui l'a demandée.

Lorsqu'elle est requise par plusieurs ayants droit, le Juge de paix vérifie s'il existe au profit de l'un deux une cause légale de préférence et, le cas échéant, prononce l'attribution soit à celui que le défunt a désigné, soit à l'époux survivant, s'il est copropriétaire au moins pour moitié.

Toutes choses égales, il met aux voix la désignation de l'attributaire, les héritiers qui viennent par représentation d'une même personne n'ayant droit ensemble qu'à un seul suffrage.

A défaut de majorité, il procède, séance tenante, au tirage au sort.

Il est sur le champ dressé procès-verbal de l'attribution, ainsi que des conventions relatives au paiement des soultes et autres conditions accessoires.

Art. 46. — S'il y a contestation sur la valeur de la maison, le Juge de paix constate en son procès-verbal, le désaccord des parties, sursoit à l'attribution et requiert le Comité des habitations à bon marché, dans la circonscription duquel est situé l'immeuble, d'en faire l'estimation et de lui en adresser le rapport détaillé.

Il en est de même si quelqu'un des intéressés n'a pas reçu la convocation du Juge de paix, prévue par l'art. 42 ci-dessus, ou s'il y a parmi eux des mineurs ou des interdits.

Au cas où il n'existe pas de comité dans le département, l'estimation est faite par un expert, nommé par le Juge de paix, au besoin par commission rogatoire.

Art. 47. — Sur le dépôt du rapport, les parties sont invitées à en prendre connaissance au greffe, dans le délai de trente jours, puis convoquées à nouveau devant le Juge de paix, le tout dans les formes prescrites à l'art. 42 ci-dessus.

A défaut de conciliation, il fixe lui-même, d'après tous les éléments de la cause, le prix de la maison et procède, comme il est dit à l'art. 45 ci-dessus, à son attribution.

Art. 48. — Toutes décisions du Juge de paix rendues par défaut, sont notifiées aux parties défaillantes, sous pli recommandé, de la façon prescrite à l'art. 42 ci-dessus.

L'opposition est recevable dans les huit jours de la réception de la lettre.

Art. 49. — Il est alloué :

§ 1er. — *Aux greffiers des justices de paix, frais et déboursés non compris.*

1º Par chaque envoi de lettres recommandées . . . . . F.	0 50
2º Pour la déclaration faite au greffe, tendant au maintien de l'indivision ou à l'attribution de l'immeuble . .	1 50
3º Pour copie de la dite déclaration.	1
4º Pour la rédaction du procès-verbal d'indivision ou d'attribution de l'immeuble.	1 50
5º Pour dépôt du rapport à fin d'estimation de l'immeuble	1 50
6º Pour recherche et communication sans déplacement dudit rapport.	0 50
7º Pour chaque copie de jugement.	1

§ 2. — *Aux experts chargés de l'estimation de l'immeuble.*

1º Par vacation de trois heures, lorsqu'ils opèreront dans le canton où ils sont domiciliés, ou même hors du canton, mais dans la distance de deux myriamètres . . F.	5
2º Au delà de deux myriamètres, en dehors du canton, il sera alloué pour frais de voyage et de nourriture, soit pour l'aller, soit pour le retour, par chaque myriamètre	2 50
3º Pour la prestation de serment et pour le dépôt du rapport, indépendamment du transport au chef-lieu du canton dans le cas où il sera dû aux termes des dispositions qui précédent.	2

TITRE VI

DES IMMUNITÉS FISCALES

ART. 50. — Les immunités et atténuations d'impôts accordées par la loi sont exclusivement applicables aux maisons dont le revenu net imposable à la contribution foncière n'excèdera pas les limites fixées par l'art. 5 de la loi, c'est-à-dire dont la valeur locative, augmentée des charges incombant au propriétaire et mises, par le bail, au compte du locataire, ne comportera pas, pour l'intégralité de ces maisons, ou pour chacun des logements les composant et destinés à être loués séparément, des chiffres supérieurs à ceux indiqués ci-dessous pour chaque catégorie de communes :

Dans les communes de 1000 habitants et au-dessous F. 132
Dans les communes de 1.001 habitants à 5.000. . . 220
Dans les communes de 5.001 habitants à 30.000. . 250
Dans les communes de 30.001 habitants à 200.000 et dans celles qui sont situées dans un rayon de 40 kilomètres autour de Paris. 323
Dans les communes de 200.001 habitants et au-dessus. 440
A Paris. 550

ART. 51 — Pour l'application de la disposition qui précède, les catégories de communes sont déterminées d'après le chiffre de la population municipale totale, résultant du dernier dénombrement de la population.

ART. 52. — Lorsqu'à la suite d'un nouveau dénombrement, une commune passe dans une catégorie inférieure à celle dont elle faisait précédemment partie, les maisons reconnues exemptes de l'impôt, ou ayant fait l'objet d'une demande d'exemption avant le 1er Janvier de l'année à partir de laquelle les résultats du nouveau dénombrement doivent être appliqués en matière de contributions directes, conservent leur droit à l'exemption, même si leur valeur locative est supérieure au maximum prévu à l'art. 50 ci-dessus pour la catégorie dans laquelle la commune se trouve actuellement rangée. Au cas de passage d'une commune dans une catégorie supérieure, le nouveau maximum ne devient également applicable qu'aux maisons construites postérieurement du 1er Janvier de l'année pour laquelle les résultats du nouveau dénombrement reçoivent leur première application dans les rôles des contributions directes.

Les mêmes règles sont suivies dans le cas de réunion ou de division des communes.

Art. 53. — Pour déterminer les communes situées dans un rayon de 40 kilomètres autour de Paris, on prendra la distance à vol d'oiseau qui sépare la mairie de la commune du point le plus rapproché de l'enceinte fortifiée de Paris.

Art. 54. — Les modifications apportées à la valeur locative des maisons, à la suite d'une nouvelle évaluation des propriétés bâties, n'auront, en aucun cas pour effet de faire cesser avant leur terme les immunités précédemment accordées, ni de créer des droits à l'exemption en faveur des maisons précédemment construites.

Art. 55. — La demande d'exonération temporaire exigée par l'art. 9 de la loi doit contenir la déclaration que la maison qui en fait l'objet est destinée à être occupée par une personne n'étant propriétaire d'aucune maison.

Art. 56. — L'exemption comprend à la fois le principal de l'impôt et les centimes additionnels de toute nature. Elle ne peut, dans aucun cas, être étendue au sol des maisons ni aux cours ou jardins qui en dépendent.

Art. 57. — Les immeubles admis à jouir du bénéfice de la loi et qui viennent à être transformés ou agrandis sont considérés comme ayant acquis une valeur sensiblement supérieure au maximum légal quand leur nouvelle valeur locative dépasse de plus d'un dixième les maxima fixés à l'art. 50 ci-dessus.

L'exemption d'impôt dont ils bénéficiaient cesse à partir du 1er janvier de l'année qui suit celle pendant laquelle les transformations en agrandissements ont été opérées; les impositions sont établies, s'il y a lieu, par voie de rôles particuliers.

Art. 58. — Les immunités fiscales prévues aux art. 9 et 10 de la loi ne peuvent être revendiquées que pour les maisons dont la construction a été entreprise postérieurement à sa promulgation.

A ce titre exceptionnel, les demandes d'exemption qui n'auraient pas été faites dans les délais fixés par l'art. 9 de la loi, seront recevables dans les six mois qui suivront la promulgation du présent règlement.

ART. 59. — Le ministre du Commerce, de l'Industrie, des Postes et des Télégraphes, le garde des Sceaux, ministre de la Justice, le ministre de l'Intérieur et le ministre des Finances sont chargés, chacun en ce qui le concerne, de l'exécution du présent décret, qui sera inséré au *Bulletin des Lois* et publié au *Journal Officiel* de la République Française.

Fait à Fontainebleau, le 21 septembre 1895.

Félix FAURE.

Par le Président de la République :

Le Ministre du Commerce, de l'Industrie,
des Postes et Télégraphes,

André LEBON.

Loi du 31 Mars 1896, modifiant l'article 11 et complétant l'article 5 de la Loi du 30 Novembre 1894 sur les Habitations à bon marché.

Le Sénat et la Chambre des Députés ont adopté,
Le Président de la République promulgue la loi dont la teneur suit :

ARTICLE PREMIER. — Le deuxième paragraphe de l'art. 11 de la loi du 30 novembre 1894 est modifié ainsi qu'il suit :

« Ces Sociétés ne seront admises au bénéfice de ces exonérations et des autres faveurs concédées par la loi qu'autant que leurs statuts approuvés par le ministre compétent, sur l'avis du Conseil supérieur institué par l'art. 14, limiteront leurs dividendes annuels à un chiffre maximum. »

ART. 2. — Pour la détermination des revenus qui servent à l'application de l'art. 5 de la loi du 30 novembre 1894, ne seront pas comprises dans la valeur locative des immeubles les charges de salubrité (eau, vidange, etc.) et d'assurance contre l'incendie ou sur la vie dont le propriétaire fait l'avance et qu'il recouvre, en les mettant, par le bail, au compte du locataire.

ART. 3. — Les dispositions de l'art. 8 de la loi du 30 mai 1894 sont applicables à toute maison, quelle que soit la date de sa construction, dont le revenu net imposable à la construction foncière n'excède pas les limites fixées par l'art. 5 de la dite loi.

La présente loi, délibérée et adoptée par le Sénat et par la Chambre des Députés sera exécutée comme loi de l'Etat.

Fait à Paris le 31 mars 1896.

Félix FAURE.

Par le Président de la République :

Le Ministre du Commerce de l'Industrie,
des Postes et des Télégraphes,

E. MESUREUR

Le Ministre des Finances,

P. DOUMER.

Loi Belge du 9 Août 1889
relative aux habitations ouvrières et à l'institution des Comités de patronage.

ARTICLE PREMIER. — Il sera établi dans chaque arrondissement administratif un ou plusieurs comités chargés :

a) De favoriser la construction et la location d'habitations ouvrières salubres et leur vente aux ouvriers, soit au comptant, soit par annuités ;

b) D'étudier tout ce qui concerne la salubrité des maisons habitées par les classes laborieuses et l'hygiène des localités où elles sont tout spécialement établies ;

c) D'encourager le développement de l'épargne et de l'assurance, ainsi que des institutions de crédit ou de secours mutuels et de retraite.

Les comités recevront le nom de comités de patronage et seront composés de cinq membres au moins et de dix-huit membres au plus, nommés pour trois ans, savoir : trois à dix par la députation permanente du Conseil provincial, deux à huit par le Gouvernement. Ils pourront être subdivisés en sections. Les comités et leurs sections auront un secrétaire nommé par la députation permanente.

Le mode de fonctionnement de ces comités et leurs relations avec le gouvernement, les administrations provinciales et communales et les commissions médicales seront réglés par arrêté royal, sans qu'il en puisse être porté atteinte aux attributions de ces administrations en matière d'hygiène et de salubrité.

ART. 2. — Les comités de patronage pourront instituer et distribuer des prix d'ordre, de propreté et d'épargne.

Ils pourront recevoir, à cet effet, des dons et legs mobiliers et des subsides des pouvoirs publics.

ART. 3. — Les comités de patronage ou leurs membres à ce délégués signaleront, soit aux administrations communales, soit à l'autorité provinciale, soit au Gouvernement, telles mesures qu'ils jugeront opportunes.

Ils adresseront annuellement un rapport de leurs opérations au ministère de l'Agriculture, de l'Industrie et des Travaux publics. Ce rapport sera communiqué au Conseil supérieur d'hygiène, et chaque commune recevra copie du passage qui pourrait la concerner.

Art. 4. — Avant de décréter une expropriation par zones, dans les quartiers spécialement habités par la classe ouvrière, le gouvernement prendra l'avis du comité de patronage sur les conditions à imposer au sujet de la revente des terrains compris dans l'expropriation.

Art. 5. — La Caisse générale d'épargne et de retraite est autorisée à employer une partie de ses fonds disponibles en prêts faits en faveur de la construction ou de l'achat de maisons ouvrières, après avoir, au préalable, demandé l'avis du comité de patronage.

Ces prêts seront assimilés, suivant leur forme et leur durée, aux placements provisoires ou aux placements définitifs de la Caisse.

Art. 6. — Le Conseil général de la Caisse d'épargne déterminera le taux et les conditions des dits prêts, sauf approbation du Ministre des Finances.

Art. 7. — A défaut de paiement à l'échéance des sommes dues à Caisse la réalisation du gage qui aurait été fourni sera poursuivie conformément aux art. 4 à 9 de la loi du 5 mai 1872. La requête sera adressée au président du Tribunal de première instance. Ce Tribunal connaîtra de l'opposition à l'ordonnance, et les significations seront faites au greffe civil.

Art. 8. — La Caisse générale d'épargne et de retraite est autorisée à traiter des opérations d'assurance mixte sur la vie, ayant pour but de garantir le remboursement à une échéance déterminée, — ou à la mort de l'assuré, si elle survient avant cette échéance, — des prêts consentis pour la construction ou l'achat d'une maison d'habitation.

Les conditions générales, ainsi que les tarifs de ces assurances, seront soumis à la sanction royale.

L'arrêté royal mentionnera la table de mortalité, le taux d'intérêt et le prélèvement pour frais d'administration qui auront servi de bases à l'élaboration des tarifs.

Art. 9. — Les provinces, communes, hospices et bureaux de

bienfaisance pourront recevoir des dons et legs en vue de la construction de maisons ouvrières.

Art. 10. — Sont exemptés de la contribution personnelle et de toute taxe provinciale ou communale analogue, à raison de la valeur locative, des portes et fenêtres et du mobilier, les habitations occupées par les ouvriers, s'ils ne sont propriétaires d'un immeuble autre que celui qu'ils habitent et s'ils ne cultivent pas pour eux-mêmes au-delà de 45 ares, savoir :

Dans les communes de moins de 30.000 habitants, les habitations d'un revenu cadastral inférieur à 102 francs ;

Dans les communes de 30.000 à 60.000 habitants, au plus, les habitations d'un revenu cadastral inférieur à 114 francs ;

Dans les communes de 60.000 habitants ou plus, les habitations d'un revenu cadastral inférieur à 132 francs.

Pour l'application de ces dispositions, les communes sont classées d'après la population totale constatée par chaque recensement décennal, et le revenu cadastral des habitations non encore cadastrées en parcelle distincte est déterminé comme en matière de contribution foncière.

Art. 11. — Les Sociétés ayant pour objet exclusif la construction, l'achat, la vente ou la location d'habitations destinées aux classes ouvrières, pourront revêtir la forme anonyme ou coopérative, sans perdre leur caractère civil, en se soumettant aux dispositions, dans le premier cas, de la section IV, dans le second, de la section VI et, dans les deux cas, de la section VIII de la loi du 18 mai 1873, modifiée par la loi du 22 mai 1886.

Art. 12. — Les actes et les procès-verbaux portant formation et dissolution des Sociétés ayant pour objet les opérations énumérées à l'art. 11 sont exempts du timbre et enregistrés gratis, à moins qu'ils ne renferment des dispositions assujetties au droit proportionnel d'enregistrement.

Les extraits, copies ou expéditions, décès, actes et procès-verbaux sont également exempts du timbre.

Ils ne donnent lieu à aucun droit ni émolument de greffe.

Art. 13. — Sont exempts du timbre et de la formalité de l'enregistrement, tous les autres actes sous signature privée ne rentrant pas dans les termes de la disposition précédente et tous registres concernant exclusivement l'administration sociale, ainsi que les procurations données par les associés pour leurs relations avec la Société.

Art. 14. — Les ventes et adjudications aux Sociétés préindiquées ou à des administrations publiques, d'immeubles destinés à des habitations ouvrières, ne sont assujetties qu'au droit d'enregistrement de 2 fr. 70 0/0, et au droit de transcription hypothécaire de 0 fr. 65 0/0.

La même réduction est applicable aux ventes et adjudications à des ouvriers, de biens immeubles destinés à leur servir d'habitations ou à la construction d'une habitation, pourvu que la contenance du fonds bâti ou non bâti n'excède pas 25 ares. La qualité d'ouvrier et le but de l'acquisition doivent être établis par un certificat du comité du patronage qui demeurera annexé à l'acte. Le cas échéant la construction de la maison doit être effectuée dans le délai d'un an à compter de la date de l'acte.

Art. 15. — Les actes de vente ou d'adjudication dont il s'agit à l'article précédent sont enregistrés et transcrits en débet.

Le débiteur peut acquitter en cinq termes annuels les droits liquidés sur les actes faits par lui dans le cours de chaque année. Le premier écherra le 1er mars de l'année suivante. Les sommes non acquittées par une Société au moment de sa dissolution deviendront immédiatement exigibles.

Le vendeur demeure responsable des droits dus par l'acquéreur.

Art. 16. — Les actes de prêts ou d'ouverture de crédit en faveur des Sociétés ci-dessus désignées ou d'administrations publiques, faites en vue de la construction ou de l'achat d'immeubles destinés à des habitations ouvrières, sont enregistrés au droit de 0 fr. 30 0/0 s'ils ne sont contractés que pour une année au plus, ou au droit de 0 fr. 65 0/0 s'ils le sont pour plus d'une année, même dans le cas où une garantie serait fournie par un tiers.

Les quittances des sommes prêtées sont assujetties au droit de 0 fr. 30 0/0. Ces dispositions sont applicables : aux prêts, aux ouvertures de crédits faits au profit de personnes appartenant à la classe ouvrière, mais sous les conditions suivantes : 1° les fonds doivent être exclusivement destinés à l'acquisition ou à la construction d'une maison servant ou devant servir d'habitation à l'acquéreur, ou à l'achat d'un terrain pour le même objet ; 2° dans ce dernier cas, la maison doit être bâtie dans les dix-huit mois de l'acquisition du fonds ; 3° un certificat du Comité de patronage attestant le but de l'opération et la qualité de l'emprunteur doit être annexé à l'acte.

Les actes de prêt et d'ouverture de crédit doivent mentionner la destination des fonds, et, le cas échéant, la qualité de l'emprunteur ou du crédite.

Sont affranchies du timbre et de l'enregistrement, les reconnaissances des sommes remises par le créditeur au crédité.

ART. 17. — Dans le cas du second alinea de l'art. 14 et du n° 2 du troisième alinéa de l'art. 16, si la maison n'est pas érigée dans le délai fixé, il sera dû les droits ordinaires de transmission immobilière et de transcription de prêt ou d'ouverture de crédit, et le paiement des droits ou du supplément devra avoir lieu, dans les deux mois de l'expiration du délai précité.

L'action du Trésor ne sera prescrite qu'après deux ans à partir de l'expiration du délai.

ART. 18. — Le droit de timbre sur les actions et obligations emises par les Sociétés désignées à l'art. 11 est fixé ainsi qu'il suit :

A 5 centimes, pour celles de 50 francs et au dessous ;

A 10 centimes, pour celles de plus de 50 francs jusqu'à 100 francs;

A 20 centimes, pour celles de plus de 100 francs jusqu'à 200 francs;

Et ainsi de suite à 10 centimes par 100 francs, sans fraction, pour celles de plus de 200 francs jusqu'à 400 francs.

ART. 19. — Les écritures des comités de patronage, y compris les certificats délivrés aux ouvriers, mais à l'exclusion des actes d'emprunt ou de prêt, sont affranchies du timbre et de l'enregistrement.

ART. 20. — L'art. 6 de la loi du 5 juillet 1871 est abrogé.

Cependant, les habitations construites avant le 1er janvier 1889 par des sociétés anonymes, ayant pour objet la construction, l'achat, la vente ou la location d'habitations destinées aux classes ouvrières, continueront à jouir du bénéfice des exemptions déterminées par les art. 1 et 2 de la loi du 28 mars 1828.

La loi du 12 août 1862, concernant les droits d'enregistrement et de transcription hypothécaire, et la loi du 20 juin 1867, relative à l'anonymat des sociétés d'habitations ouvrières, sont abrogées.

ART. 21. — La contribution personnelle, en ce qui concerne les deux derniers trimestres de l'exercice 1889, en y comprenant les taxes provinciales et communales, ne sera pas perçue à la charge des contribuables qui, par suite de l'art. 10, cesseront d'en être les débiteurs ou sera restituée à ceux qui l'auraient payée.

L'imposition sera considérée comme non-avenue et elle ne comptera pas dans la formation du sens électoral. La restitution s'en fera d'office.

Loi autrichienne du 9 février 1892
tendant à favoriser la construction de maisons ouvrières

ARTICLE PREMIER. — Dans la mesure des dispositions de l'article 2 de la présente loi, sont exemptes des contributions locatives établies par patente impériale du 23 février 1820, comme des impositions qui, d'après l'article 7 de la loi du 9 février 1882 R. G. f° 17 (bulletin des lois de l'empire, n° 17) sont dues sur les bâtiments libres d'impôts, les habitations qui seront construites pour être exclusivement louées à des ouvriers, dans le but de leur offrir des logements salubres et à bon marché, lorsqu'elles sont construites :

(a) Par les communes, les sociétés d'utilité publique et les établissements institués en faveur des ouvriers ;
(b) Par les sociétés coopératives d'ouvriers, pour leurs membres ;
(c) Par les chefs d'industrie pour leurs ouvriers.

Cette exemption n'aura d'effet que dans les royaumes et pays où les contributions ci-dessus désignées seront affranchies par la législation locale de toute contribution aux impôts de province et de district, et où elles bénéficieront d'une modération dans les taxes communales.

ART. 2. — L'exemption d'impôts s'étend à vingt-quatre années, à partir du moment où les constructions auront été achevées.

ART. 3. — Les bâtiments contenant des logements dont le sol se trouve au-dessous du niveau de la rue sont exclus de cette franchise.

ART. 4. — Les logements formés d'une seule pièce ne doivent mesurer ni moins de 15 mètres carrés de surface habituelle, ni plus de 30 mètres carrés ; les logements composés de plusieurs pièces ne doivent mesurer ni moins de 40 mètres carrés, ni plus de 75.

Il pourra être entièrement ou partiellement dérogé aux stipulations des articles 3 et 4, lorsque les fondateurs auront assuré d'une autre manière le caractère d'utilité publique et de salubrité de leurs constructions.

ART. 5. — Le loyer annuel par mètre carré d'espace habitable ne doit pas dépasser :

a) A Vienne. . . . . . 1 florin 75 kreutzers (valeur autrichienne).
b) Dans les villes de plus de 10.000 âmes. 1 » 15 » » »
c) Dans toutes les autres localité. . . » » 80 » » »

ART. 6. — Les avantages accordés par la présente loi cessent de pouvoir être réclamés, si les stipulations des articles 1, 3 ou 4 n'ont pas été observées ou si les bâtiments qu'elles concernent viennent à passer autrement que par héritage, entre les mains de personnes qui n'auraient pu en bénéficier, si elles avaient entrepris elles-mêmes la construction de ces bâtiments.

ART. 7. — Les avantages de la présente loi ne concernent que les constructions achevées pendant les dix années qui suivront sa mise en vigueur.

ART. 8. — Les stipulations de la loi du 25 mars 1880 (R. G. Bl. n° 39) concernant la franchise d'impôts pour constructions nouvelles, agrandies ou renouvelées, continueront d'être appliquées.

La Procédure prévue à la dite loi sera suivie pour l'application des dispositions qui précèdent.

Les condamnations aux amendes prévues par l'art. 6 seront prononcées par les tribunaux d'impôts de première instance en se conformant aux dispositions de la loi du 19 mars 1876 (R. G. Bl. n° 28).

Ces amendes seront versées au fonds des pauvres des communes où sont situées les habitations exemptes d'impôts.

La dérogation partielle aux stipulations de la loi admise par l'art. 4 est réservée au Ministre des Finances.

ART. 9. — Le Ministre des Finances et le Ministre de l'Intérieur sont chargés de l'exécution de la présente loi.

Décrets relatifs à la Caisse d'épargne des B.-D.-R.

1° Décret du 13 août 1888

Le Président de la République française,

Sur le rapport du Ministre du Commerce et de l'Industrie ;

Vu l'ordonnance royale du 6 février 1821, portant autorisation de la Caisse d'Epargne de Marseille (Bouches-du-Rhône) et approbation de ses statuts ;

Vu les délibérations du Conseil des directeurs de ladite Caisse d'Epargne, des 18 janvier, 18 et 29 février et 21 mars 1888, et celle des administrateurs, du 23 avril 1888, par lesquelles il a été décidé notamment que, sur la fortune personnelle de l'établissement, une somme de 160.000 francs serait employée en constructions d'immeubles salubres et économiques destinés à l'habitation de de familles ouvrières, et cessibles moyennant libération par annuités.

Vu les lois des 5 juin 1835, 31 mars 1837, 22 juin 1845, 30 juin 1851, 7 mai 1853 et 9 avril 1881, l'ordonnance du 3 juin 1829 et les décrets des 15 avril 1852 et 1er août 1864, sur les Caisses d'épargne ;

Le Conseil d'Etat entendu,

Décrète :

ART. 1. — La Caisse d'Epargne de Marseille (Bouches-du-Rhône) est autorisée à employer une somme de 160.000 francs faisant partie de son fonds de dotation, à la construction d'immeubles salubres et économiques destinés à l'habitation de familles ouvrières et cessibles moyennant libération par annuités.

ART. 2. — Le Ministre du Commerce et de l'Industrie est chargé de l'exécution du présent décret, qui sera inséré au *Bulletin des Lois*, et dans un journal d'annonces judiciaires du département des Bouches-du-Rhône.

Fait à Fontainebleau, le 13 août 1888.

CARNOT.

Par le Président de la République :

Le Ministre du Commerce et de l'Industrie,

Pierre LEGRAND.

2º Décret du 4 février 1889

Le Président de la République Française,

Sur le rapport du Ministre du Commerce et de l'Industrie :

Vu l'ordonnance royale du 6 février 1821 portant autorisation de la Caisse d'Epargne de Marseille (Bouches-du-Rhône) et approbation de ses statuts ;

Vu les délibérations du Conseil des directeurs de la dite Caisse d'Epargne des 13 janvier et 29 février, 21 mars et 18 juillet 1888, celles des administrateurs du 23 avril 1888, par lesquelles il a été décidé notamment que sur la fortune personnelle de l'établissement une somme de 20.000 francs serait avancée à toute Société qui viendrait à se constituer à Marseille en vue de construire des habitations ouvrières et qui présenterait les garanties nécessaires d'honorabilité et de capacité, et qu'une autre somme de 70.000 francs serait employée à faire aux ouvriers laborieux, désireux de construire eux-mêmes leur habitation sous la surveillance de la Caisse d'Epargne, des prêts de 6.000 à 7.000 francs, garantis par une première hypothèque et après justification par l'emprunteur du paiement intégral du prix d'acquisition du terrain, sans préjudice des autres conditions énoncées dans les délibérations du 18 juillet 1888 ;

Vu les lois des 5 juin 1835, 31 mars 1837, 22 juin 1845, 30 juin 1851, 7 mai 1853 et 9 avril 1881, l'ordonnance du 3 juin 1829 et les décrets des 15 avril 1852 et 1er août 1864 sur les Caisses d'épargne ;

Le Conseil d'Etat entendu ;

Décrète :

Article Premier. — La Caisse d'Epargne de Marseille (Bouches-du-Rhône) est autorisée à employer une somme de 90.000 francs, faisant partie de son fonds de dotation, de la manière suivante :

20.000 francs en avance à toute Société qui viendrait à se constituer à Marseille en vue de la construction d'habitations ouvrières, et 70.000 francs en prêts hypothécaires consentis à des ouvriers laborieux désireux de construire eux-mêmes leur maison sous la surveillance de la Caisse d'Epargne, le tout sous les conditions déterminées par les délibérations sus-visées.

Art. 2. — Le Ministre du Commerce et de l'Industrie est chargé de l'exécution du présent décret qui sera inséré au *Bulletin des Lois* et dans un journal d'annonces judiciaires des Bouches-du-Rhône.

Fait à Paris, le 4 février 1889.

CARNOT.

Par le Président de la République :

Le Ministre du Commerce et de l'Industrie,

Pierre LEGRAND.

3° DÉCRET DU 30 JUILLET 1892

Le Président de la République Française,

Sur le rapport du Ministre du Commerce et de l'Industrie ;

Vu l'ordonnance royale du 6 février 1821, portant autorisation de la Caisse d'Epargne de Marseille (B.-du-R.) et approbation de ses statuts ;

Vu les délibérations du Conseil des directeurs de la dite Caisse d'Epargne du 13 avril 1892 et de l'Assemblée générale des administrateurs du 28 du même mois ;

Vu les lois du 5 juin 1835, 31 mars 1837, 22 juin 1845, 30 juin 1851, 7 mai 1853 et 9 avril 1881, l'ordonnance du 3 juin 1829, et les décrets du 15 avril 1852 et 1er août 1864 sur les Caisses d'épargne.

Le Conseil d'Etat, entendu ;

Décrète :

ARTICLE PREMIER. — La Caisse d'Epargne de Marseille (Bouches-du-Rhône), est autorisée à employer une somme de 305.000 francs, faisant partie de son fonds de dotation, à la construction d'Habitations à bon marché.

ART. 2. — Le Ministre du Commerce et de l'Industrie est chargé de l'exécution du présent décret, qui sera inséré au *Bulletin des Lois* et dans un journal d'annonces judiciaires du département des Bouches-du-Rhône.

Fait à Fontainebleau, le 30 juillet 1892.

CARNOT.

Par le Président de la République :

Le Ministre du Commerce et de l'Industrie,

Jules ROCHE

TABLE DES MATIÈRES

	Pages
INTRODUCTION	VII

CHAPITRE PREMIER. — Actualité de la question. — Son intérêt.   1

§ 1. Influences néfastes de l'habitation insalubre au point de vue général   1

§ 2. Des causes générales d'où proviennent les habitations insalubres et insuffisantes   7

§ 3. La question de l'amélioration des logements à bon marché ne se pose pas pour les paysans.   17

§ 4. Importance et actualité de cette question pour les populations urbaines. Vue d'ensemble. . .   21

CHAPITRE II. — Législation française concernant les logements insalubres   23

§ 1. Loi du 13 avril 1850. — Travaux préparatoires, analyse et critique   23

§ 2. Décret du 26 mars 1852. — Pouvoirs des maires en matière d'hygiène et de salubrité publique. Insuffisance générale de ces moyens de coercition   33

CHAPITRE III. — Exposé et critique de la théorie socialiste de l'intervention directe de l'État dans la question du logement à bon marché.   39

§ 1. Exposé de la doctrine de l'intervention directe de l'État.   39

§ 2. Sa réfutation   43

A) L'intervention directe de l'État doit fatalement paralyser l'initiative privée.   43

B) Il est impossible à l'État de mener à bien l'œuvre qu'on lui demande d'entreprendre. Il n'a ni la compétence ni les ressources nécessaires	45
c) L'État doit s'efforcer de susciter et d'encourager l'initiative privée	47

CHAPITRE IV. — Étude historique des divers modes d'action (sociétés et œuvres de propagande) employés en vue de la construction de sains logements à bon marché et des résultats obtenus. 51

PREMIÈRE PARTIE. — MAISONS INDIVIDUELLES.

§ 1. Influence bienfaisante de la maisonnette sur la famille. Dans quelles conditions elle peut être construite . . . 52
§ 2. Initiative des patrons 54
§ 3. Initiative des classes aisées 59
    A) Société mulhousienne 60
    B) Imitations à l'étranger 63
    c) Imitations en France 64
§ 4. Initiative des ouvriers eux-mêmes. 68
    A) Système d'épargne et de prêt coopératif 68
        a) Angleterre 68
        b) États-Unis 72
    B) Système de construction coopérative pour vendre ou louer. 74
        a) Angleterre, Danemark, etc. 74
        b) Italie 75
    C) État du mouvement en France. 76

DEUXIÈME PARTIE. — MAISONS COLLECTIVES. 83

§ 1. Angleterre 84
    A) Sociétés commerciales de construction 84
    B) Fondation Peabody. 85
§ 2. France 90
    A) Premières sociétés 90
    B) Société Lyonnaise 91
    c) Fondation Heine. 96

Pages

TROISIÈME PARTIE. — ŒUVRES DE PROPAGANDE.
§ 1. Exposition internationale de 1889. 98
§ 2. Congrès international de 1889 99
§ 3. Société française des Habitations à bon marché. Sa fondation. Son rôle. 102
§ 4. Congrès de Bordeaux (Oct. 1895). 106
§ 5. Congrès de Bruxelles (Juillet 1897). 108

CHAPITRE V. — Convient-il de rendre l'ouvrier propriétaire ? 110
    § 1. Intérêt du père de famille acquéreur. 111
        A) Distinction à établir entre les ouvriers nomades et les ouvriers sédentaires . . 111
        B) Influence bienfaisante au point de vue moral du sentiment de propriété 113
        C) Utilité pratique de la propriété de la maisonnette. 117
        D) Objections et réfutation. 119
    § 2. La question du Home-Stead. Exposé de la théorie et critique 121
    § 3. Intérêt de la famille de l'acquéreur. Questions de droit successoral soulevées 128

CHAPITRE VI. — La résiliation du contrat d'acquisition et la question de l'assurance sur la vie 132
    § 1. Résiliation du contrat d'acquisition. Pourquoi et comment elle doit être prévue 133
    § 2. Hypothèse de la mort prématurée du chef de famille acquéreur. La question de l'assurance sur la vie. 137
    § 3. Etat de la question en France et à l'Etranger. Son exposé au point de vue pratique et technique. 141

CHAPITRE VII. — Des ressources auxquelles on peut faire appel pour mener à bien l'œuvre de l'amélioration du logement à bon marché et plus spécialement de l'intervention des Caisses d'Epargne. 147
    § 1. Initiative des Patrons et des Classes aisées. . . 147

§ 2. Inertie et indifférence des directement intéressés
eux-mêmes. Leurs causes 150

§ 3. Organisation de nos Caisses d'Epargne. Leur
fonctionnement. 152

§ 4. La question des modes d'emplois de leurs fonds 155
   A) Congrès international de 1889. Sa résolution. 155
   B) Projet de la loi du 30 novembre 1894. Son
article. 7 156
   c) Loi du 20 juillet 1895. Articles du projet.
Article 10 définitif. 157

§ 5. Pourquoi les réformes projetées n'ont-elles pas
abouti ? Dangers de la situation actuelle . . . 162

§ 6. L'intervention des Caisses d'Epargne à l'Etranger. 165

§ 7. La Caisse générale d'Epargne belge. Loi du
9 août 1889. Arrêté du 25 mars 1891. 167
   A) Mécanisme de l'intervention de la Caisse
d'Epargne belge. 168
   B) Motifs légitimes de cette intervention . . . 170
   c) Dans quelles mesures cette intervention
s'est manifestée jusqu'à ce jour. 174

§ 8. La résolution du Congrès de Bordeaux (1895).
Conclusion. 174

CHAPITRE VIII. — L'œuvre de l'amélioration des Habitations
à bon marché à Marseille 179

§ 1. Action de la Caisse d'Epargne des Bouches-du-
Rhône 180

§ 2. Société Philanthropique des Habitations salubres et à bon marché de Marseille 187

§ 3. Société coopérative « La Pierre du Foyer » . . 193

CHAPITRE IX. — Législation française concernant l'œuvre
des Habitations à bon marché. Aperçu de droit comparé. 201

La loi du 30 Novembre 1894.

§ 1. Organes d'exécution de propagande et de direction. 202
   A) Comités locaux de Patronage 202

		Pages
B) Conseil supérieur des Habitations à bon marché		207
§ 2. Bénéficiaires de la Loi. Loi modificative du 31 mars 1896		209
§ 3. Avantages de la Loi		215
A) Avantages fiscaux		215
a) Avantages fiscaux au point de vue foncier		216
b) Avantages fiscaux au point de vue des droits mobiliers		217
B) Facilités de prêts		218
C) Facilités d'assurances temporaires		221
§ 4. Modifications au régime successoral du Code civil		226
A) Conditions générales d'application de l'art. 8		227
B) Indivision forcée		229
C) Attribution sur estimation		231
D) Procédure		233
§ 5. Conclusion		236

Aperçu de droit comparé.

Belgique	239
Angleterre	239
Autriche	243
Allemagne	246

ANNEXES

1º Loi du 13 avril 1850	253
2º Décret du 26 mars 1852	256
3º Loi du 30 novembre 1894	258
4º Décret et arrêté du 20 février 1895	266
5º Décret portant règlement d'administration publique du 21 septembre 1895	271
6º Loi du 31 mars 1896	287
7º Loi Belge du 9 août 1889	288

	Pages
8º Loi Autrichienne du 9 février 1892.	293
9º Décrets relatifs à la Caisse d'Epargne des Bouches-du-Rhône	295
1º Décret du 13 août 1888.	295
2º Décret du 4 février 1889.	296
3º Décret du 30 juillet 1892.	297

Vu : Le Président de la Thèse,

A. Moreau.

Vu : Le Doyen,

G. Bry.

Aix, le 31 Mai 1899.

Vu et permis d'imprimer :

Aix, le 31 Mai 1899.

Le Recteur,

Belin.

Marseille. — Typ. et Lith. Barlatier, rue Venture, 19.

IMPRIMERIE LITHOGRAPHIE BARLATIER

MARSEILLE

www.ingramcontent.com/pod-product-compliance
Lightning Source LLC
Chambersburg PA
CBHW060358170426
43199CB00013B/1918